이슬람 바로알기 **2**

무슬림의 시각으로 바라본 이슬람 지침서

이슬람과 테러리즘
-그 뿌리를 찾아서

이슬람바로알기 ②
이슬람과 테러리즘 - 그 뿌리를 찾아서

지은이 | 마크 A. 가브리엘
옮긴이 | 이차미
만든이 | 하경숙
만든곳 | 글마당

2009년 4월 27일 1판1 쇄 발행
2010년 8월 30일 개정 1판 1쇄 발행
2018년 11월 30일개정 4판 1쇄 발행

등록 제02-1-253호 (1995. 6. 23)
서울시 송파구 송파대로 28길 32
전 화 02) 451-1227
팩 스 02) 6280-9003
E-mail 12him@naver.com
www.gulmadang.com
www.글마당.com

값 14,000원
ISBN 979-11-961922-6-6(04300)
ISBN 979-11-961922-3-5(세트)

위대하고 놀라운 대한민국 국민들께

본인이 저술한책『이슬람과테러리즘』이 한국어로 번역·출판되었음을

영광으로 생각하며, 여러분들이 쉽게 읽을 수 있도록 썼으니

이 책을 통해서

유익한 정보를 얻고 격려받을 수 있기를 기도합니다.

−여러분들을 섬기는 마크 A. 가브리엘

To the great and wonderful people of Korea,

It's my honor to present to you he Korean translation of my book−,

『ISLAM and TERRORISM』

and I pray that you will find it easy to read and

a source of learning and encouragements.

−Your Servant Mark A. Gabriel(Ph.D.)

Mark A. Gabriel

이 책의 표지에 쓰여 있는 나의 이름은 이집트에 계신 나의 부모님이 지어 주신 무슬림 이름이 아니다. 하지만 나는 무슬림들이나 기독교인들 혹은 다른 누구에게라도 나 스스로의 이익을 위해 이름을 속이려는 것이 아니라는 것을 밝혀둔다. 오히려 나는 다음과 같은 이유로 이름을 바꾸기로 결정했다.

이유 1

나는 이집트를 떠난 후 남아프리카로 향했고, 그곳에서 예수님의 제자가 되었다. 내가 남아프리카에서 무슬림들을 대상으로 사역을 시작하면서 나의 무슬림 이름은 널리 알려지게 되었다. 과격한 무슬림들이 4년동안 끊임없이 나를 추적했다. 나는 늘 숨어 지내야 했고, 거의 매달 이 도시에서 저 도시로 옮겨다녀야 했다.

남아프리카에서 처음으로 책을 출간하게 되었을 때 지인과 본명을 써야 할 지에 대해 의논했었다. 우리는 안전을 위해 이름을 바꾸기로 결정했다.

이유 2

나는 무슬림 이름을 가지고 사는 것이 마음이 편하지 않았다. 무슬림 이름은 나의 과거의 일부처럼 느껴졌고, 누군가 나를 그 이름으로 부르면 나의 과거의 삶이 떠올랐다.

이름의 선택

마크라는 이름을 선택한 이유는 마크(Mark)가 신약성경의 사복음서 중 마가복음을 쓴 사람이었기 때문이고 또 이집트에 복음을 들고 온 첫 기독교인이기도 했다. 예수님이 예루살렘에서 70명을 파송했을때 마가는 이집트의 알렉산드리아로 복음을 전해주었다.

가브리엘이란 성을 선택한 것은 가브리엘이 처녀 마리아에게 메시아가 오신다는 좋은 소식을 전한 천사였기 때문이다. 그리고 또 가브리엘은 내가 남아프리카에서 처음 만난 사람으로 그는 나를 자기 집으로 데려가기도 했으며, 항상 그를 기억하고 있기 때문에 나에겐 의미가 있는 이름이다.

이슬람의 경전인 꾸란은 수라(surah)라고 불리는 114개의 장으로 나뉘어져 있다. 수라는 성경처럼 절로 나누어져 있는 데 꾸란을 가지고 있다면 수라(장)와 절의 번호를 사용하여 구절을 찾아볼 수 있을 것이다. 무슬림들은 대개 장의 이름을 대면서 인용하지만 서방세계의 독자들에게는 크게 중요하지 않기 때문에 나는 모든 인용마다 '수라'라고 따로 이름을 붙이지는 않았다.

나는 꾸란을 인용하는 데 있어서 두 가지 영어 번역을 사용했다. 하나는 압둘-라 유세프 알리의 번역이고, 또 하나는 『성 꾸란』 *The Noble Quran*이라고 부르는 번역서이다.

이 꾸란은 1998년 사우디아라비아의 왕에 의해서 인쇄·출판되었다. 『성 꾸란』은 소괄호와 꺾음 괄호를 이용하여 해설을 덧붙여서 구절의 의미를 확장시키고 뚜렷하게 만든다는 점에서 확장본 성경(The Amplified Bible)과 유사하다.

하지만 영어 번역은 가끔 본래의 아라비아어 의미를 정확하게 반영하지 못할 때도 있는데 특히 구절내용이 서방세계 사람들에게 공격적인 내용일 때 그럴경우도 있다는 사실에 주의해야 한다.

이해를 돕기 위해 하나의 예를 들겠다. 꾸란 8:39은 꾸란을 거부하는 이들에 대한 주요한 구절이지만 다음 번역을 보면 그 내용이 너무 막연하다.

더 이상의 소란이나 억압이 없을 때까지 그들에게 맞서 싸우면 알라 안에서 정의와 믿음이 모든 곳에 퍼지게 될 것이다.

- 꾸란 8:39, 알리 역

『성꾸란』은 좀 더 직설적이다

더 이상의 피트나(Fitnah, 비무슬림과 다신교 - 편집자 주)가 없어질 때까지 그들과 싸우면 종교는 온 세계에서 오직 알라만을 위해 있게 될 것이다.

- 꾸란 8:39, 성 꾸란

내가 '선지자 무함마드'라고 언급할 때는 이슬람의 창시자를 가리키는 것이다. '선지자'라는 단어를 쓰는 것은 이슬람 세계에 있는 다른 많은 무함마드들과 구별 짓기 위해서이지만 선지자, 예언자, 메신저 등은 모두 이슬람의 창시자인 무함마드를 가리키는 말이다. 단, 이 책에서 선지자로 표기한 것은 원서에 되도록 충실하기 위해서임을 다시 한번 밝혀둔다.

서방의 독자들에게서 아라비아식 이름이 읽기 어렵다는 말을 많이 들었기 때문에 독자들이 읽을 때 도움이 될 수 있도록 몇 가지 설명을 하겠다.

- q는 k, 즉 'ㅋ' 또는 ㄲ으로 발음된다.
- 자음 두개가 붙어 있을 경우, 두개 자음 사이에 아주 짧은 모음이 있는 것처럼 발음된다. 가령 'ibn'은 'ib-in' 이-븐처럼 읽히고, 'Qutb'은 'kutib' 꾸틉이라고 읽히되 한 음절처럼 발음된다.
- 'bin', 'ibn', 'bn' 등은 '~이라는' 뜻이고 'al'은 정관사로 '그(the)'라는 뜻이다.

이름이나 다른 주요한 개념들을 놓치지 않도록 용어설명을 설명해놓았다. 내가 자료로 사용한 대부분의 책들은 미국 외의 다른 나라에서 얻었으며 아랍어로 되어 있다. 어떤 책들은 암시장에서만 구할 수 있는 것들이지만 그래도 가능한 완전한 출판정보를 제공해두었다.

이 책에는 오늘날 이슬람 원리주의자들이 자행하는 테러리즘을 뒷받침하는 철학을 발전시킨 핵심 인물들의 사진도 실었다. 사진들은 여러 아라비아 지역의 책들을 통해 모았다. 또한 서방세계의 독자들이 책에서 언급되는 지리적인 장소들을 시각적으로 쉽게 이해하도록 출판사에서 이슬람 세계의 지도를 첨부했다(215쪽 참조).

종교적인 테러리즘에 집중

이 책은 이슬람에서 '지하드(jihad, Holly War)'라고 불리는 종교적인 테러리즘에 초점을 맞추고 있다. 이를 종교적 테러리즘이라고 하는 이유는 테러가 이슬람의 이름으로 행해지며 그것이 종교적인 목적을 이루기 위해 행해지고 있기 때문이다.

나는 이슬람의 문화와 역사를 연구해서 석·박사 학위를 받았다. 그러나 이 책에서는 테러리즘에 초점을 맞추었으므로 자칫하면 그 초점을 흐려 놓을 수도 있기 때문에 이슬람의 역사나 문화, 신앙에 대해서는 전혀 언급하지 않았다. 특별히 이슬람과 기독교의 대립구도에서 쓴 책이 결코 아님을 분명히 밝혀둔다.

결론

그동안 지구촌 곳곳에서 일어나고 있는 테러에 대해 우리는 어디까지 정확하게 알고 있는가? 그 부분에 대해 이슬람에서 말하는 변명은 이렇다. "지금 테러를 일으키는 자들은 진정한 이슬람이 아니다. 그들은 이단이며 범죄자들이다." 그러나 나는 단호하게 말할 수 있다.

"테러리스트들은 7세기 무함마드의 언행을 21세기에 그대로 행동으로 옮기고 있는 오리지널 이슬람이다."

이 책은 테러리스트들이 왜 테러를 해야 하는지를 설명하기 위해 그 동안 수십년 동안 연구해왔던 것들을 풀어 놓았다.

오늘날 지구촌 곳곳에서는 왜 무슬림들이 지하드를 하기 위해 목숨까지도 기꺼이 바쳐야 하는가? 이유는 그들의 경전인 꾸란 때문이다. 그들의 경전인 꾸란의 많은 수라에는 지하드를 독려하고 그 꾸란 속에는 그들의 종족들이 세계 어느 종족들보다 우월하다는 가르침이 있다. 그래서 세속화된 무슬림들의 2세들까지도 기꺼이 지하드에 동참한다.

이슬람국가들도 테러리스트들을 두려워한다. 왜냐하면 테러러스트들의 최대 목표는 이슬람국가를 만드는게 아니라 이슬람국가의 정권마저도 찬탈하는 것이 그들의 최종 목적이기 때문이다.

이집트도 이슬람 국가이긴 하지만 테러리스트들을 경계한다. 따라서 이집트의 국법은 이슬람의 근간을 이루고 있는 샤리아법이 아닌 이집트 국법이다. 왜 그들은 그토록 좋다는 샤리야법을 국법으로 채택하지 못하는 것일까? 그들은 진정한 이슬람을 정확히 알고 있기 때문이다. 이 책을 읽으면서 우리는 우리의 시각으로 해답을 찾아야 한다.

■ 이 책에서는 특별히 하나님과 신이라는 표현 다음에 ★표시한 부분이 있는데, 이는 기독교에서 말하는 하나님이 아니라 이슬람에서 말하는 신인 알라를 뜻한다. 다만 이 책에서는 원서에 충실하기 위해 그대로 번역되었음을 밝혀둔다.

■ 이 책에서 무함마드 이름 앞에 예언자나 메신저가 아니라 '선지자'라는 수식어가 붙는 이유는 이슬람국가에 살고 있는 많은 무함마드와 구별짓기 위함도 있지만 무슬림들이 무함마드가 마지막 선지자라고 믿고 있으며 이슬람에서 선지자 무함마드라고 부르고 있기 때문이다.

■ 필자인 나의 이름에 대해서 정확히 밝히는 것도 중요하다는 생각이 든다. 나는 먼저 나 자신보다는 가족들을 위해, 두 번째는 현재 무슬림이 아니기 때문에 이름을 바꿨다(나의 여권에 적혀있는 이름은 MARK ABRAHIM. GABRIEL).

아랍어는 22개국이 공통으로 사용하는 표준아랍어가 있으며 22개국의 고유한 방언지역어를 사용하고 있다.

1. 이집트 구어체 아랍어 / 모로코 구어체 아랍어 / 튀니지 구어체 아랍어
   (이집트는 문화적으로 유명해서 영화, 음악 등의 아랍어에 주로 사용)

2. 샘족어 계열 아랍어(요르단 / 시리아 / 레바논등)

3. 걸프 지역 아랍어(카타르 등)

4. 리비아, 튀니지 등 아랍어

2001년 9월 11일에 발생한 비극적인 세계무역센터 테러를 통해 하나님께서 강하고, 분명하게 말씀하시고자 하는 메시지가 있다. 그것은 지구상에는 15억 명이 넘는 사람들이 이슬람을 믿고 있으며, 기독교는 우리의 믿음과 사랑을 그들에게 전해주는 역할을 감당해야만 한다는 것이다. 현재 우리가 직면하는 문제는 무슬림들이 믿는 것이 무엇이며, 그들이 누구인지에 대한 이해가 부족하다는 것이다. 9·11 테러 이후 오프라 윈프리의 TV쇼에 출연한 무슬림들이 "이슬람은 아주 좋은 가족적인 가치관을 가지고 있기 때문에 이슬람이 미국에 대한 해답"이라고 말하는 것들은 무슬림을 이해하는데 있어서 전혀 도움이 되지 않는다.

우리의 대통령과 일부 정부 지도자들은 "이슬람은 평화로운 종교다."라고 말하는 반면에 또다른 지도자들은 "이슬람은 평화로운 종교가 아니다"라는 성명을 발표한다. 우리는 서로 다른 말들을 들으면서 혼란에 빠진다. 이에 따라 이슬람의 참 모습은 무엇이며, 미국에 있는 무슬림 성직자들이 외치고 있는 것은 과연 무엇인가? 혹은 아프가니스탄이나 파키스탄에 있는 무슬림 성직자들이 외치고 있는 것은 과연 무엇인가에 대한 논쟁이 진행되고 있다.

독자 여러분들은 본문에서 선지자 무함마드가 A. D. 610년 경에 처음 꾸란의 구절들을 계시받은 이후로 이슬람의 핵심에 있는 테러리즘의 근원에 대한 내용을 읽게 될 것이다. 이 책은 무함마드에서부터 오늘날까지 테러리즘의 근원을 추적하게 될 것이다.

이 책이 특별한 이유는 세계에서 가장 유명한 이슬람 대학인 알—아즈하르의 전직 이슬람 역사교수가 집필을 했다는 것이다. 여러분들이 동네서점에서 사서 보는 다른 이슬람과 테러리즘에 대한 책들은 미국인들 즉, 미국 기자들, 정치가들, 전직 CIA요원들이 쓴 것들이 대부분인데 반해 본 저서는 미국인 저자들로부터 듣지 못했던 내용이며 무슬림으로 살았고, 이슬람을 연구하고 가르쳤으며, 중동의 모스크에서 이슬람을 직접 설교한 저자의 새로운 시각과 관점에서 저술되었다는 점이다.

가브리엘 박사는 이슬람을 연구해서 석·박사학위를 취득한 학자이다. 저자는 이슬람원리주의자들의 손에 여러번 목숨을 잃을 뻔한 적도 있었다. 그의 몸에는 지금도 그때의 흔적이 상처로 남아 있고, 이 책의 도입부에서 그에 대한 이야기들을 밝히고 있다.

저자인 가브리엘은 서구인들은 지금까지 전혀 듣도 보지도 못한 무함마드의 가르침과 실천에 대한 역사적인 사실들을 하나하나 밝히고 있으며, 오늘날의 이슬람원리주의자들이 실제로 무함마드가 그랬던 것처럼 이슬람의 가르침을 실천에 옮기고 있다는 사실을 보여준다.

저자는 또한 지난 수십 년 동안 중동에서 살았던 사람의 관점에서 테러리즘이 어떻게 발전해왔는지를 설명하고 있다. 그동안 우리들이 거의 무지에 가까웠던 이슬람의 주요 철학자들에 대해서도 밝히고 있으며, 그 내용들이 너무나도 위험하여 중동 국가의 정부들에 의해 금서로 지정되고, 또 처형을 당한 저자와 책들에 대해서도 소개하고 있다. 암시장을 통해서만 구할 수 있는 이 책들 속에 숨어 있는 사상은 테러리즘이라는 불에 기름을 부어넣는 불쏘시개 같은 역할을 해왔다.

또한 과격한 행동들 뒤에 숨어있는 종교적인 실체를 파헤치고 있다. 무엇 때문에, 누구를 위하여, 알라의 이름으로 납치한 비행기를 자살 테러를 통해 기꺼이 목숨까지 내던지는가? 이에 대한 해답은 희망은 없고 오직 의무로 가득찬 신앙, 믿음체계에 있다. 어떤 사실들은 마음이 심란하기까지 한다. 지구상에 펼쳐져 있는 악에 대한 강력한 이야기임에도 불구하고 전반적인 메시지는 평화의 느낌을 초래하기도 한다. 우리가 뉴스에서 보는 모든 각각의 사건들은 이슬람 원리주의의 틀을 통해서 보면 이해될 수도 있다. 물리적인 전투의 이면에 자리잡은 영적인 전투가 선명해진다.

가브리엘 박사는 우리에게 강한 메시지를 주고 있다. "테러리즘의 뒤에 있는 것은 무슬림이 아닌 이슬람이다. 무슬림도 피해자이다. 비행기를 납치하고 자살 테러를 감행하여 사망한 19명의 젊은이들 – 그들도 피해자이다 –. 범인은 바로 이슬람이다."

가브리엘 박사는 미래에 대한 희망적인 시각을 갖고 있다. 이슬람이 세계지배를 목표로 하고 있듯이 하나님께서도 이슬람의 함정 속에 갇혀 있는 사람들을 포함하여 가능한 많은 사람들을 구원하려는 목표를 가지고 계시기 때문이다.

J. 리그래이디
『카리스마 *CHARISMA*』 매거진 편집자

Contents

15

SECTION 5 무슬림과 복음

SECTION 1
나의 이야기

알-아즈하르 대학에서
환멸을 느끼다

제 1 장

15년 전 나는 유명한 피라미드와 스핑크스가 위치한 이집트 기자(Giza)시에 있는 모스크의 이맘이었다. 모스크의 이맘은 기독교 교회에서의 목사의 신분과 비슷하고 매주 금요일 오후 12시에서 1시까지 설교를 했고, 그 외에 모스크와 관련된 다른 일들도 병행했다.

어느 금요일, 지하드를 주제로 설교를 하게 되었다. 바닥에 앉아 나를 바라보고 있는 250명의 사람들에게 이렇게 말했다.

"지하드란 이슬람과 이슬람국가들을 적들의 공격으로부터 보호하는 것입니다. 이슬람은 평화의 종교로 싸움을 거는 자들에게만 대항해서 싸웁니다. 이교도들과 이방인들, 배교자들, 기독교인들, 알라의 비판자로 이슬람의 평화에 대한 부러움을 시기하는 유대인 그리고 유대교의 선지자들은 이슬람이 칼과 폭력에 의해 가르침을 전파하고 있다는 소문을 퍼뜨리고 있습니다. 이슬람을 비난하는 이교도들은 알라의 가르침을 인정하지 않습니다." 여기서 나는 꾸란을 인용한다.

알라가 죽일 것을 금지한 자는 정당한 이유 없이는 누구도 죽이지 말라.   - 꾸란 17:33, 성 꾸란

이 설교를 할 당시 나는 이집트 카이로의 알-아즈하르 대학을 막 졸업한 풋내기였다. 알-아즈하르 대학은 세계에서 가장 오래된 최고의 명문 이슬람대학이다. 나는 이 대학에서 가르치면서 동시에 주말에는 카이로 근교 기자시의 모스크에서 이맘으로 재직하고 있었다.

그 날 지하드에 대한 나의 설교는 이집트 정부의 철학에 따른 것이었다. 알-아즈하르대학은 정치적으로 올바른 이슬람에만 초점을 맞추었고, 이집트 당국과 상충되는 분야를 가르치는 것은 의도적으로 건너뛰었다.

나는 배운 대로 설교를 할 수밖에 없었지만, 마음속으로는 이슬람의 진실에 대해 혼란스러워 양심에 가책을 받고 있었다. 하지만 내 직업과 알-아즈하르에서의 위치를 고수하려면 이런 생각은 마음 속에 담아둘 수 밖에 없었는데, 알-아즈하르 대학과 생각을 달리하는 사람들이 후에 어떻게 되는지 너무나 잘 알고 있었기 때문에 후한이 두려웠다. 여기에 반하는 행동을 하는 사람은 결국은 알-아즈하르 대학에서 해고 당하는 것은 물론 이집트의 어느 대학에서도 가르칠 수가 없게 되는 것이다.

나는 알-아즈하르에서 그리고 모스크에서 가르치고 있는 내용이 이미 12살 때 모두 외운 꾸란에서 보고 들은 것과 다르다는 것을 알고 있었다. 가장 혼란스러웠던 것은 사랑과 친절함, 용서의 이슬람을 가르치라는 지시

를 받았는데, 이와 달리 진정한 이슬람을 실천해야 하는 사람들인 무슬림 원리주의자들은 교회를 폭파하고 기독교인들을 죽이고 있었다.

당시 이집트에서는 지하드가 매우 활발했었다. 기독교인들을 목표로 한 테러와 공격에 대한 보도는 어디서나 흔하게 접할 수 있었다. 그런 것들이 평범한 일상이 되어버린 가운데 어느 날 버스를 타고 가던 중에 교회에서 폭탄 터지는 소리가 들렸다. 순간 몸을 최대한 땅에 납작 엎드려 바짝 붙었다. 그리고 조용해지자 몸을 일으켜 세워 쳐다보니 약 4백 미터 떨어진 곳에서 연기가 불기둥처럼 솟아 오르고 있었다.

나는 이슬람 신앙으로 철저하게 무장된 믿음의 가정에서 자랐고, 이슬람 역사도 공부했다. 나는 과격단체에 소속된 적은 없었지만, 내 친구 중 한 명은 기독교인들을 적극적으로 학살하는 이슬람 무장단체의 테러리스트이기도 했다. 아이러니컬하게도 그는 화학을 전공한 학생으로 짧은 기간동안 이슬람 신앙을 진지하게 받아들였다. 어쨌든 그는 지하드에 적극적이었고, 어느 날 나는 그에게 물었다.

"너는 왜 우리와 함께 살아온 이웃과 동포들을 죽이는 거야?"

그는 나의 이의제기에 깜짝놀라며 오히려 화를 벌컥냈다.

"다른 사람은 몰라도 너는 그 이유를 알아야 해. 기독교인들은 이슬람의 부름을 받아들이지도 않았고, 그들은 자신들의 믿음을 실천하기 위해 지즈아(jizyah, 인두세)를 우리에게 지불하려고 하지도 않고 있어. 따라서 그들에게 남은 것은 이슬람법(샤리아)에 의한 칼을 받는 것 뿐이야."

진실을 추구하다 그 친구와 나눈 대화로 인해 나는 꾸란과 이슬람법에 관한 책들에 심취하게 되었다. 나는 친구가 했던 말을 반박할만한 무언가를 찾기를 바랐지만, 내가 듣고, 배우고, 읽었던 것에 대한 그 어떤 것도 내가 궁금해 하는 것들에 대해 충족시켜 줄 수는 없었다. 다만 무슬림으로서 선택할 수 있는 것은 두 가지 뿐이라는 사실이다.

■ "기독교적인" 이슬람 −평화와 사랑, 용서와 연민의 이슬람 즉, 이집트 정부와 정책·문화에 맞도록 개조된 이슬람− 을 계속적으로 신봉함으로써 내 직업과 지위를 유지한다.

■ 이슬람 테러리스트가 되어 꾸란과 무함마드의 가르침에 따라 이슬람을 신봉한다. 무함마드가 말하기를 '나는 너희에게 무언가를 남겼다. 내가 남겨준 것을 너희가 붙들면 영원히 길을 잃지 않을 것이다.' [1]

나는 몇 번이나 내가 실천하고 있는 이슬람을 합리화하기 위해 몸부림 쳤다. "뭐, 그렇게 많이 빗나간 것은 아니야. 어쨌든 꾸란에는 사랑과 평화, 용서와 연민에 대한 구절들도 있으니까. 그냥 지하드와 비(非)무슬림들을 죽이는 것에 대한 부분만 모른척 무시하면 돼."

나는 꾸란의 모든 번역서들을 뒤져가며 지하드와 비무슬림들의 학살을 피해보려고 방법을 찾고자 했지만, 이를 지지하는 내용들만 계속해서 발견될 뿐이었다.

학자들도 무슬림들이 이교도들(이슬람을 믿지 않는 자들과 배교자들)이 이슬

---

[1]. 알−부카리의 모든 하디스는 『싸히 알−부카리』*Sahih Al−Bukhari*에서 그 출처를 찾을 수 있다. 9권 1세트, 영어 번역 무흐신 칸(Muhsin Khan) (이집트 카이로 : Dar Ah'ya Us−sunnah).

람을 떠난 자들에 대한 지하드를 시행해야 한다는데 동의하지만 지하드는 다른 이들과 평화롭게 공존해야 한다는 내용이 다른 구절들과 조화를 이루지 못한다는 사실을 알고 있었다.

꾸란에 있는 많은 모순점들은 내 신앙에 갈등을 가져왔다. 나는 학사학위를 받기 위해 4년을 공부했었고, 6천 명의 동급생 중 2등으로 졸업했다. 그리고 석사학위를 받기 위해 4년, 박사학위를 받기 위해 3년을 더 보냈고 – 오직 이슬람만을 공부했다 – 그래서 내가 배운 내용들에 대해 매우 잘 알고 있었다.

한쪽에서는 술을 금지하는가 하면, 다른 쪽에서는 허용했다(꾸란5:90~91, 47:15 비교참조). 이 구절에서 꾸란은 기독교인들은 유일신을 사랑하고 섬기는 좋은 사람들이니 그들과 친구가 되라고 한다(꾸란 2:62, 3:113~114). 반면 다른 구절에서는 기독교인들은 개종 하든지, 세금을 내든지, 칼로 죽임을 당해야 한다고 말한다(꾸란 9:29).

학자들은 이 문제들에 대한 신학적인 해법들을 가지고 있었지만, 나는 어떻게 전능하신 알라가 이토록 많은 모순과 말들을 자주 바꿀 수 있는지 이해할 수가 없었다. 이슬람의 선지자 무함마드조차도 꾸란과 모순된 신앙생활을 했다. 무함마드는 꾸란이 알라의 자비를 보여주기 위해 세상에 보내어졌다고 말했다. 그러나 그는 군사독재자가 되어 자기 제국의 재정을 채우기 위해 공격하고 죽이고 약탈을 일삼았다. 이런 행동들이 어떻게 자비를 보여주는 행동인가?

꾸란에서 말하는 알라는 더 이상 신도 아니었고, 사랑하는 아버지도 아니었다. 오히려 꾸란에서 말하는 알라는 인간들을 타락시키기를 원했다(꾸란 6:39, 6:126). 그는 자기로 인해 타락된 자들을 돕지 않으며(꾸란 30:29), 그들을 이용해 지옥을 채우기를 원했다(꾸란 32:13).

이슬람은 여성, 비무슬림, 기독교인 그리고 무엇보다도 유대인에 대한 차별로 가득차 있었고, 증오가 뿌리박혀 있었다.

내 전공과목이었던 이슬람 역사는 그저 '피의 강'이라는 말로 밖에 설명할 수가 없었다.

위험한 질문들

마침내 나는 학생들과 대학에서 강의 도중에 신앙과 꾸란에 대해 의문을 제기하게 되었고, 일부 학생들(테러단체의 테러리스트이기도 했던 이들)은 매우 격분했다.

"교수님, 왜 그러십니까? 어떻게 이슬람을 비난할 수 있습니까. 당신은 우리를 가르쳐야 하고, 이슬람을 옹호해야 하는 의무도 있지 않습니까."

대학에서 이 논쟁에 대해 알게 되었고, 드디어 1991년 12월 회의에 불려갔다. 그날 회의에서 있었던 일을 간략하게 소개하자면, "나는 더 이상 꾸란이 천국이나 알라로부터 왔다고 말할 수 없습니다. 꾸란은 진정한 알라가 내리신 계시일 수 없습니다." 나는 내 마음속에 있는 말들을 술술 토해냈다.

그들의 입장에서 보면 이는 매우 불경스러운 말이었다. 그들은 내 얼굴에 침을 뱉었다. 또 그들 중 누군가는 "알라를 모독하는 자! 이 개자식!"하면서 욕을 해댔다. 결론은 대학은 나를 해고시킴과 동시에 이집트 비밀경찰에 신고했다.

비밀경찰이 나를 체포하다

다음에 일어난 일련의 사건들에 대해 설명하자면 먼저 이집트에서 나와 우리 가족은 어떻게 생활하고 있었으며 어떤 위치에 있었는지부터 설명이 되어야 할 것 같다.

우리집은 아주 큰 3층 집이었는데, 그 집에는 부모님, 결혼한 네 명의 형들과 그들의 가족, 미혼인 형과 나까지 이 집에서 함께 살았다. 누나는 결혼을 해 집에서 조금 떨어진 곳에서 살고 있었다. 우리집은 방이 많아서 매우 편하게 지내고 있었으며, 1층에는 부모님과 미혼인 형, 내방이 있었고, 위층에는 결혼한 형들과 형수, 조카들이 생활하고 있었다.

대학이 나를 해고한 바로 그 날, 새벽 3시에 누군가 우리 집 현관문을 두드리는 소리가 들렸다. 아버지가 문을 열자마자 15~20명쯤 되는 사람들이 러시아제 AK-47 자동소총을 들고 집안으로 우르르 밀고 들어왔다.

그들은 제복이 아닌 사복 차림이었으며, 계단으로 올라와 온 집안을 샅샅이 뒤지면서 자고 있던 가족들을 일일이 깨우며 나를 찾았다. 너무 많은 일들이 한꺼번에 일어났기 때문에 내가 발각되지 않고 도망칠 수 있는 방법은 없었다.

온 집안을 샅샅이 뒤지던 그들 중 한 사람이 침대에서 자고 있는 나를 발견하고는 우리 부모님과 형, 형수들, 잠자다 놀래서 깬 어린조카들 마저 보고 있는 가운데 나를 질질 끌어냈다. 우리집은 겁에 질려 울고 불고 그야 말로 아수라장이 되었으며, 동네사람들도 난리법석을 떤 통에 모두 알게 되었다.

내가 붙잡혀서 끌려가 갇힌 곳은 지금까지 한 번도 보지 못한 감옥이었다. 나중에 안 일이지만, 날이 밝자마자 우리 부모님은 몹시 흥분한 채 내 행방을 찾기 위해 여기저기 쫓아다니며 도대체 간밤에 나에게 무슨 일이 일어난 것인지 영문을 몰라 경찰서 등을 찾아가서 다그치기까지 하셨다.

"우리 아들은 어디 있소?"

그러나 내가 어디에 있는지 알고 있는 사람은 아무도 없었다. 나는 이집트 비밀경찰에 잡혀 있었던 것이다.

이집트 감옥

제 2 장

이집트 비밀경찰에 잡혔다는 것은, 미국의 감옥을 상상하는 것과는 전혀 다르다. 그들은 나를 테러리스트 2명과 같은 방에 넣었다. 한 사람은 팔레스타인이었고, 다른 한 사람은 이집트인이었다.

사흘 동안 나는 먹지도 마시지도 못했다. 이집트인은 매일 나에게 "여기에 왜 왔소?"하고 물었다. 나는 내가 이슬람에 의문을 품었다는 것을 그가 알게 되면 즉시 나를 죽이려고 덤벼들 것 같아 대답하지 않았다. 사흘 째 되던 날, 그에게 내가 알–아즈하르 대학의 교수였으며 기자시에서는 이맘이었다고 말해 주었다. 그러자 그는 즉시 자기를 면회했던 사람들이 가져다 준 플라스틱 병에 든 물과 팔라펠(중동식 야채 샌드위치)과 피타(납작한 모양의 빵)를 내게 건네주면서 "여기 경관들이 당신에게 아무 것도 주지 말라고 경고했었다"고 귀띔해 주었다.

나흘째 되던 날, 드디어 심문이 시작되었다. 그 후 나흘 동안 비밀경찰의 목표는 내가 이슬람을 떠났다는 것과 그 일이 어떻게 일어나게 되었는지를 자백하게 만드는 것이었다.

심문은 커다란 책상이 있는 방에서 시작되었다. 나를 심문하는 경관은 책상 저 편에, 나는 반대편에 마주 앉았고, 내 등 뒤에는 경관 두어 명이 더 서 있었다.

그들은 내가 기독교로 개종했다고 확신하고 있었기에 계속해서 "어느 목사와 이야기 했느냐? 어느 교회를 방문했느냐? 왜 이슬람을 배신했느냐?"고 끊임없이 질문하며 계속 괴롭혔다.

한 번은 대답하기까지 많은 시간을 끌었더니 내 등 뒤에 서 있는 사람들에게 고개를 끄덕여 보였다. 그러자 그들은 내 손을 붙잡아 책상에 대고 내리 눌렀다. 나를 심문하던 경관은 담배에 불을 붙여 손에 들더니 다시 그 손을 뻗어 내 손등에 대고 담뱃불을 비벼껐다. 손등에 남아 있는 흉터와 똑같은 방법으로, 입술에도 담배로 지져댔고, 그 흉터는 지금도 남아 있다. 또 심문 도중에 화가 나면 담뱃불을 이용한 고문을 계속 했으며 또 다른 경관들은 이유 없이 내 뺨을 때리기 일쑤였다.

심문이 계속되면서 압박과 고통은 점점 더 심해졌다. 한 번은 그들이 방에 부지깽이를 들고 들어왔다. "뭐 하려고 그러는 거지?"라고 의아하게 생각하는 순간 벌겋게 달아오른 부지깽이로 경관 한 명이 내 왼팔에다 대고 누르기 시작했다. 그들은 내가 개종했다고 자백하길 원했지만 "나는 이슬람을 배신하지 않았습니다. 나는 그저 내가 믿는 대로 말했을 뿐입니다. 나는 학자이고 교수입니다. 나는 이슬람에 관한 어떤 주제를 가지고 토론할 권리가 있습니다. 이는 내 직업의 일부이며, 학구적인 사람이라면 누구나 다 그렇게 해야 된다고 생각합니다. 이슬람에서 개종하는 것은 감히 생각조차 할 수 없습니다. ─이슬람은 내 혈통, 문화이며 언어, 가족, 내 삶입니다.─ 하지만 내가 당신에게 한 말들 때문에 내가 이슬람에서 개종했다고 비난한다면 이슬람에서 나를 버리십시오. 나는 이슬람을 떠나 있어도 상관없습니다."

채찍

나의 대답은 그들이 듣고 싶어 했던 것들이 아니었다. 그들은 나를 철제 침대가 놓인 방으로 끌고 갔다. 그리고 내 발을 침대 끝에 묶은 뒤 오븐으로 요리할 때 사용하는 긴 장갑과 같은 두께인 두꺼운 양말을 신겼다. 나를 심문하던 경관 한 명이 1미터 남짓 되는 검정색 채찍을 들고 와 내 발에 채찍을 가하기 시작했다. 또 한 사람의 경관은 손에 베개를 든 채, 침대 머리맡에 앉았다. 내가 소리를 지르자, 그는 내가 잠잠해질 때까지 내 얼굴을 베개로 눌러 대기 시작했다. 나는 비명을 멈출 수가 없었고, 그래서 경관이 한 명 더 와서 베개를 하나 더 내 얼굴에 대고 내리 눌렀다. 나는 맞다가 정신을 잃었고, 다시 정신을 차려보면 경관은 여전히 내 발을 채찍으로 때리고 있었다.

그러더니 그가 채찍질을 멈추자 나를 풀어 주었고, 그 중 한 경관이 "일어서"라고 명령했다. 처음에는 설 수가 없었지만 그는 내가 일어설 때까지 채찍으로 등을 또 후려쳤다.

그 다음 그는 나를 긴 복도로 끌고 가서 "뛰어"라고 말했다. 이번에도 내가 뛰지 못하자 경관에 내가 뛸 때가지 등에 채찍질을 해댔다. 간신히 복도 끝에 이르자 거기에는 또 다른 경관이 나를 기다리고 있었다. 그 역시 내가 뒤돌아 뛸 때까지 채찍을 휘둘렀다. 그들은 계속해서 그런식으로 나를 왔다갔다 뛰게 만들었다.

나중에서야 나는 그들이 그렇게 했던 이유를 알았다. 나를 뛰게 만든 것은 발이 붓지 않도록 하기 위함이었고, 두꺼운 양말은 내 발에 채찍 자국을 남기지 않기 위해서였으며, 베개는 아무도 내 비명을 듣지 못하게 하기 위함이었다.

그 다음에 그들은 나를 지상에 있는 조그마한 수영장 같은 곳으로 끌고 갔다. 그 안은 얼음장처럼 차가운 물로 채워져 있었는데, 채찍을 든 경관이 "들어가"라고 말했고 나는 그 말에 따랐다. 물에 첨벙 하고 들어간 순간 물이 너무 차가워 나가려고 했더니 내가 움직일 때마다 그는 채찍을 휘둘렀다.

나는 저혈당이라 얼마 지나지 않아 추위에 의식을 잃었다. 정신을 차렸을 때는 여전히 젖은 옷을 입은 채, 내 발에 채찍질을 가했던 그 침대에 누어 있었다.

어둠속에서의 하룻밤

어느 날 저녁, 그들은 나를 건물 뒤편으로 해서 밖으로 데리고 나갔다.

창문도, 문도 없는 콘크리트로 만든 조그만 창고 같은 것이 보였다. 보이는 곳은 지붕으로 나 있는 채광창 뿐이었는데, 그들은 나를 사다리로 꼭대기 까지 올라가게 하더니 "들어 가"하고 명령했다.

창가에 걸터 앉아 발을 아래로 뻗으니 물이 있는 것이 느껴졌다. 그리고 물위로 무언가가 헤엄치고 있는 것도 보였다. '여기가 내 무덤이구나. 저들은 나를 오늘 죽이려 하는구나.'라고 생각했다.

나는 창 안으로 미끄러져 들어갔고, 물속에 내 몸이 잠긴 순간 놀랍게도 발밑에 단단한 바닥이 느껴졌다. 그 곳에는 조금 전에 지나오면서 헤엄치는 것을 얼핏 보았던 그 쥐들이 방안에 가득 있었고, 어느새 내 머리와 얼굴 위로 마구 기어 다니기 시작했다. 이 쥐들은 아주 오랫동안 굶주린 상태였다. 나를 심문하던 경관들이 머리를 쓴 것이다. "이 놈은 무슬림 사상가이다. 그래서 굶주린 쥐들이 이놈의 머리를 갉아 먹고, 포식하도록 하자."라고 말했다.

경관들이 창문을 닫아 버리고 나가버렸다. 처음에는 무척 겁이 났다. 그들은 밤새 나를 그 곳에 가두어 두고, 다음 날 아침 내가 살아 있는지 살펴보기 위해 돌아왔다. 창문이 열리면서 햇살이 조금 들어왔다. 아직은 내가 살아 있고, 숨도 쉬고 있다는 사실에 희망이 느껴졌다. 밤새도록 나를 물어 뜯은 쥐는 한 마리도 없었다. 쥐들은 온통 내 머리와 머리카락 속을 헤집고 다니면서 내 귀를 장난감 삼아 노는 녀석이 있는가 하면, 내 어깨에 앉아서 노는 녀석들도 있었다. 내 얼굴에 쥐들의 입이 닿는 느낌은 있었지만, 이빨이 느껴진 적은 한 번도 없었다. 쥐들은 내게 완전한 신의를 보여주었다.

시간이 흐른 지금도 나는 쥐들을 보면 그때 그 쥐들이 생각나서 존경심과 사랑마저 느껴져서 옅은 미소가 흐른다. 그때 당시 쥐들이 왜 그런식으로 행동했었는지 아직도 설명할 방법은 없다.

소중한 친구와의 만남

심문은 아직 끝나지 않았다. 경관들은 나를 다시 작은 창고가 있는 문 앞으로 끌고 가더니 "너를 만나고 싶어 하고, 너를 매우 사랑하는 이가 있다."라고 말했다.

나는 가족들 혹은 친구 중 누군가가 나를 면회 왔거나 감옥에서 빼내주기 위해 왔기를 고대하면서 "누굽니까?"하고 물었다. 그들은 말했다. "너는 그를 모르지만 그는 너를 매우 잘 알고 있지."

그들은 방문을 열어 주었고, 그 안에는 커다란 개가 한 마리 기다리고 있었다. 창고 안에 다른 것은 아무것도 보이지 않았다. 두 사람이 나를 창고 안에 집어넣더니 밖에서 문을 잠가 버렸다.

나는 이때 처음으로 온 몸으로 울부짖었다. 마음속으로 나의 창조주에게 소리쳤다. '당신은 나를 만드셨습니다. 오, 신이여! 당신이 나를 돌보셔야 합니다. 어떻게 나를 이런 악한 이들 손 안에 내버려 두실 수 있단 말입니까? 나는 이 사람들이 내게 무슨 짓을 하려고 하는지 알 수 없지만, 당신은 나와 함께 하실 것이며 언젠가는 내가 당신을 보게 될 것이고 당신을 만나게 되리라 믿습니다.'

나는 빈 방의 가운데로 천천히 걸어가 책상다리를 하고 바닥에 앉았다.

나를 한참동안 노려보고 있던 녀석이 서서히 다가오더니 내 앞에 앉았다. 그리고 몇분 동안 나를 노려보았다. 위에서 아래쪽으로 반복해서 훑어보는 그 녀석의 눈을 나는 응시했다. 그리고 내가 아직 알지 못하는 신에게 마음 속으로 계속 기도했다.

녀석은 서서히 일어서더니 동물들이 무언가를 잡아먹으려 할 때 하는 행동처럼 내 주위를 빙빙 돌기 시작했다. 잠시 후 내 오른편으로 다가와 내 귀를 핥았다. 녀석은 내 오른 편에 자리를 잡고 그대로 앉아 있기만 했다. 나는 너무 지쳐 있었기 때문에 녀석이 어떤 행동을 하든지 모른체 하고 이내 잠이 들었다.

내가 잠에서 깨어나자마자 방 한 쪽 구석에 앉아 있던 녀석이 아침 인사라도 하려는 듯이 내게 달려들었다. 그리고 또 내 오른쪽 귀를 핥더니 이내 내 옆에 자리를 잡고 앉았다.

경관들이 문을 열고 들어 왔을때 그들의 표정은 참으로 가관이었다. 그들의 눈앞에 펼쳐진 광경은, 나는 기도를 하고 있었고 그 옆에 얌전히 앉아 있는 큰 개를 보고 경악을 금치 못했다. 그러더니 한 경관이 "이 사람이 인간이라니 믿을 수 없어. 이 사람은 악마야, 사탄이야."라고 말하는 것을 들었다.

다른 경관이 대답했다. "믿을 수가 없어. 이놈 뒤에는 보이지 않는 힘이 있어서 지켜주고 있는 것 같아." "무슨 힘? 이 사람은 이교도야. 이 사람은 알라를 배신했으니 그럼 사탄이 틀림없겠군."

나를 지켜주신 이 누구인가

그들은 나를 다시 감옥으로 돌려보냈다. 내가 없는 동안 나와 같은 감방에 있던 이집트인이 경관들에게 "왜 당신들은 이 사람을 핍박하는 겁니까?"라며 계속 그 이유가 뭔지 물었다.

그들은 "그가 이슬람을 부인하고 있기 때문이다."라고 대답해 주었다. 그 대답을 들은 내 감방 동료들은 분노했다. 내가 감방으로 돌아오자마자 그들은 나를 죽이려고 덤벼들었는데, 감방에 들어간지 15~20분 만에 경관 한 명이 그 이집트인에 대한 이송 서류를 들고와서 그를 데리고 나가버렸다. 나는 자문할 수밖에 없었다.

'지금 나에게 무슨 일이 일어나고 있는 거지? 어떤 힘이 나를 보호해 주고 있는 걸까?' 그땐 그 답을 알지 못했다. 그러나 나는 이 의문을 두고 오래 고민할 수가 없었다. 얼마 후 나에 대한 이송서류가 도착했기 때문이다.

나는 카이로 남부에 있는 종신 감옥으로 보내지게 되었다.그 당시에 나를 심문했던 경관들은 내가 분명 인간이 아닐거라고 생각했다. 나는 단지 이슬람에 대해 의문을 품었다는 이유로 무조건 체포되었던 것이다. 이제 나의 신앙은 완전히 흔들렸다. 그리고 나는 카이로 남부에 있는 종신 감옥으로 이송되고 있었다.

신앙없이 일 년을 보내다

제 3 장

나는 다음 한 주 동안을 카이로 남부에 있는 감옥에서 보내게 되었다. 상대적으로 시간이 많이 남아 돌았다. 하나님께서는 급진적인 이슬람에 동의하지 않는 간수를 나에게 보내주셨다.

이 모든 사건들이 일어나는 동안 가족들은 내가 어디에 있는지 알아내려고 백방으로 수소문했다. 하지만 알 길이 없어 발만 동동 굴리고 있었는데 그동안 해외출장 중이시던 이집트의회의 고위직에 있던 외삼촌이 돌아왔다. 어머니는 외삼촌에게 전화해 울부짖었다.

"우리 아들이 어디에 있는지 행방불명인데 소식도 없이 두 주일이나 지났더, 죽은 거야, 아마 틀림없이 죽었을 거야."라고 울며 소리질렀다.

외삼촌은 자신의 대단한 인맥들을 총동원 해 내가 어디에 있는지 알아냈다. 내가 감금된 지 15일이 지난 어느 날 외삼촌은 직접 석방서류를 가지고 감옥으로 찾아와 나를 집으로 데리고 왔다. 얼마 후 경찰은 아버지에게 다음과 같이 공문서류를 보내주었다.

우리는 알−아즈하르대학에서 당신의 아들이 이슬람을 떠났다는 내용의 팩스를 받았으나 15일간의 심문 끝에 이 죄목을 뒷받침할 어떤 증거도 찾지 못했다.

아버지는 이 공문서류를 보고 안도하셨다. 모든 형제자매들 가운데 대학에서 이슬람을 공부한 사람은 나 한사람밖에 없었고, 아버지는 그런 나를 매우 자랑스럽게 여기셨다. 아버지는 내가 이슬람을 떠날 수 있다는 것은 상상조차 하지 못하셨고, 그래서 이 모든 일이 대학측이 내 학문에 대해 농간을 부린 것이라고 생각하셨다.

"너에게 그런 대학은 필요없다."며 곧바로 공장의 영업부장으로 일하라고 하셨다. 아버지는 가죽 재킷과 남녀의류를 생산하는 꽤 성공적인 사업체를 가지고 계셨다.

신앙 없이 일 년을 보내다

일 년 동안 아무런 신앙도 없이 지냈다. 나는 기도를 할 수 있는 신(神)도, 부를 수 있거나 내 삶을 드릴 신도 없었다. 나는 은혜롭고 의로운 신이 존재한다는 사실은 믿고 있었지만, '그 신'이 누구인지는 전혀 몰랐다.

그 '신'은 무슬림들의 알라일까? 아니면 기독교인들 혹은 유대인들의 하나님일까? 아니면 무슨 동물일까—힌두교의 소처럼? 나는 '그'분을 어떻게 찾아야 할지 전혀 알지 못했다.

우리들이 반드시 알아야 할 사실은, 무슬림들이 만약 이슬람이 진리가 아니라는 사실을 깨닫게 되었을 때, 또 달리 선택할 수 있는 종교도 없을 때, 이때가 무슬림들에게는 인생에 있어 가장 힘든 시기라는 것이다. 또한 자신들의 알라를 모른 척 하고 산다는 것은 상상도 할 수 없을 것이다. 믿음이란 아랍인들에게는 삶의 심연으로 뿌리 박혀 있는 중요한 부분이기 때문이다.

일 년 동안 나의 육체는, 내 영혼이 느끼고 있는 아픔 그 자체였다. 필요한 모든 물질적인 것들을 가지고 있었음에도 나는 진정한 신의 정체를 파악하려고 끊임없이 노력하고 생각과 연구를 거듭한 탓에 깊은 피로감에 시달리고 있었고, 그래서 나는 늘 두통에 시달려야 했다. 그 때문에 집안의 친척분이 운영하는 병원을 찾아가기도 했다. 그는 내 뇌를 정밀검사 했지만 아무런 문제도 찾을 수가 없었고, 통증을 완화시켜 주기 위해 진통제를 처방해 줄 뿐이었다.

산상 설교

한 동안 나는 일주일에 한두 번씩 근처의 약국을 찾아가 두통이 사라지기를 바라는 마음에서 매번 알약을 몇 개씩 받아오곤 했다. 그러던 어느 날 약사인 그녀가 내게 물었다.

"요즘 어떻게 지내세요?"

"아무 일도 일어나지 않고, 불만도 없어요. 한 가지만 빼고는… 저는 신(神) 없이 살고 있습니다. 저는 제 신(神)이 누구인지도, 누가 저를 창조하고 우주를 창조했는지도 모르겠어요."

"하지만 당신은 이집트에서 가장 인정받는 이슬람 대학의 교수잖아요. 당신 가족은 이 지역에서 매우 존경받고 있구요."

"그건 사실입니다. 그러나 저는 대학교육에서 거짓을 발견했어요. 저는 더 이상 내 집안과 가족이 믿음의 기초 위에 세워져 있다고 믿지 않아요. 나는 늘 이슬람의 거짓말들로 옷을 입고 있었지만, 이제는 완전히 벌거벗은 느낌입니다. 어떻게 제 마음 속에 있는 이 공허함을 채울 수 있을까요? 제발 도와주세요."

"좋아요. 오늘은 약과 함께 이 책을 드리죠. 성경입니다. 하지만 약속해 주세요. 이 책을 조금이라도 읽기전에는 약을 드시지 않겠다고요."

나는 책을 가지고 집으로 돌아와 아무 곳이나 펼쳤다.

눈은 눈으로, 이는 이로 갚으라 하였다는 것을 너희가 들었으나 나는 너희에게 이르노니 악한 자를 대적하지 말라 누구든지 네 오른편 뺨을 치거든 왼편도 돌려대며   -마태복음 5:38

내 눈에 보인 이 구절, 온 몸이 떨리기 시작했다. 나는 평생 꾸란을 공부했다 – 하지만 이만큼 가슴을 뛰게 하는 말은 들어본 적이 없었다. 나는 주 예수 그리스도와 마주하게 된 것이다.

마치 내가 언덕 위를 지나는 구름 위에 앉아 있고, 내 앞에는 우주에서 가장 위대한 선생님이 내 앞에서 천국의 비밀과 하나님의 마음에 대해 이야기해 주고 있는 기분이었다.

수년간 꾸란을 공부해 왔기 때문에 꾸란과 성경의 내용을 비교하는 것은 쉬운 일이었고, 마침내 나는 내가 진정한 신을 만났다는 것을 추호도 의심하지 않았다. 다음날 새벽까지 계속 성경을 읽으며 시간이 흐르는 것도 잊고 있었다. 동이 틀 때쯤에 내 마음을 예수님께 드렸다.

매복 공격을 당하다

나는 약사와 그녀의 남편에게만 내가 예수님을 영접하였다는 것을 말했지만, 이집트에서는 이슬람을 떠나게 되면 자동적으로 기독교인으로 간주되어 반드시 죽여야 할 사람의 명단에 오르게 된다. 그래서 이슬람 원리주의자들은 매복하여 나를 죽이기 위해 두 사람을 보냈다.

사건은 내가 친구를 만나고 걸어서 집으로 돌아오는 길에 일어났다. 기자 시내를 가로질러 15~20분 정도 되는 거리였다. 내가 집 근처 테르새 가(Tersae street)에 이르렀을 때 식품점 앞에 두 남자가 서 있는 것을 보았다. 그들은 전통적인 길고 흰 로브를 입고 있었고, 긴 수염에 터번을 쓰고 있는데, 그저 평범한 가게 손님일거라고 생각했었다. 그들이 내게 무슨 짓을 할 것이라고는 전혀 짐작도 하지 못했다.

그런데 내가 가게 앞을 지나가자 그들 중 한 명이 나를 멈춰 세우더니 갑자기 칼을 꺼내 들고 나를 찌르려고 했다. 나는 무기를 가지고 있지도 않았고, 무척 더운 날씨여서 그냥 티셔츠와 바지만 입고 있는 그야말로 무방비 상태였다. 그렇지만 나는 손을 들어 방어하려고 했다. 칼날은 계속해서 치고 들어와 결국 내 손목을 베었다.

길에는 다른 사람들이 모여 있었지만, 나를 도와주는 사람은 아무도 없었고, 그들은 단지 구경하기 위해 몰려들었을 뿐이었다. 그 당시에 이집트 사회전반에 걸친 전형적인 모습이었다. 그냥 주먹다짐이라면 끼어들 수도 있었겠지만, 칼부림이 있는 경우에는 아무도 말릴 엄두를 내지 못할 뿐더러 거기다 누가 총이라도 뽑으면 절대 그 앞을 가로막으려 하지도 않았다.

첫 번째 공격자는 내 심장을 찌르려 했다. 그가 거의 성공할 찰나, 나는 살짝 피했다. 그의 칼은 10센티미터쯤 빗나가 내 어깨를 찔렀다. 남자가 다시 칼을 뽑아들고 찌르려다가 내몸에서 피가 계속해서 흘러내리는 것을 내려다 보고 있는 모습이 희미하게 보였다.

나는 땅에 픽 쓰러졌고 온 몸을 웅크려 스스로를 보호하려고 했다. 또 다른 한 명의 공격자가 내 배를 찌르려고 했지만, 칼날은 빗나갔고, 대신 내 정강이를 찔렀다. 나는 피를 너무 많이 흘려 정신을 잃었다.

잠시 후 경찰관 두 명이 오토바이를 타고 현장에 도착했다. 나를 공격하던 이들이 도망쳤을 때까지만 해도 내가 살아 날 가망은 없어 보였다. 정신을 차려보니 병원이었다. 치료를 받고 있는데 찾아 온 경찰들은 "왜 공격을 받았는지 아느냐"고 물었다. 나는 "모른다"고 대답했다.

이번에도 아버지는 내가 이슬람을 버렸다는 어떤 증거도 믿지 않으려 하셨다. 아버지는 그런 방향으로는 전혀 생각을 하실 수가 없었던 분이다.

아버지가 진실을 알게 되다

나는 계속해서 아버지를 위해 일하면서 나의 새로운 신앙에 대해서는 말하지 않았다. 실제로 아버지는 1994년에 새로운 사업 아이템을 찾아보도록 나를 남아공으로 보내셨다. 나는 남아공에 있는 동안 인도에서 온 기독교인 가정에서 사흘을 함께 보냈다. 헤어질 때 그들은 나에게 조그만 십자가 목걸이를 선물로 주었는데, 이 작은 십자가가 내 삶의 전환점이 되었다.

일주일이 조금 지났을 때 아버지는 내 목에 걸린 목걸이를 발견하고 매우 언짢아하셨다. 이슬람 문화에서는 여성들만이 목에 장신구를 걸 수 있기 때문이다.

"왜 이 사슬을 걸고 있느냐?"라고 아버지는 다그치셨다. 나의 혀는 너무나도 자연스럽게 "아버지, 이것은 사슬이 아닙니다. 이것은 십자가입니다. 이 십자가는 저를 위해서, 아버지를 위해서 그리고 온 세상의 모든 사람들을 위해서, 이 십자가에 못박혀 죽으신 예수님을 나타냅니다. 저는 예수님을 나의 하나님이자 구주로 받아들였고, 아버지와 다른 가족들 역시 예수 그리스도를 구주로 받아들일 수 있도록 기도하고 있습니다."라고 대답했다.

아버지는 길에 선 채 바로 그 자리에서 기절하셨다. 형들이 달려왔고, 어머니는 놀래서 울기 시작하셨다. 나는 형들이 아버지 얼굴을 물로 씻기는 동안 옆에 가만히있었다.

정신을 차리신 아버지는 너무 화가 나셔서 말도 제대로 하지 못하셨지만, 손을 들어 나를 가리키셨다. 분노로 인해 목소리까지 쉬어버린 아버지는 "너희 동생은 개종자다. 오늘 저 녀석을 죽여버리겠다!"고 소리소리 질렀다.

이집트의 부유층은 대부분 총을 들고 다닌다. 나의 아버지 역시 어디를 가시든지 가죽 끈이 달린 총을 항상 겨드랑이에 끼고 다니셨다. 아버지는 총을 꺼내들고 나를 겨누셨다.

나는 길을 따라 달리기 시작했고, 길모퉁이를 도는 순간 총알이 내 옆을 휙 스치고 지나가는 소리가 들렸다. 나는 살기 위해 계속 도망갔다.

집을 영원히 떠나다

나는 8백미터 정도 떨어져 있는 누나 집으로 달려갔다. 누나에게 아버지 집에서 내 여권과 옷 그리고 기타 서류들을 챙겨와 달라고 부탁했다.

뭐가 잘못된 건지 알고 싶어하는 누나에게 말했다. "아버지가 나를 죽이려고 하셔."

누나가 그 이유를 묻자 "나도 몰라. 아버지께 물어 봐."라고 대답했다. 평소 나는 누나와 가까이 지내왔고, 누나 집이 근처에 있었기 때문에 아버지는 내가 도망쳤을때, 어디로 갈지 정확히 알고 계셨다.

내가 누나와 얘기하고 있을 때, 아버지께서 누나 집 앞에 당도하셨다. 아버지는 눈물을 흘리시며 현관문을 두드렸다.

"내 딸아, 문을 열어 다오. 네 동생은 개종자다! 그 아이는 이슬람 신앙을 버렸어. 지금 그 아이를 죽여야만 해!"라며 소리를 지르셨다. 누나는 문을 열고 아버지를 진정시키려 했다.

"아버지, 동생은 여기 없어요. 다른 곳으로 갔나 봐요. 일단 집으로 가셔서 마음을 가라앉히시고 나중에 가족들이 모두 모여 같이 의논해 봐요."

누나는 나를 측은히 여겨 부모님 집에서 내 물건들을 몰래 챙겨다 주고 엄마와 함께 돈도 조금 모아주었다. 나는 1994년 8월 28일 저녁에 내차를 몰고 이집트 카이로를 떠났다.

그 뒤로 석 달 동안 고생하면서 북이집트, 리비아, 차드공화국, 카메룬 등을 떠돌았다. 그때 나는 말라리아에 걸려 콩고에서 더 이상 움직이지 못하고 멈추어야만 했다. 사람들이 이집트인 의사에게 진료를 받게 해 주었는데, 그는 내가 아침이면 죽어 있을 것이라고 말해 주었고, 사람들은 시체를 이집트의 집으로 보내 주기 위해 콩고의 이집트 대사관에서 관을 가져오기 위한 절차를 밟았다.

다음날 아침 나는 깨어났다. 사람들은 모두 깜짝 놀랐고, 닷새 동안 병원에 더 입원을 했는데, 건강이 어느 정도 회복이 되었다. 그 후 나는 어디를 가든 예수님이 나를 위해 하신 일들에 대해 이야기를 하기 시작했다.

예수님을 따르는 자로서의 삶

내가 주 예수를 구주로 영접한 지 십년이 흘렀다. 그 분은 나를 부르셨고, 나와 개인적인 관계를 맺으셨다 - 이슬람에서는 결코 얻을 수 없는 것- 이다.

오늘도 나는 고국에 두고 온 나의 가족과 무슬림들을 위해 울부짖으며, 주님께서 그들을 이슬람의 어둠에서 구원해 주시기를 간절히 간구드린다.

여러분들은 이 책을 읽어가면서 그 어둠의 크기가 얼마큼인지를 이해하게 될 것이다. 이슬람의 가르침은 테러리스트들이 알라의 이름으로 온갖 악한 행위를 당연시 여기는 자들, 바로 그들이 만들어 낸 것이다.

이제는 온 세상이 이슬람의 가르침이 무엇인지 이해하고 싶어한다. 언론과 인터넷을 통해 엄청난 양의 잘못된 정보가 세상에 퍼져 나갔다.

내가 해야 할 일은 이 사람들이 왜 이런 엄청난 일을 저지르고 있는 지를 여러분이 정확하게 알 수 있도록 돕는 것일 뿐, 여러분을 분노하게 만들고 싶지는 않다.

나는 여러분들이 -이슬람의 몰락과 이슬람의 포로가 된 자들이- 예수의 이름으로 자유를 얻을 것이란 사실을 믿기를 바랄 뿐이다.

SECTION 2

이슬람 속에 있는
테러리즘의 뿌리

이슬람의 핵심 신념
- 폭력적 사고방식

제 4 장

1980년 내가 알-아즈하르 대학교 신입생이었을 때 나는 「꾸란 해석」이라는 수업을 들었다. 우리는 한 달에 두 번 모여 이슬람에 대한 열정으로 학생들 사이에서 인기가 많은 장님인 쉐이크의 강의를 들었다.

하지만 그 역시 원리주의 사상이 신앙의 바탕에 깔려 있음은 분명했다. 언제든지 꾸란에서 기독교인들이나 유대인들을 언급한 내용이 나오면 그는 기독교인들을 '이교도'로, 유대인들을 '돼지 새끼'로 표현하기를 매우 즐겨했으며, 그는 지하드를 통해 이슬람제국의 영광스러운 날들을 재현하고 싶다는 자기 생각을 분명히 밝히는 것 또한 서슴치 않았다.

어느 날 그는 학생들에게 질문을 할 수 있는 시간을 주었다. 나는 일어나서 오랫동안 궁금하게 생각해 왔던 질문을 했다. "왜, 선생님은 우리에게 늘 지하드를 가르치십니까? 꾸란에는 평화와 사랑 그리고 용서에 대해 말하는 다른 구절들은 없습니까?"

그는 순간 얼굴이 벌겋게 달아올랐다. 그가 매우 화가 났다는 것도, 동시에 화를 삭이고 있다는 것도 눈치챘다. 그는 내게 소리를 지르는 대신, 경청하고 있는 5백 명의 학생들 앞에서 자신의 위치를 확실히 해둘 필요성을 느꼈던 것 같다. "형제여, 통째로 '전리품(Spoils of War)'이라는 제목이 붙여진 수라(장)는 있어도 '평화'라는 제목의 수라는 없다네. 지하드와 살인은 이슬람의 머리라네. 그것을 뺀다면 이슬람의 머리를 자르는 것과 같아."

오늘 날 이렇게 자기의 생각을 분명하고 소신 있게 말한 이 사람은, 지금 미국의 감옥에 수감되어 있다. 그의 이름은 바로 오마르 압델 라흐만(Omar Abdel Rahman)이며, 지난 1993년에 있었던 뉴욕의 세계무역센터에 대한 첫 번째 자살폭탄테러를 감행한 주동자로 유죄선고를 받았다(그는 미국으로 가기 전에 이집트 대통령인 안와르 사다트(Anwar Sadat)의 암살을 시도한 급진적인 이집트 테러단체인 알-지하드(al-Jihad)의 영적 지도자이기도 했다).

다음 장에서는 어떻게 쉐이크 압델 라흐만이 이집트 대법원에서 어떤 식의 궤변으로 자신을 변호하고 석방되어 그 후 미국으로 건너가 지하드까지 수행할 수 있었는지에 대한 기막힌 이야기를 들려줄 것이다.

이슬람 202

위의 이야기와 나의 간증에서 알 수 있듯이 나는 인생의 대부분을 테러리즘과 가까이 지내왔다. 서방 사람들은 테러리스트들을 좀처럼 이해하지 못한다. 그들은 "테러리스트들은 정말로 모두 미친 것인가?"에 대해 알고 싶어 하고, 궁금해 한다.

내가 장담하건대, 이 사람들은 미치광이가 아니다. 그렇다고 다른 사람들을 다치게 하면서 정신적인 즐거움을 느끼는 정신병자들(Psychopaths)도 아니다. 오히려 그들은 철학을 따르고 있으며, 그들이 따르고 있는 철학을 여러분이 이해하게 된다면 더 이상 그들의 행동에 놀랄 일은 없을 것이다.

나는 이 장에서 이슬람의 기본에 대해 이야기할 것이지만, 이슬람 테러리스트에게 동기를 부여하는 특정 종교의 가르침을 설명하기 위해 이 부분은 최대한 빨리 넘어갈 것이다. 또한 원리주의자들이 꾸란에서 평화와 조화에 대해 말하는 구절들을 어떻게 처리하는지에 대해서도 설명할 것이다.

알라에게 복종하다

'이슬람(Islam)'은 '복종'이라는 뜻이며, '무슬림(Muslim)'은 '알라에게 복종하는 자'라는 뜻이다. 꾸란에 의하면 복종하지 않고서는 진정한 무슬림이 될 수 없다고 말한다.

> 오, 너 믿는 자여! 알라께 복종하고 메신저(무함마드)에게 복종하고 너희
> (무슬림들) 중 권위를 가진 자에게 그리하라.　　　- 꾸란 4:59, 성 꾸란

자, 여기에서 알라에게 복종하려고 할 때 반드시 대답해야 할 질문은 '알라가 무엇을 원하는가?' 하는 것이다. 그 답은 이슬람의 경전들 - 꾸란과

하디스에서 찾아볼 수 있다.

꾸란은 A.D. 610년에 이슬람의 선지자 무함마드가 메카 근처의 히라동 굴에서 명상하던 중 천사 가브리엘이 그에게 알라의 계시를 전해주었다고 하는 것에서부터 시작된다. 무함마드는 이것이 유일하고 진실한 신 알라 (Allah)의 계시라고 주장했으며, 22년동안 이 계시들을 받아 적었다(그런데 무함마드는 문맹자로 알려져 있다). 간단히 말해 꾸란은 무함마드의 가르침이 아니라 알라의 계시들이다. 나중에 살펴보겠지만, 이 계시들이 모두 동시에 한꺼번에 내려진 것이 아니라는 사실이 더 의미심장하다.

하디스 전집(全集, hadith)은 또 다른 경전이다. 이 책들은 선지자 무함마드가 살아 생전에 했던 말과 행동으로 확인된 것들을 기록한 것이다. 다시 말해 하디스 전집은 무함마드의 말들과 행동들에 대한 것들을 예시를 통해 보여준다.

하디스 전집이 만들어진 경위는 무함마드의 추종자(친구나 무함마드의 아내들) 등이 무함마드를 가까이에서 지켜보며 그의 말이나 행동들을 기록했다. 후에 학자들은 이 기록들을 수집·정리해서 오늘날 우리가 가지고 있는 여섯 종류의 책들로 묶었다. 이 책들은 편집자의 이름을 붙였는데, 예를 들어, 『싸히 알-부카리의 하디스』*Hadith by Sahih Al-Bukhari* 등으로 불린다.

대부분의 무슬림들은 하디스의 권위를 인정한다(정확히 말하면, 수니파 무슬림들은 하디스 전체를 받아들이고, 시아파 무슬림들은 대부분을 받아들인다. 예를 들어 시아파는 무함마드의 부인들이 기록한 수천 권의 하디스는 인정하지 않는다). 다시 한번 더 말하지만 하디스를 알아야 되는 이유는 무함마드의 삶과 가르침이 오늘날 실행되고 있는 전쟁과 테러의 원칙을 세우는 결과를 낳았기 때문이다. 이 사실들은 뒷부분에서 더 상세히 설명하게 될 것이다.

마지막으로, 이슬람의 신 알라에 대한 무슬림들의 의무에 관해 기록된 '이슬람법(Sharia)'에 대해 설명이 되어져야 하는데, 이슬람법을 설명한 책들은 『꾸틉 알-피크』 Qutb al-Fiqh이라고 불린다. 이 용어는 하디스 전집처럼 특정한 책들을 뜻하는 것이 아니라 고대와 현대에 쓰인 법(法) 문학 종류 전체를 일컫는 말이다.

행위에 근거한 종교

그럼, 꾸란과 하디스에서는 알라가 원하는 것이 무엇이라고 말하고 있는가? 무슬림이 되려면 다섯 가지 주요 요건이 필요하다. 이 요건들은 다섯개의 "이슬람 기둥(오주, 五柱)"이라고 알려져 있다.

1. *신앙고백:* 다음과 같은 무슬림의 신앙 고백을 받아들여야 한다. "알라 이외에는 다른 신은 없으며, 무함마드는 그의 메신저이다."

2. *기도:* 무슬림들은 하루에 다섯 번 무함마드의 고향인 메카를 향해 기도해야 한다. 기도는 새벽, 오후, 늦은 오후, 해가 진후, 밤에 한다. 금요일에는 특별기도가 있다.

3. *자선(zakat):* 이것은 일종의 구빈세이다. 매년 연말에 지불하며 필요한 자들에게 나누어준다.

4. *금식:* 이슬람력으로 아홉 번째 초승달이 처음 눈에 보일 때 시작되는 이슬람의 라마단 달에 행해진다. 무슬림들은 이 금식기간 중에는 낮 시간

에 먹지도 마시지도 않는다. 해가 뜨기 전에 가벼운 식사와 함께 많은 양의 물을 마신다. 해가 진후에는 좀 더 본격적인 식사를 하고 더 많은 양의 음료를 마신다.

5. *성지순례:* 무슬림들은 평생에 최소 한 번은 메카로 순례를 갈 것을 장려받으며 거기서 5일간 의식을 치른다.[1]

무슬림들은 알라가 원하는 대로 행동하는 것이 왜 이렇게도 중요할까? 바로 이슬람이 행위의 종교이기 때문이다. 천국에 들어갈 수 있는 자격은 의무이행을 통해 얻어야 한다. 그러나 무슬림들은 결코 구원의 확신을 가질 수 없다는 것이 우리를 슬프게 한다. 그들은 죽으면 무덤으로 가서 거기서 심판이 있을 부활의 날까지 기다리고 있어야 한다고 믿는다. 심판의 날이 오면 알라는 선행과 악행을 저울질하여 그들의 운명을 결정한다.

> 그때에 (선행의) 저울이 무거운 자는 즐거운 삶(천국) 속에서 살 것이다.
> 하지만 (선행의) 저울이 가벼운 자는 하위야(지옥)를 집으로 삼게 될 것이다.
> — 꾸란 101:6-9, 성 꾸란

평생 선행을 한다고 해도 천국에 갈 수 있다는 보장은 없다. 모든 것은 알라의 결정에 달린 것이다.

---

1). 아크바 S. 아흐메드, 『오늘날의 이슬람 *Islam Today*(런던: I.B.Touris & Co., 1999), 32~38쪽.

보장된 천국행 입장

천국에 들어가는 것을 보장 받으려면 오직 한 가지 방법 뿐이다. -그리고 이것은 자살 폭탄 테러리스트와 지하드 테러리스트에게 완벽한 동기가 되어준다. 천국에 들어갈 수 있다는 것을 확실히 알 수 있는 방법은 오직 지하드 중에 죽는것- 이슬람의 적과 싸우다 죽는것 뿐이다. 지하드는 단순히 무슬림들의 적이 죽거나, 무슬림들이 죽을 때까지 알라의 적과 싸워야 한다는 것을 의미한다. '지하드'라는 단어의 실제 의미는 '투쟁'이다. 지하드는 이슬람의 피그(fiqh, 이슬람법인 샤리아를 확대해석한 것 -저자 주)에서 다음과 같은 법적 용어로 정의되어 있다.

[지하드]는 이슬람을 전하는데 있어 방해되는 모든 사람들을 상대로 싸우는 것이다. 혹은 이슬람에 들어올 것을 거부하는 모든 사람들과 싸우는 것이다. - 꾸란 8:39, 성 꾸란

만약 지하드를 수행하다가 죽으면 무덤으로 들어가 심판을 기다릴 필요 없이 곧바로 천국으로 갈 수 있다. 지하드는 사실 알라와 무슬림들 사이에 맺어진 계약이다. 무슬림들이 싸우면 알라가 내세에 그들에게 보상하는 것이다.

저들(신자들) 중 알라를 위한 내세의 싸움을 위해 이 세상에서의 삶을 파는 자들 그리고 누구든 알라를 위해 싸우며 그 가운데서 죽거나 승리를 취하는 자들에게 우리는 크나큰 보상을 내릴 것이다. - 꾸란 4:74, 성 꾸란

지하드를 수행하는 자들에 대해 꾸란에는 이렇게도 기록되어 있다.

그들을 위해 알라는 그들이 영원히 머물 강이 흘러드는 천국을 이미 준비하셨다. 이것이 궁극적으로 성공의 목적이다.

- 꾸란 9:89, 성 꾸란

지하드 중에 죽은 사람들에게는 일반적인 경우와는 다른 장례절차가 적용된다. 일반인들이 죽었을 경우에는 시신을 씻긴 후 모스크에 가는 것처럼 좋은 옷을 입힌다. 그러나 지하드 중에 죽었을 경우에는 시신을 씻기거나 좋은 옷을 입히지 않고 죽은 상태 그대로 관에 들어가게 된다. 몸에 묻은 피는 알라 앞에서 증거 — 명예로운 표징이 된다. 무슬림들은 천사들이 알라 앞에서 그를 특별한 사람으로 대우할 것이라고 믿고 있다.

서방의 언론들은 무슬림들이 생각하는 천국 —남자들이 즐기게 하기 위한 처녀들 등 —을 두고 조롱했었지만, 지하드에서 죽는 것만이 무슬림들이 천국행을 보장 받는 길이라는 것을 알아두는 것이 훨씬 더 중요하다. 무슬림들이 다른나라에서 지하드를 하기 위해 고향을 떠나 원정을 가는 이유는 이 때문이다. 그들은 종교적인 동기를 가지고 있고, 이는 정치적 동기를 가지는 것보다 훨씬 더 위험하다.

분명 지하드는 꾸란에 의해 모든 무슬림들에게 명령된 것이지만, 그것에 대해 많은 사람들이 묻는 중요한 질문이 있다.

"그럼 꾸란에 있는 '좋은' 구절들이란 무엇입니까?"

하지만…어떻게 된 겁니까?

여러분은 아마도 TV나 신문 등 대중언론에서 기독교인들에 대해 긍정적으로 말하거나 선한 행동을 장려하는 꾸란 구절들에 대해 들어보거나 읽은 적이 있을 텐데 그럴때마다 고개를 갸우뚱하며 궁금해 했을것이다. "정말 그런 구절들이 있는 것인가?"

그 수수께끼에 대한 답은 꾸란은 상반된 말들로 가득 차 있다는 것이다. 기독교인들을 칭찬한 구절이 있는가 하면, 지옥으로 갈 것이라고 저주하는 구절들도 있다.

다른 주제들에서도 이런 모순이 드러난다. 예를 들면 무함마드 시절의 아랍인들은 술을 많이 마셨다. 어느 구절의 계시에서는 아랍인들에게 기도하러 모스크에 갈 때는 술을 그만 마셔야 하지만, 기도가 끝나면 술을 마셔도 좋다고 되어 있다. 반면 다른 구절에서는 술을 마시면 안 된다는 구절도 있다(꾸란 2:219, 5:90 비교참조).

또 하나의 예로 무슬림들과 기독교인들의 관계를 들 수 있다. 어떤 구절들에서는 무슬림들과 기독교인들이 좋은 관계를 맺을 수도 있다고 하지만 다른 한편으로는 무슬림들이 기독교인들에게 반드시 이슬람으로 개종할 것을 요구해야 한다고 되어 있다.

이슬람 초기에는 여성들이 반드시 히잡(hijab)을 쓸 필요는 없다고도 했지만, 그 후에 쓰인 구절들에서는 여성들에게 집에만 머물러야 하고 머리에는 반드시 히잡을 쓸 것을 명령하고 있다. 따라서 이슬람 학자들은 모순이 있을 경우 어느 구절을 따라야 할지를 정해야 했는데 그럴 경우 나시크

(nasikh)의 원칙에 따라 이루어졌다.

나시크는 꾸란이 22년에 걸쳐 다양한 시기에 무함마드에게 계시되었다는 사실을 기초로 한다. 꾸란의 어떤 부분은 늦게, 어떤 부분은 좀 더 일찍 쓰였다. 학자들은 이런 모순들을 해결하기 위해 새로운 계시들이 그전의 계시들보다 우위에 있다고 결정했다(꾸란의 두 구절이 서로 모순될 때 나중 계시에 의해 그 이전의 계시들은 취소된다-저자 주).

그 예로 꾸란에는 최소 114개의 구절들 특히 '암소'라는 제목이 붙은 장(꾸란 2:62, 109)에서 사랑과 평화, 용서에 대해 말하고 있다. 하지만 후에 새로운 계시인 아래의 구절(꾸란 9:5)에 의해 그 이전의 구절들은 취소가 되었다.

금지된 달이 지나면 너희가 발견하는 이교도들마다 살해하고 그들을 포로로 잡거나 그들을 포위할 것이며 그들에 대비하여 복병하라. 하지만 그들이 회개하고 정기적으로 기도하며 자선을 베푼다면 그들을 위해 길을 열어 주라. 알라는 늘 용서하시며 가장 자비로운 분이시기 때문이다.　　　　　　　　　　　　　　　　　　　　**- 꾸란 9:5 알리 역**

이 '칼의 구절'은 무슬림들이 아라비아 안에 있는 자든지, 밖에 있는 자든지 구별하지 말고 이슬람으로 개종하지 않으려는 모든 자들과 싸워야 한다고 설명한다. 이 '칼의 구절'은 이슬람의 지하드가 완성되는 마지막 단계를 나타낸다고 여겨진다.[2]

나시크의 원칙은 매우 강해서 구절이 취소가 되면 그 구절은 아예 없던 것처럼 되는 것이다.

독자 여러분은 "애초에 왜 꾸란에 상반된 내용이 있는 것인가? 왜 시간이 지나면서 계시가 바뀐 것인가?" 등에 대해 질문할 수 있을 것이다. 이에 대한 답은 이슬람의 창시자인 무함마드의 일생을 살펴보면 이해하게 될 것이다.

처음에 무함마드에게 나타난 계시들은 사람들에게 매력적으로 보이도록 하기 위해 평화롭고 인도적인 내용을 담고 있었다. 그러나 상황은 바뀌었다. 무함마드는 처음으로 가르침을 설교한 메카에서 많은 반대에 부딪치자 A.D. 622년에 그곳을 떠났다. 그는 현재 메디나로 알려진 야스립(Yathrib)으로 가서 군사력과 많은 수의 추종자들을 키웠다(메카와 메디나는 현재 사우디아라비아에 위치해 있다-저자 주). 권력을 잡은 무함마드는 돌아가서 메카와 그 주변을 정복하기 시작했고, 이런 움직임들은 이슬람을 영적인 종교에서 정치적인 혁명으로 바꾼 계기가 되었다.

메카에서 무함마드의 삶은 온통 기도와 명상이었고, 또한 메카에서의 꾸란의 계시들은 평화와 다른 이들과 협력하는 것에 대해 줄곧 말하고 있다. 하지만 그는 메디나에서는 군사 지도자이자 침략자가 되어야만 했기에 메디나에서의 계시들은 군사적인 힘과 이슬람의 이름으로 하는 침략 지하드

---

2). 칼의 구절이 이교도를 용서하고 죽이지 말라고 말하는 114개의 꾸란 구절들을 대체하고 취소화한다(나시크는 여러 출처들에 의해 확증된다. 출처들 중에는 잘랄 알-딘 알-스요티(Jalalal -Din al-Syowty), 『계시의 *까닭*』 *Ab Bal al-Nuzual* (레바논 베이루트:[부흥의 집의 표징] *Dar Eh'yeh al-Alowm, 1983)* 제2권 37쪽 그리고 알-하프즈 알-칼비 (Al Hafz Al-Kalbbi), 『알-타쎌 피 알-에올옴 알-탄젤』 *Al-Tasshel Fi Al-eolom Al-Tanzel*

에 대해 말하고 있는 것이다.

꾸란 구절 중 60퍼센트가 지하드에 대해 말하고 있는데, 이유는 대부분의 꾸란은 무함마드가 메카를 떠난 뒤에 계시된 것이기 때문이다. 지하드는 이슬람의 근본적인 힘이자 추진력이 되었다.

꾸란의 구절들이 계시된 순서대로 나열되어 있다면 좋겠지만, 결코 그렇지가 않다. 어떤 꾸란은 각 절이 메카와 메디나 중 어디에서 계시되었는지 적혀 있기도 하지만 정확하게 계시된 순서를 알려면 좀 더 학문적인 참고 자료를 살펴보아야 한다.

요점 정리

이 장에서는 이슬람 테러리스트의 사고방식을 이해하는데 필수적인 개념들을 설명해 놓았다. 요약해 보면:

■ 이슬람은 꾸란에 적힌 알라의 계시에 복종을 요구한다.

■ 심판의 날에 알라는 선행과 악행을 저울질하여 천국행 혹은 지옥행을 정해준다.

■ 알라는 꾸란에서 만일 지하드 중에 죽으면 심판을 받지않고 자동적으로 천국으로 간다고 말한다.

■ 꾸란에서 지하드에 대해 말하는 구절은 사랑과 친절에 대해 말하는 구절보다 우위에 있다.

■ 지하드는 이슬람의 이름으로 행하는 모든 테러리즘의 동기가 된다.

꾸란에는 지하드를 주제로 한 실제적인 가르침이 아주 많은데, 이는 무함마드의 메디나 시절은 대부분을 지하드가 차지하고 있기 때문이다. 다음 장에서는 지하드를 실행하는 것에 대한 꾸란 구절들을 제시하면서 과연 모든 무슬림들이 이를 믿는지에 대해 다루어 보겠다.

꾸란 속의 지하드
– 정복할 때까지 이교도들과 싸우라

제 5 장

우리는 지하드가 꾸란에 의해 살아가는 모든 무슬림들에게 명령된 것이라는 것을 알게되었다. 지하드는 이슬람을 받아들이지 않는 사람들을 정복하는 것이 그 목표다.

따라서 무함마드 시절에는 지하드가 정기적으로 기독교인들과 유대인들에게 행해졌고, 우상숭배자들—누구든지 이슬람으로 개종하지 않은자들—에게도 마찬가지였다(꾸란 2:217, 4:71~104, 8:24~36, 39~63 비교참조).

> **이슬람을 거부하는 자들은 반드시 죽여야 한다. 만일 그들이 (이슬람으로부터) 등을 돌리면 그들을 어디서든 찾게 되거든 (붙잡아) 죽여라…**
>
> **– 꾸란 4:89, 성 꾸란**

그러니 싸울 때 –알라를 위한 지하드 중에– 믿지 않는 자를 만나거든

죽이거나 그들 중 많은 이들에게 상처를 입힐 때까지 (그들의) 목을 치고 (그들을) 단단히 묶으라(즉 포로로 잡으라).   - 꾸란 47:4, 성 꾸란

오, 너희 믿는 자여! 너와 가까운 이교도들과 싸우고 그들이 너에게서 무자비함을 느끼게 하라. 그리고 알라께서 알-무타꾼(Al-Muttaqun, 경건한 자)들과 함께 함을 알게 하라.   - 꾸란 9:123, 성 꾸란

알라는 선지자 무함마드에게 포로를 잡는 것보다 살인을 시행하라고 명령했다.

그 땅에서 (그의 적들 가운데) 대학살을 해낼 때까지 전쟁포로를 잡는 것 (그리고 몸값을 받고 풀어주는 것)은 합당치 않다.

    - 꾸란 8:67, 성 꾸란

꾸란은 무슬림들이 불신자들에 대하여 싸우는 일에 준비되어 있어야 한다고 말한다.

이교도들이 (경건한 자들을) 이길 수 있다는 생각을 하지 못하게 하라. 그들은 결코 (경건한 자들을) 꺾지 못할 것이다. 그들에 대항하여 군마(軍馬)들을 포함하여 네 힘을 최대한으로 잘 어울려 준비함으로 알라와 너희 적들 그리고 그 외 네가 아직 알지 못하나 알라는 알고 있는 자들의 마음속을 공포로 채우도록 하라.   - 꾸란 8:59~60, 알리 역

유대인들과 기독교인들은 이슬람의 적

꾸란에 의하면, 그들이 따르는 경전에 따라 기독교인들과 유대인들을 '성서의 사람(People of the Book)'이라고 부른다. 처음에 꾸란 계시들은 무슬림들에게 기독교인들과 평화롭게 지낼 것을 장려했다. 그러나 유대인들에 대한 계시는 늘 부정적이었다. 하지만 무함마드가 메디나로 떠난 후 '성서의 사람'에 대한 모든 계시들이 적대적으로 변했다.

다음의 구절은 '성서의 사람'에 대한 알라의 마지막 계시로 여겨진다. 따라서 다른 모든 계시들보다 우위에 있다고 해석된다.

> 더 이상 피트나(Fitnah, 이교도들이 일으키는 소요나 분쟁)가 없어지고 종교가 오로지 알라를 위한 것이 될 때까지 싸우라. 하지만 그들이 (알라 이외의 신을 섬기는 것을) 멈추면 진실로 알라는 그들이 하는 모든 것을 보신다.
> — 꾸란 8:39, 성 꾸란

다시 말하면, 이 구절은 "모든 예배가 알라만을 위한 것이 될 때까지 이슬람을 거부하는 자들과 싸우라"는 것이다. 또한 꾸란은 무슬림들이 기독교인이나 유대인과 친구가 되면 안 된다고 말한다.

> 성서의 사람들을 아울리야(Auliya, 친구)로 삼지 마라. 그들은 오직 서로에게만 친구일 뿐이다. 또 너희 중 누구든지 그들을 친구로 취하면 그는 분명 그들 중 하나이다.
> — 꾸란 5:51

이 사실은 꾸란 5:52~57과 꾸란 4:89에도 강조되어 있다. 꾸란은 무슬림들에게 기독교인들과 싸울 때는 그들이 흩어져 없어지도록 가차없이 벌하라고 말한다(꾸란 8:57). 꾸란은 무슬림들에게 아주 강하고 직접적인 어투로 성서의 사람들을 이슬람으로 개종시킬 것을 명령한다. 다음 구절은 『성 꾸란』의 영어 번역에서 가져온 것으로 괄호 안에 주석이 포함되어 있다.

> 오, 성서의 사람들(유대인들과 기독교인들)이여! 우리가 (눈, 코, 입이 없이 목 뒤쳐럼 만들어서) 얼굴을 지워버리고 뒤로 돌려 버리기 전에 혹은 안식일을 법한 자들을 저주하듯 저주하기 전에 우리가 (무함마드에게) 계시한 것으로서(이미) 너희에게 있는 것을 확증하는 것을 믿으라. 알라의 명령은 수시로 집행되느니라. — 꾸란 4:47

이 구절의 의미가 명확하게 다가오지 않는 분들을 위해 이 책에는 각주를 달아 설명을 덧붙였다. 이 구절은 성서의 사람들(유대인들과 기독교인들)을 향한 엄중한 경고이며, 알라의 메신저인 무함마드와 이슬람이 일신교라는 메세지와 이 꾸란을 그들이 반드시 믿어야 한다는 절대적인 의무이다."

가서 싸우라고 무슬림들을 설득시키다

이러한 꾸란 구절을 읽을 때는 역사적인 정황을 고려하며 읽는 것이 도움이 된다. 알라는 무함마드에게 나가서 세계를 정복하라고 했다. 그래서 계시된 많은 꾸란 구절들은 지하드를 위해 싸울 것을 장려한다. 여기에 몇 가지 예시를 들어 보겠다.

알라는 (집에) 앉아 있는 이들보다 자신의 재산과 생명을 바쳐 힘써 싸우는 자들을 더 높이 평가하신다. 각 사람에게 알라는 좋은 것(천국)을 약속하셨으나 알라는 (집에) 앉아 있는 이들보다 자신의 재산과 생명을 바쳐 힘써 싸우는 자들에게 오히려 더 큰 상을 주신다.

- 꾸란 4:95, 성 꾸란

지하드에 참여하지 않는 자들은 지옥의 불로 협박한다.

자신의 재산과 생명을 바쳐 알라를 위해 싸우는 것을 싫어하는 자들은 말한다. 날씨가 더운데 (전쟁터로) 나가지 마라. 말해주라. 지옥의 불은 더 뜨겁다. 그들이 이해할 수만 있다면! - 꾸란 9:81, 알리 역

물러서는 자들은 알라의 분노를 살 것이다.

만약 그와 같은 날에 등을 돌린다면-전쟁 중의 전략이거나 혹은 (자신의) 부대로 복귀하는 것이 아니라면-그는 스스로 알라의 분노를 산 것이며 그의 거처는 지옥 -(진실로) 악마의 피난처-이 되리라!

- 꾸란 8:16, 알리 역

살인 또는 지하드가 선택사항이 아니라는 사실을 명백히 알 수 있다. 이는 알라의 명령이기에 반드시 해야 하는 일이다(꾸란 9:29). 모든 무슬림들은 자신의 믿음에 대한 본분을 다하기 위해서 지하드를 해야 한다. 제외될 수 있는 자들은 오직 신체장애가 있거나 눈이 멀거나 절름발이들 뿐이다(꾸란 4:95).

이슬람의 궁극적 목표

지하드는 이슬람의 궁극적인 목표를 이루기 위해 시행되는 것이며, 그 목표는 전 세계에 이슬람의 권위를 확립하는 것이다. 이슬람은 그냥 종교가 아니라 하나의 정부이기도 하다. 그래서 항상 정치적인 문제로 넘어가는 것이다. 이슬람은 알라가 유일한 권위라고 가르친다. 따라서 정치적 장치는 알라의 계시에만 기초를 두어야 하는 것이다.

> 누구든지 알라의 계시에 비추어 판단하지 못하면 그들은 불신자와 다를 바 없다. 누구든지 알라의 계시에 비추어 판단하지 못하면 그들은 반역하는 자와 다를 바 없다.   - 꾸란 5:44, 47, 알리 역

지하드를 이끄는 사람들은 한 나라가 이슬람을 자신들의 국교(國敎)이자 정부형태라고 공표하면 임무를 성공한 것으로 여긴다. 이 일이 이루어진 나라로는 아프가니스탄(탈레반에 의해서), 이란(아야톨라 호메이니의 혁명을 통해), 수단(하산 알−투라비) 등이 있다. 이슬람 원리주의자(과격한 급진주의자)들은 알제리, 이집트, 시리아, 터키, 팔레스타인, 이라크, 레바논, 사우디아라비아, 리비아, 말레이시아 등 '세속적인' 무슬림 국가들을 장악하기 위해 활발히 움직이고 있다.

인간이 만든 정치적 장치는 −민주주의에서부터 독재 정권까지−가치가 없다고 여긴다. 그러나 온건한 무슬림들은 이 말에 전적으로 동의하지는 않는다. 전(前) 이집트 대통령 안와르 사다트가 좋은 예라고 할 수 있겠다. 그는 "이슬람에 정치가 없고, 정치에도 이슬람이 없게 하겠다."고 선언했

다. 이 발언은 예전에 내가 공부했었던 대학의 교수였고, 나중에 이집트 테러조직인 알―지하드의 영적지도자가 된 쉐이크 오마르 압델 라흐만에게는 도저히 받아 들일 수 없는 것이었다.

사다트 대통령이 이 말을 선포한 후 라흐만은 사다트 대통령을 반드시 죽여야 할 이교도라고 선포했다. 이슬람법에 따라 알―지하드는 자신들의 지도자가 선포한대로 대통령의 암살을 실행에 옮겼다. 사다트 대통령은 1980년대에 이집트에서 이슬람의 통치를 막기 위해 최고의 대가 ―그의 목숨―를 치뤘던 것이다.

1980년대 급진적인 무장단체인 이슬람조직들의 공격은 그들의 정부에 초점이 맞추어져 있었다. 그렇지만 이제는 이들의 관심은 서방세계를 공격하는 쪽으로 방향을 바꾸었다. 다음 장에서는 그들이 왜 그래야만 했는지 예를 들어가며 설명할 것이다.

모든 무슬림들은 정말로 이것을 믿는가

아주 좋은 질문이다. 여기에서 중요한 점은 서방세계 사람들은 무슬림 이웃들이 왜 자신들의 조국을 전복시키기 위한 음모에 참여하게 되었는지 궁금해 하고 있다. 이 질문에 대한 답은 결국 여러 종류의 기독교인들이 있듯이, 무슬림들에게도 여러 종류가 있다는 것을 알아야 한다는 것이다.

세속적인 무슬림들(Secular Muslims)

이 말은 세계 각지에 흩어져 살고 있는 무슬림들을 잘 설명한 용어이다. 그들은 이슬람의 좋은 면들은 믿지만, 지하드에 대한 부름은 거부한다. 메시지의 문화적인 부속물들은 받아들이지만, 완전히 그 메시지를 따라 살지는 않는다. 이 무슬림들은 비록 진정한 이슬람을 대표한다고 생각하지 않지만, 자신들의 사상 체계에 매우 헌신적이다. 전 세계의 무슬림들 중 대부분이 ─동양에 있든 서양에 있든─ 이 범주에 속한다.

전통적인 무슬림들(Traditional Muslims)

여기에는 두 유형이 있다. 첫 번째 유형은 이슬람을 공부하여 이슬람을 알고, 그에 따라 살지만 지하드의 개념에 대해서는 고민을 가지고 있다. 어떤이들은 지하드가 무슬림 수피즘(Sufism) 운동처럼 영적인 전투로 생각하기도 한다.

두 번째 유형은 지하드가 비무슬림들과의 싸움이라는 것은 알지만, 행동에 옮기지는 않는 사람들이다. 그 이유는 첫째, 스스로 할 능력이 없고, 둘째, 원리주의자 조직에 가담했을 때 자신들의 목숨, 가족과 자녀들에게 일어날 일이 염려되고, 셋째, 죽는 대신 이 땅에서 좋은 삶을 살고 싶어서 행동에 옮기지 않는 것이다.

헌신적인 무슬림들(Committed Muslims)

헌신적인 무슬림들은 이슬람법을 지키며 살려고 많은 노력을 기울인다. 이들은 하루에 다섯 번씩 기도를 하고, 자카트를 하며 라마단 기간에는 금식을 한다. 헌신된 무슬림들은 하마스처럼 급진적인 조직에는 참여하지 않는다. 하지만 자신들의 종교나 민족이 위협을 받는다면 언제든지 선을 넘어 급진파가 될 수 있는 가능성을 가지고 있다.

광신적인 무슬림들(원리주의 무슬림, Fanatic, Fundamentalist Muslims)

이들이 테러리즘을 주도하는 무슬림들이다. 간혹 긴 수염과 터번(혹은 복면)을 하고 있다.

그들의 목표는 무함마드가 그랬듯이, 이슬람을 따라 사는 것이다. 하마스나 알-카에다와 연계해서 언제든지 지하드에 참여할 각오가 되어 있다. 우리는 그들을 급진적이라고 하지만 그들은 진정한 이슬람을 실천하고 있다.

이제 기본은 다 알게 되었다

이제 여러분은 이슬람에 관련된 주요 사실들을 알게 되었을 것이다. 이와 대조하여 언론들이 이슬람에 대해 어떤 태도를 취하게 되었는지 보도한 내용들을 살펴보도록 하자.

언론에 의한 잘못된 정보

– 서방세계에서 이슬람을 좋게 보이도록 포장한다

제 6 장

2001년 9월 11일에 일어난 테러 사건들이 가져온 간접적인 결과 중의 하나는 이슬람에 대한 언론의 관심이 높아졌다는 것이다. 언론들이 이슬람은 항상 평화의 종교로 소개되어 왔다. 때문에 서방세계 사람들 또한 평화(관용)의 종교로 좋게만 받아들이고 있는 게 지금의 현실이다.

인터뷰에 응했던 전문가들은 이슬람의 종교적인 면과 정치적인 면을 분리하려고 했지만, 이것은 불가능하다. TV나 신문 언론에서 이슬람은 평화의 종교라고 말하는 무슬림들을 보면 둘 중에 하나로 설명될 수 있다.

1. 희망적인 생각: 이는 꾸란에서 가르치는 이슬람은 아니지만, 이 무슬림들은 정말 그러기를 바라는 것이다. 그들은 진심으로 자신들이 이슬람의 불리한 부분들을 설명할 수 있다고 생각한다.

2. 개종자들을 유인하려는 속임수. 이것은 지하드를 다른 방법으로 행하는 것이다. 적을 죽이는 대신 거짓말을 통해 개종시키는 것이다.

희망사항

이슬람에 대한 희망적인 생각에 관한 아주 좋은 예로 인기 있는 토크쇼 진행자인 오프라 윈프리의 쇼를 들 수 있다. 「이슬람 101」편은 2001년 10월 5일− 9·11 테러 이후 아프가니스탄에 대한 미국의 보복전쟁이 시작되기 전에 방영되었다.

오프라는 무슬림 인사 몇 명을 이 프로에 초대해서 방청객들을 대상으로 이슬람의 기초에 대해 가르칠 수 있게 했다. 이 날의 게스트 중 한 명은 당시 31살의 라니아(Ranis) 왕비로, 현대적이고 서구화 된 요르단의 왕비였다. 오프라는 그녀에게 이슬람의 여성들이 남자들과 평등한 지에 대해 말해 달라고 질문했다.

우선 말해 둘 것은 라니아 왕비에게 이슬람에 관해 어떤 것이든 묻는 것은 마이클 잭슨에게 성경이 진실로 가르치는 것이 무엇인지와 그의 기독교 신앙에 관해 묻는 것과 같다는 것이다.

그렇지만 쇼에 출연한 왕비와 다른 무슬림 여성들은 마치 이슬람에 대한 최고권위자들처럼 행동했다. 대단한 확신을 가지고 왕비는 말했다. "이슬람은 여성들을 완전하고 동등한 남성들의 파트너로 보며 그래서 '여성들의' 권리는 이슬람에서는 보장받습니다." [1]

그녀의 대답은 서방세계 시청자들을 기분좋게 만들었지만, 이는 여성에 대한 꾸란의 가르침을 정확하게 반영하는 내용이 아니었다. 여성이 남성과 동등하다면 꾸란은 왜 다음과 같이 말하겠는가?

1. 무슬림 남성들은 동시에 4명의 여자와 결혼할 수 있지만, 무슬림 여성들은 한 남자에게만 시집갈 수 있다. 네선택으로 둘이나 셋, 넷의 다른 여인들과 결혼하라.　　　　　　　　　　　　　- 꾸란 4:3, 성 꾸란

2. 남성들은 이혼을 요구할 권리가 있지만, 여성들은 그렇지 못하다.
　　　　　　　　　　　　　　　　　　　　　　　　- 꾸란 2:229

3. 여성들은 남성들이 상속 받는 유산의 절반만 상속받을 수 있다.
　　　　　　　　　　　　　　　　　　　　　　　　- 꾸란 4:11

4. 여성들은 이맘이 될 수도 없고, 남성들 앞에서 기도를 인도 하는 것이 허락되지 않는다. 즉 남성들은 항상 여성들보다 우위에 있어야 한다.
　　　　　　　　　　　　　　　　　　　　　　　　- 꾸란 4:34

5. 여성들은 남편이 집에 없을 경우 찾아온 이가 남자형제나 친척이라고 해도 문을 열어줘서는 안 된다(여기에서 무함마드는 자기집에 방문객이 왔을 때의 행동에 대해 지침을 내렸다. 그는 자신이 만약 집에 없다면 휘장을 사이에 두고 그의 아내들과 이야기 해야 한다고 했다).　　- 꾸란 33:53

6. 여성들은 집에 머물러 있어야 한다. 무슬림 여성들은 아버지나 남편의 허락없이는 여행할 수 없다.　　　　　　　　　　　　- 꾸란 33:33

---

1). 인터넷 출처: 요르단의 라니아 왕비와 함께 한 오프라 쇼 대본. 2001년 10월 10일 방송분, Oprah.com 사이트에 2001년 12월 26일 업로드

이슬람과 테러리즘
－ 그 뿌리를 찾아서

7. 아내가 **남편과의 잠자리를 거부한다면**, **남편은 아내가 복종할 때까지 신**

   체적 구타를 가해도 된다.   — 꾸란 4:34

8. 지하드 중에 남자가 죽으면 그는 천국으로 가고 알라는 그에게 첫 날에

   72명의 처녀들과 성관계를 즐길 수 있는 엄청난 정력을 상으로 준다. 여

   성이 지하드 중에 죽으면 어떻게 될까? 그녀의 보상은 — 그 72명 중 하나

   가 되는 것일까?

그 왕비가 납득시키려 했던 것이 자기 자신이었는지 아니면 세상이었는

지는 분명치 않지만, 무함마드는 한때 이렇게 말했다. "만약 어디든지 악한

징조가 보이거든 그것은 집안에 있는 여자와 말(horse)이다.[2]

오프라는 라니아 왕비에게 많은 무슬림 여성들이 쓰는 베일(히잡)에 대

해서도 물었다. 왕비는 "그건 개인적인 선택입니다. 어떤 사람들은 다른 이

들보다 좀 더 보수적이죠."라고 말했다. 그녀는 스스로 히잡을 쓰지 않기로

선택했다고 말했다.[3]

이슬람의 히잡 문제에 관하여 다음의 꾸란 구절은 여성들에게 자신을 가

릴 것을 명령하고 있다.

오, 선지자여! 그대들의 아내들과 딸들 그리고 이슬람을 믿는 여인들에

게 베일로 온 몸을 가리라고 하라(즉 길을 볼 수 있는 눈이나 한쪽 눈만

빼고 온 몸을 완전히 감추게 하라).   — 꾸란 33:59, 성 꾸란

---

2). 싸히 알—부카리, 제 75권, 62편 31번
3). 1)과 같은 내용

집에 머물러라. 그리고 무지했던 시절처럼 너 자신을 드러내지 마라.

- 꾸란 33:33, 성 꾸란

여성의 얼굴을 볼 수 있는 것은 그녀의 남편과 아이들, 형제자매들과 부모 뿐이다.

> 그들이 (무함마드의 아내들이 만일 베일로 가리지 않은 체) 아버지 앞에 서나 아들 앞에서나 남자 형제들 앞에서나 남자형제들 아들들 앞에서나 자매의 아들들 앞에서나 같은 (믿는) 여자들 앞에서나 자기 (여자)종들 앞에 나타나는 것은 죄악이 아니다. — 꾸란 33:55, 성 꾸란

이슬람법은 무함마드의 아내들에 대한 이 지침들을 모든 여성들에게 적용되도록 일반화시켰다(꾸란 24:31). 라니아 왕비나 그녀와 비슷한 생각을 가진 다른 희망적인 사상가들은 자신들이 원하는대로 꾸란을 해석할 수 없다는 사실을 알지 못한다.

오프라 윈프리 쇼는 이들 무슬림 여성들에게 꾸란과 이슬람의 가르침이 적용되지 않는 세속적이고 서구화 되었으며, 타협적인 그리고 기독교화 된 이슬람을 소개하는 또 하나의 기회였을 뿐이다.

나는 오프라가 이슬람에 대한 진실을 알고 이 주제에 대해 그녀의 시청자들에게 올바른 정보를 제공해 주기를 진심으로 바란다.

이슬람과 테러리즘
    – 그 뿌리를 찾아서

속임수

1998년 8월 미국을 방문했던 나는 LA 근처에 사는 친구의 집에 머물고 있었다. TV 채널을 돌리던 중 한 이슬람 프로그램이 우리의 시선을 끌었다.

당시 아나운서가 "잠시 후 우리는 폴 형제와 함께 선지자 무함마드의 삶 속으로 영적인 여행을 떠나겠습니다."라고 말하는 소리에 깜짝 놀랐다.

나는 이 폴 형제의 모습이 나올 때까지 TV 앞을 떠나지 않았다. 그의 모습을 보았을 때 나는 기가 막혀서 숨이 멎는 줄 알았다. 그는 거무스름한 피부에 숱 많고 긴 머리카락과 새까만 수염에 길고 하얀 로브를 입고 머리에는 터번을 쓰고 있었다. 폴은 아마 중동에 있는 이슬람대학을 졸업하고, 서방세계에 이슬람을 퍼뜨리기 위해 미국에 다와(전도자)로 온 것 같았다.

나는 순간 생각했다. '폴(Paul, 신약성경에 나오는 사도 바울의 영어이름)이 이제는 무슬림의 이름인가? 이 사람은 나와 같은 환경에서 자란 100퍼센트 중동 무슬림이야. 폴이 진짜 이름일 리가 없어.'

나를 더욱더 어리둥절하게 만든 것은 폴 형제가 "주님께서는 당신을 축복하십니다. 주님의 은혜가 당신과 함께 하기를, 당신에게 하나님의 축복이 있기를." 등의 익숙한 기독교 용어를 사용하고 있다는 것이었다.

그는 창조주이신 하나님에 대해 이야기하면서 어떻게 인류가 그분과 관계를 맺을 수 있는지, 어떻게 해야 우리가 그분의 목소리를 들을 수 있으며 그분이 우리 기도를 들을 수 있는지에 대해 그리고 하나님의 영이 우리 가운데 임하시도록 해야 한다고도 말했다.

나는 캘리포니아에서 방송되고 있는 이 프로그램을 보면서 머리가 빙빙

돌고 어지러웠다. 나는 '이제야 저들이 어떻게 미국과 유럽에서 이슬람을 퍼뜨리는지 알겠군.'하고 생각했다.

그리고 자리에서 벌떡 일어나 외쳤다. "오, 하나님. 미국에 은혜를 베풀어 주소서! 하나님, 미국과 이 위대한 나라에 있는 당신의 백성들을 보호하소서! 제발 이 엄청난 기만을 드러나게 하소서! 이 나라를 극심한 음모에서 구하소서!"

내 친구와 그의 가족들은 "미국을 보호하는 하나님의 손은 미국이 건국된 그날부터 있었고, 앞으로도 그럴거야."라는 말로 나를 위로하려 했다.

나는 친구에게 물었다.

"왜, 이 사람은 미국인들에게 자기 이름을 속이는 거지? 왜, 그는 평생 자라오면서 겪은 이슬람과는 전혀 다른 새로운 이슬람을 미국에 소개하는 거야? 왜, 그는 내가 수십 년간 공부한 진짜 이슬람보다도 기독교에 더 가까운 이슬람을 소개하는 걸까?"

나는 계속해서 "이 사람은 자기 진짜 이름을 미국에 말해야 해. 분명 무함마드, 아흐메드, 마흐모드, 무스타파, 오마르 아니면 오사마일 거야– 폴이 아니야."

이때 나는 처음으로 무슬림들이 서방세계에 전혀 새로운 이슬람을 소개하는 것을 목격했다. 중동에서 온 일반적인 무슬림들이라면 이것이 절대 자신들이 믿고 따르는 이슬람이라고는 생각하지 못할 것이다.

많은 이슬람 지도자들이 서방세계의 언론에 영향을 미치는 방식으로 지하드의 한 부분을 실행하고 있다는 것이 이제 명백해졌다.

그렇다. 그들은 이슬람이 살인을 위해서가 아니고 단지 종교일 뿐이며 정치적인 제도가 아니라 평화와 사랑, 용서 등을 위해 존재한다고 믿도록 대중을 속이면서 자기 역할을 다하는 것이다. 그것을 통해 이슬람은 세계에서 가장 빠르게 성장하는 종교로 만들어갈 것이다. 지하드와 같은 원칙을 가지고 다른 방법으로 실천하는 것일 뿐이다.

기억하라, 무슬림들은 전 세계를 향해 지하드를 선포하지만 모든 무슬림들이 제각기 다른 규칙에 따라 움직인다는 것을, 세계적으로 무슬림들의 수를 증가시키기 위해 어떤 이는 총과 폭탄을 사용하고, 어떤 이는 언어와 거짓말을 이용한다.

방법은 상관없다. 그들 모두 신실한 무슬림들이며, 꾸란에 의하며, 이들이 싸우는 지하드는 모두 같다. ─전 세계적으로 이슬람이 확산되는 것에 반대하는─ 알라의 적들에 대항하는 지하드인 것이다.

나를 더욱 놀라게 하는 것은 이 사람들의 뻔뻔스러움이다. 그들은 자신들의 센터와 학교, 모스크와 이슬람협회(MAC) 위에 미국 국기를 걸어 놓았다. 그리고 '하나님께서 미국을 축복하신다(God Bless America).' 또는 '뭉치면 산다(United We Stand).'라고 쓰인 표지판들을 나란히 세워 두었다.

또 다른 한편에서는 중동에 있는 그들의 무슬림 동료들은 미국 국기를 불태우고, 오사마 빈 라덴과 미국에서 그의 테러 행위를 지지하는 게시물을 여기저기 붙였다.

공평하게 말하면, '희망적인 생각'을 하는 무슬림들 일부는 실제로 미국을 지지하기도 하지만 다른 무슬림들은 때로 편의주의대로 행동한다.

그들은 비무슬림 지역에서의 이슬람 정치에 대한 좋은 예가 된다. 이런 무슬림들은 이슬람에 도움이 된다면, 언제든 거짓말을 하고 믿지도 않는 사실들을 말한다. 그들의 충성은 이슬람을 위한 것이지, 자신들이 현재 살고 있는 나라를 향한 것이 아니다.

국가에 대한 충성

많은 사람들은 '자기 나라에 진심으로 충성을 다하는 미국과 유럽의 무슬림들도 많다. 어쨌든 이 나라들은 수십 년 동안 그들의 고향이었다.'라고 말하지만 나의 이런 주장에 동의하지 않을 것이라는 것을 알고 있다. 나는 이 발언에 대해 이슬람은 비무슬림들의 국가조직이나 이슬람법을 따르지 않는 그 어떤국가도 믿지 않는다는 점을 지목하며 반박하려고 한다.

이슬람법에 의하면 국가는 오직 두 종류- 이슬람의 가족인 국가와 이슬람과 전쟁하는 국가이다. 우리가 잘 알다시피 미국과 대부분의 유럽 국가들은 '이슬람의 가족'이 아니므로, 그들은 '이슬람과 전쟁하는 국가'인 것이다. 알라의 법과 꾸란에 의한 삶을 살아가는 선량한 무슬림 누구도 이슬람에 대한 충성을 넘어서 시민권을 가진 국가에 대한 충성을 절대로 선택하지 않을 것이다. 이것은 내 개인적인 의견이 아니라, 100퍼센트 이슬람법에 의한 것이기 때문이다.

이에 대한 좋은 예로는, 이집트인, 알제리인, 수단인, 사우디아라비아인을 비롯해 많은 무슬림들이 지하드의 테러리스트로 참여할 때 자신의 시민권과 국가에 대한 충성을 부정하는 모습에서도 찾아볼 수 있다. 지하드에서는 '이슬람이 너의 피와 살이다.'라고 가르친다.

아랍 국가들은 모든 원리주의자들을 군 복무나 자국을 지키는 일을 금지시킨다. 이유는 그들은 나라 전체에 이슬람법을 적용하지 않는 배교자와 이교도의 국가들을 지지해서는 안 된다고 믿고 있기 때문이다. 이 책의 후반부에서 여러분이 더 많이 알게 될 쇼크리 무스타파(Shokri Moustafa)는 이 원칙을 한 단계 더 높이 끌어올렸다. 그의 활동은 모든 공무원직에서 일하는 것도 금지시켰다.

이슬람에 대한 충성이 조금이라도 있는 무슬림이라면, 이슬람 국가가 아닌 나라에 대해 자신의 충성을 정당화하기가 힘들 것이다.

진정한 무슬림들은 전 세계가 자신의 집이며, 자신은 세계를 이슬람의 지배하에 복종시키라는 명령을 받았다고 믿는다. 이슬람을 충실히 믿는 사람들은 조국이라고 부르는 한 줌의 흙을 위해서 죽지는 않겠지만, 이슬람과 이슬람의 성지(聖地)들을 위해서는 기꺼이 목숨을 바칠 수 있다.

팔레스타인 사람들이 싸우다 죽는 것을 볼 때 그 중 비무슬림들이나 피상적인 무슬림 팔레스타인 사람들은 땅을 위해 싸우지만, 진정한 무슬림 팔레스타인 사람들(하마스)은 알라의 적들과 싸우며 이슬람의 성지인 예루살렘의 '바위의 돔(the Dome of the Rock)'을 지키고 있는 열정때문이라는 것을 우리는 기억해야 한다.

무슬림들은 '바위의 돔'이 이슬람에서 세 번째로 중요한 성지라고 믿는

---

4). 유대인들은 '바위의 돔'이 솔로몬의 성전 터 위에 세워졌다고 믿는다. 이슬람의 최고 성지는 사우디아라비아의 메카에 있는 '검은돌(Black Stone)'이며 두 번째는 사우디아라비아 메디나에 무함마드가 묻혀 있는 '선지자의 모스크'이다.

다.4) 선지자 무함마드는 알라가 그를 아라비아 사막에서 기적적으로 예루살렘의 이곳으로 이동시켰고, 그날 천국에서 온 모든 알라의 전도자들과 선지자들을 위해 기도하는 사람들을 인도할 이맘으로 자신을 임명했다고 추종자들에게 말했다. 기도 후 무함마드는 알라를 만나기 위해 천국을 다녀온다고 말했다(이것은 '기적적인 밤의 여행' [알-아스 왈 마흐라그, Al-Asrah waal Mahrag]이라고 알려져 있다).

팔레스타인 내의 조직들은 서로 다른 이유로 같은 적과 싸우고 있다. 한 조직은 고향이라고 부를 땅과 자기 정부 −아마도 조지 하바시(George Habash)의 지도에 따른 공산주의 정부− 를 세우기 위해 싸우고 있다. 하바시는 기독교 이름을 갖고 있지만 기독교인은 아니다. 단지 명목상 기독교인이다. 또 다른 조직은 전직 건축기사이자 사업가였던 야세르 아라파트(Yasser Arafat)의 사고방식에 따라 사회주의 정부를 세울 수 있는 땅을 갖고 싶어한다.

마지막으로 이 두 조직은 권력을 쟁취하기 위해 팔레스타인 사람들의 이름을 악용하는 배신자로 여기며 끝까지 대항하는 팔레스타인 무슬림 조직이다. 이 조직은 하마스라고 불리고 있으며, 그들의 지도자는 쉐이크 아흐메드 야신(Sheikh Ahmed Yassin, 2004년 사망)이다.

진실과 거짓 구분하기

지금쯤 여러분들은 언론매체를 통해 이슬람 홍보물을 볼 때 진실과 거짓을 더 잘 구분할 수 있게 되었을 것이다.

[히잡의 유래]

무함마드는 전쟁 때 남자들은 죽이고 여성 포로들은 자유롭게 강간할 수 있도록 허락했다. 그런데 무함마드의 군사들이 무슬림들의 아내들과 딸들을 겁탈하는 일이 일어났다. 그래서 무함마드에게 소송이 들어왔다. 무함마드가 "왜 겁탈했느냐"라고 물으니 "간음이 허락된 전쟁포로들로 오해했습니다"라고 대답했다. 이에 무함마드는 잠시 생각에 잠기더니 "알라로부터 지금 계시를 받았는데 '무슬림들의 아내와 딸들'은 히잡을 쓰도록 하고 실수로 강간 당하지 않도록 하라(꾸란 33:59)"라고 말하며 알라의 명령이 내려왔다는 것이다. 즉 간음이 허락된 전쟁포로들과 간음이 금지된 무슬림 여성들을 구분하기 위해서 히잡을 쓰게 한 것이라고 모로코의 여성학자인 Fatima Mernissi는 그녀의 저서 *Women & Islam*에서 말하고 있다.

−편집자 주

이슬람치하에서의 인권
– 언론의 자유와 종교의 자유/ 알라의 노예들은 자기 권리를 포기한다

제 7 장

지난 2000년 겨울 워싱턴 D.C.,를 방문했을 때, 나는 조지타운 대학의 이슬람협회(MAC)가 미국 학생들을 위한 세미나가 있다는 소식을 들었다. 강사는 텍사스 출신의 전직 침례교 목사로 기독교에서 이슬람으로 개종한 사람이었다. 나는 지금까지 개종한 사람들이 하는 간증에 대해 한 번도 들어본 적이 없었다.

'도대체 미국 침례교 목사에게 무슨 일이 있었기에 그런 결정을 하게 된 걸까? 어떻게 자유인으로 자란 사람이 속박과 구속을 선택할 수 있었을까?

어떻게 텍사스에 있는 교회에서 오랜 세월동안 목사로 봉직하다가 이슬람으로 개종을 할 수 있었을까?' 나의 상식으로는 도저히 이해가 되지 않았다. 이 모든 의문들로 인해 그 사람의 연설이 더더욱 듣고 싶어졌다.

나는 친구와 함께 세미나에 참석했다. 약 3백 명의 학생들로 가득찬 강의실에 들어간 우리는 강의실 중간에 자리를 잡았다. 학생들 중 절반 이하가 해외에서 온 독실한 무슬림들이었다. 젊은 남학생들은 긴 수염을 길렀고 여학생들은 히잡을 쓰고 있었다. 강의실에 들어서는 강사를 본 순간 나는 내 눈을 의심했다. 그는 마치 중동에서 온 사람처럼 보였다. 그는 이집트의 이슬람 근본주의자들의 전형적인 의상 −길고 숱 많은 수염에 길고 하얀 로브− 을 입고 있었다. 나는 테러 조직들의 전형의상인 로브를 입고 있는 이 남자를 믿을 수가 없었다. 마침내 그가 전직 기독교 목사이며 쉐이크 유세프(Sheikh Yusef)라고 소개되었다. 그 순간 내 마음은 엄청난 슬픔으로 가득 찼고, 그의 가족들과 아이들이 궁금해졌다. 과연 그들에게 무슨 일이 일어난 것일까?

나는 거의 한 시간 동안 이슬람과 이슬람 역사에 대해 철저하게 무지가 드러나는 그의 무미건조한 강연을 들었다. 그는 의욕적이고 젊은 청중들을 향해 이슬람이 오늘 날 세계 문제의 해답임을 애서 설득시키려 했지만 그의 얼굴에서 그가 완전히 갈피를 못 잡고 있음을 알 수 있었다. 그가 제시한 이슬람의 진실은 우리가 알고 있는 진실과는 한참 거리가 있는 것이었다. 그것은 그를 속인 이슬람 조직들이 그에게 제시한 홍보이미지였고, 또한 서구인들을 유혹하는데 흔히 사용하는 홍보물이었다. 나는 그의 이야기를 들을수록 하나님께 어떻게든 이 속임수를 폭로해 달라고 기도했다.

그의 강연이 끝난 후 토론과 질문을 할 기회가 주어졌다. 가장 먼저 손을 든 사람은 바로 나였다. 내가 중동에서 온 무슬림일거라고 생각했던 그는 미소를 보이며 앞으로 나와서 마이크를 잡고 이야기를 하라고 권했다. 그가 나에게 말할 기회를 주자 먼저 그의 강연을 칭찬하는 말로 시작했다. 이는 그의 입장에서 보면 큰 실수였지만, 나는 이것이 하나님의 역사하심이라는 것을 깨달았다. 나는 마이크를 잡자마자 그에게 질문하기 시작했다.

"이슬람으로 개종한지는 얼마나 되셨습니까?"

"8년입니다."

"좋습니다. 당신은 이 결정을 내린 후에 미국 내에서 어떤 형태로든지 박해를 받으신 적이 있습니까?"

"전혀 없습니다."

"당신의 교회나 다른 교회들이 당신이 개종했다는 이유로 자기 교인들에게 당신을 죽일 때까지 쫓는 것을 멈추지 말라고 시킨 적이 있습니까?"

"그런 일은 결단코 없었습니다."

학생들의 관심이 모아지기 시작했으며 나는 계속 말을 이어 나갔다. "성경에 있는 구절 중 기독교 배교자들을 죽여야 한다는 구절이 있습니까?"

"아니오, 성경에는 그런 내용에 대한 구절이 없습니다."

이 전직 목사의 얼굴에는 두려운 빛이 드리워지기 시작했다. 이 시점에서 나는 나 자신을 소개하는 긴 설명을 했다.

"나는 이집트에 있는 알-아즈하르 대학의 전직 교수였고, 이슬람 역사와 문학을 가르쳤습니다. 8년 전 나는 이슬람을 떠나 예수 그리스도를 나의 구세주이자 내 삶의 주인으로 받아들였습니다. 그 일이 있은 후 내게 무슨 일이 일어난 줄 아십니까? 나는 즉시 대학에서 해고되었습니다. 비밀 경찰에 의해 감옥에 갇혀 거의 죽을 정도로 고문도 당했습니다. 이집트에 있는 이슬람 과격단체는 물론이고 나의 가족들까지도 나를 찾아내어 죽이려고 했습니다. 이제 당신처럼 정확히 8년이 지났지만, 당신과 나의 차이점은 나는 내가 가졌거나 목표로 두고 살아 왔던 모든 것을 잃었다는 것입니다. 나는 내 가족, 직업, 조국과 내 스스로 살 권리마저 잃었습니다. 지금도 나는 끊임없이 도망다니고 있습니다. 내게는 더 이상 고향도 없고, 대신 꾸란과 선지자 무함마드가 정한 방식 때문에 이슬람의 칼(劍)이 늘 나의 목을 노리고 있습니다. 나는 수없이 내 자신에게 물었습니다. 단지 인간으로서 내 권리를 행사했을 뿐인데, 내게 왜 이런 엄청난 일들이 일어나는가? 나는 내가 믿고 싶은 것을 선택했습니다. 그런데 내가 치른 대가와 지금도 앞으로도 치를 수 밖에 없는 대가를 보십시오. 내가 묻고 싶은 것은, 당신이 치른 대가는 무엇입니까? 당신의 결정이 불러 온 결과는 무엇이었습니까? 당신이 그런 결정을 내렸을 때 누구도 당신을 죽이려고 하거나 감옥에 잡아넣으려 하지도 않았습니다. 당신이 나라와 국민들에게 끔찍한 범죄자라도 되는 듯 FBI가 당신을 체포하지도 않았습니다. 어떤 교회도 당신이 하나님과 교회와 교인들을 배신했다는 이유로 사형을 선고하거나 당신을 칼로 죽이기 위해 사람을 보내지도 않았습니다.

쉐이크 유세프,

당신은 여전히 당신 나라에 살면서 위대한 법에 의해 안전하게 보호받고 있습니다. 당신은 자신이 믿는 것을 나누기 위해 이 주(州)에서 저 주로 자유롭게 여행할 수 있지만, 오늘 밤 당신 앞에 서 있는 나는 집도 가족도 없습니다.

나는 내 삶의 추억들을 모두 잃었습니다. 나는 더 이상 나일 강의 위대한 물을 마실 수도, 내 나라의 땅을 밟을 수도 없습니다. 나는 이슬람법의 희생자가 되었고, 조만간 죽게 되겠지요. 그래서 어떤 사람들은 만족하게 될 것이고 이슬람은 목적을 이룰지 모릅니다. 내가 절대적으로 믿었던 이슬람의 관점에서 보면 나는 배신자입니다. 하지만 전직 목사인 당신은 어떻습니까? 말해 두는데 당신은 자유로운 나라, 기독교 가정에서 태어나는 축복을 받았습니다. 당신은 무슬림이 되겠다는 이 결심을 하기 전에는 어떤 결정이든 내릴 자유가 있었습니다. 슬프게도 당신은 당신의 자유를 포기했고 덕분에 무엇을 얻었죠? 이제 당신이 더 이상 자유롭지 못하다는 것을 깨닫기를 바랍니다. 그래서 다시는 당신이 이슬람을 떠나 기독교를 따르고 선택할 권리를 되찾고 싶어할지라도 이슬람에서 도망칠 수도 없을 것이고, 결국 이슬람의 칼에 죽게 될 것이기 때문입니다. 이슬람의 칼은 당신이 미국에서 살고 있다 할지라도 당신이 더 이상 자유를 누리지 못하게 할 것이고, 세계 어느 나라들도 당신을 죽이고, 천국행을 보장 받고자 하는 무슬림들을 막을 수는 없을 것입니다.

자, 전직 목사인 쉐이크 유세프,

당신이 알-카카(Al-Kaka)와 알-하자즈(Al-Hjjaj)의 왕국에 오신 것을 환영합니다."

쉐이크 유세프는 무슨말을 해야 될지 몹시 당황스러워 어쩔 줄 몰라했다. 그는 분명 '알-카카와 알-하자즈의 왕국'이라는 나의 말을 알아듣지 못했을 것이다. 나는 강의실에 있던 무슬림 학생들을 위해서 그 말을 했다. 그들은 모두 내가 무슨 얘기를 하는지 알아들었을 것이다. 알-카카는 2대 칼리프 시절 아주 무자비한 군사령관이었고, 알-하자즈는 야지드(Yazid) 시절에 이라크를 통치했던 아주 잔인한 지도자였다. 이 두 사람은 수천, 수만 명에 달하는 사람들을 죽음으로 몰아넣었다.

인권

쉐이크 유세프는 이제 막 이슬람에 대한 냉혹한 진실을 배웠을 것이다. 알라의 노예가 되는 순간 자신의 인권은 포기되었다는 것을. 민주주의는 사람이 만든 것이기에 받아들일 수 없는 정부형태이듯이 인권 역시 꾸란에서 찾아볼 수 없는 인간이 만든 개념이기 때문에 이슬람에서는 인권이 불필요하다고 말한다.

이슬람은 인권이나 여권(女權) 또는 민주주의를 인정하지도 존중하지도 않는다. 이것들은 모두 이교도들이 만든 서구의 개념들이므로 무슬림들은 이를 인정하지 않는 것이다. 이것이 바로 현대 지하드의 창시자인 사이드 꾸틉(Sayyid Qutb)이 그의 저서 『이슬람의 사회적 정의』Social Justice in Islam [1]에서 말한 내용이다.

이슬람법 중에는 '알-카에다 알-파꾸히아(Al-Qaeda Al-Faquhia)'라고 불리는 기본 원칙이 있는데, '누구든지 이슬람의 진리를 부정하면 이교도다.'라는 의미이다. 이 원칙을 적용하자면 누구든지 이슬람 원칙에 완벽하게 따

---

[1]. 사이드 꾸틉, 『이슬람의 사회적 정의』Social Justice in Islam, 개정판, 존 B. 하디 (John B. Hardie)역, (뉴욕 오네온타:Islamic Publications International), 2000.

르지 않는 사람이라면 죽임을 당해야 한다.

■ 무슬림 배교자들 – 무슬림 신앙을 떠난 자들(종교의 자유 없음)

■ 이슬람에 반(反)하는 의견을 표명한 자들(언론의 자유 없음)

언론의 자유

이슬람은 기자나 작가를 비롯하여 자유세계에서 자신의 의사를 숨김없이 표현하는 대중 언론인들과 끊임없이 싸우고 있다.

많은 사람들이 무슬림 원리주의자들과 다른 의견을 가졌다는 이유로 자기 목숨을 희생해야 했다.

1988년에 노벨 문학상을 수상한 나깁 마흐푸즈(Naguib Mahfouz) 박사가 좋은 예이다. 마흐푸즈 박사는 이집트 무슬림이었지만, 1994년에 원리주의 무슬림들이 그를 죽이려고 했다. 그는 근무하던 대학에서 업무를 끝내고, 집에 가는 길에 칼을 든 여러 명의 남자들에게 공격을 당했다. 그들은 웅덩이를 이룰 정도로 피를 철철 흘리는 그를 카이로 길바닥에 버려두고 갔다. 당시 마흐푸즈 박사의 나이는 83세였으나 그는 다행스럽게도 살아남았다.[2]

이슬람 운동의 또 다른 희생자는 파라그 포다(Farag Foda) 박사로 그는 이

---

2). 인터넷 출처: 'Mahfouz-짧은 전기', 나깁 마흐푸즈 홈페이지 www.lemmus.demon.co.uk/mahfouz.htm

집트 농학전문가였다. 포다 박사는 평범한 무슬림으로서 이집트가 정치적
으로 생존하는 일에 관심을 갖고 있었다. 때문에 자신의 기고문을 통해 이
슬람과 싸우기로 결심했다. 그는 이집트와 아랍국가들 그리고 세계를 향해
원리주의 이슬람의 위험성에 대해 경고했다. 다음은 그가 쓴 기고문이다.

우리 역사 속에서 현재는 대체 어떤 시대일까? 이 시대는 누군가 질문
을 하면 반대편 무리들이 총알로 대답하는 시대이다. 우리의 이집트 역
사 속에서 지금 우리가 겪는 이 시기는 무엇일까? 하고 나는 여러 번 자
문했다. 우리는 여기서 벗어날 수나 있을까? 지금시대는 의견이 있거나
하고 싶은 말이 있으면 먼저 기관총을 쏠 줄 알거나 무도의 검은 띠를 따
야만 하는 것인가? 우리가 이 때문에 물러서거나 그만둘 것이라고 그들
이 생각한다면 정말 크게 오해하고 있는 것이다. 그들의 행동이 우리를
겁먹게 할 것이라고 생각했다면 오산이다! 단 1초라도 우리가 글을 쓰는
펜을 내려놓거나 의견을 소리내어 말 할 입을 다물 것이라고 생각했다면
그들은 불가능한 것을 기대하고 있는 것이다. 이것은 용기의 문제가 아
니라 생존의 문제다. 민주주의를 지키기 위해 국가의 하나 됨을 위해 죽
는 것이 이런 비열한 사상을 가지고 사는 것보다 낫다. 옳은 것을 위해
죽는 것이 그들의 어리석음과 독재적인 권위 아래에 사는 것보다 낫다.
나는 내 삶을 그들에게 주느니 남은 일생을 포기하고 무덤에 들어가 눕
겠다. 3)

---

3). 파라그 포다 박사, 『테러리즘』 *Terrorism*, 이집트 카이로: Sinai Publishing. n.d.,
   13~14쪽

파라그 포다 박사.

그들의 활동을 폭로하는 책들을 썼다는 이유로 1992 년 이슬람 원리주의자들의 총에 맞아 사망.

포다 박사는 원리주의자들은 몸속에 있는 암과 같아서 더 늦기전에 제거되어야 한다고 말했다. 그 후 포다 박사는 자기 주장 때문에 엄청난 대가를 치러야만 했다. 그는 자신이 경고한 과격단체들에 의해 1992년 총에 맞아 사망했다. 그는 자신의 견해를 밝히는 것을 두려워하지 않았기 때문에 살해당했다. 포다 박사는 많은 이집트 작가들에게 큰 자극이되었다.

살만 루시디

언론의 자유를 인정하지 않는 이러한 모습은 비무슬림 국가로까지 넘어간다. 십여 년 전 자유세계는 혁명 후 이란의 새 지도자가 된 아야톨라 호메이니가 영국의 잉글랜드에서 출판된 소설에 대응하기 위해 살해협박을 하는 것을 보고 충격을 받았다.

이 책은 인도계의 영국 작가 살만 루시디(Salman Rushdie)가 쓴 『악마의 시』

이다. 루시디는 이 책에서 이슬람을 냉소적으로 비판했다. 호메이니는 누구든지 루시디를 죽이는 사람에게 3백만 달러(현 환율기준으로 약 40억 원)의 보상금을 주겠다고 약속했다.

호메이니의 협박 때문에 영국 경찰은 루시디를 보호해야 했고, 이 작가는 남은 평생동안 이슬람의 칼을 심히 두려워하며 살게 되었다. 무슬림과 이슬람에 대해 공식적으로 사과했음에도 불구하고 그는 지금도 숨어서 살아가야 한다.

1988년 『악마의 시』 출판은 선지자 무함마드에 대한 불경스러운 묘사로 원리주의 이슬람 세계로부터 많은 비난을 불러 일으켰다.

1989년 2월 14일 이슬람 시아파의 아야톨라 호메이니가 그의 책을 '이슬람에 불손한' 것으로 규정하며 루시디가 없는 궐석 재판에서 처형을 약속하는 파트와를 선포했다. 그러고 나서 2월 24일 호메이니는 루시디의 목에 3백만 달러의 현상금을 내걸었다.

루시디는 그로부터 영국의 보호 아래 숨어서 살아가야만 했다. 그래서 더 이상 루시디를 죽일 수 없게 되자 호메이니는 모든 '독실한 무슬림'들에게 루시디뿐 아니라 책을 출판한 출판사와 번역자도 처형할 것을 요구했다. 이 기간 동안 인도와 파키스탄, 이집트에서의 폭동으로 인해 여러 명이 죽었다.

1990년 루시디는 수필집인 *In Good Faith*를 출간하여 그에게 향한 비난을 진정시키고 이슬람에 대한 존경을 표시하며 사과하려 했다. 그러나 이란의 성직자들은 기존의 파트와를 철회하지 않았다.

1998년 호메이니의 죽음 이후, 이란 정부는 공개적으로 루시디에 대한 사형선고를 '집행하지 않을 것'임을 공개적으로 천명했다. 이는 이란과 영국간의 관계 정상화라는 더 큰 명분으로 동의가 가능했다. 그 후 루시디는 숨어 살지 않겠다고 선언했다.

그러나 몇몇 이슬람 원리주의 테러리스트는 그에 대한 응징 의지를 거두지 않고 있다. 그 예로 1999년 이란의 한 단체는 루시디의 머리에 280만 달러의 현상금을 내걸었다. 『악마의 시』는 인도와 남아프리카 공화국에서 금서로 지정되었고, 영국의 몇몇 아시아인 거주지에서는 거리에서 불태워지기도 했다. 1991년 이를 일본어로 번역한 교수가 그의 연구실에서 살해당하는 일도 발생했다. 그리고 1993년에는 노르웨이 출판사 사장도 공격을 받아 부상당했다. 파트와 철회는 파트와를 선포한 사람만이 철회할 수 있는 권한이 있다는 이유로 인해 호메이니가 죽은 이 시점에서 루시디의 처형에 대한 파트와는 루시디가 살아 있는 한 계속 이어지고 있다. 때문에 세계적으로 『악마의 시』를 출간한 출판사와 번역자가 테러를 당한 사례가 빈번하였다.

종교의 자유

지금까지 우리는 이슬람에는 왜, 종교의 자유가 없는지에 대해 설명했다. 실제로 꾸란에서는 종교적 박해를 명령하고 있다. 이 시점에서 여러분의 이해를 돕기 위해 네덜란드의 사례를 들고자 하는데 무슬림 기자들이 메시아닉 무슬림들에게 종교의 자유를 인정하는 외국정부를 비난했던 경우이다.

네덜란드 의회는 이슬람을 떠나 기독교 등 다른 종교로 개종한 사람들에게 정치적 망명을 허가하는 법을 통과시켰다. 이에 사우디아라비아의 메카에서 출판되는 「세계무슬림연맹지」 *Muslim World league Journal*라는 잡지에 맹렬한 항의의 글이 실렸다. 이 잡지는 '네덜란드에서의 무슬림 배교자들을 위한 정치적 망명의 권리'라는 제목의 기사에서 이 결정은 네덜란드의 두 기독교당에서 내린 것으로 그들은 '마치 무슬림들이 기독교로 개종하는 것이 박해 때문인 것처럼 행동'하고 있다고 불평했다.[4] 참 이상한 발언이지 않은가. 이슬람법은 이슬람 배교자들을 죽여야한다고 분명히 선언했는데 말이다.

기사에서 네덜란드의 기독교 당들이 네덜란드 시민권을 보장받기 위해 무슬림들에게 신앙을 버리라고 유혹하고 있다고 주장했다.

이 악랄한 결정은 네덜란드에 살고 있는 무슬림들의 상황을 이용하는 것이다. 네덜란드에 합법적으로 살기 위해 발버둥치고 있는 수천 명의 무슬림들을 조종하려는 것이다. 그들은 법적지위를 얻기 위해 종교를 바꾸라고 무슬림들에게 압박을 가하고 있다.

뒤이어 기사는 교회를 모욕하고 비난한다.

이 법안은 온갖 경제적, 물질적 포상을 동원하여 무슬림들이 그들의 종

---

[4]. "네덜란드의 무슬림 배교자들을 위한 정치적 망명권", 「세계무슬림연맹지」, 1679호, 2000년 12월 8일.

교를 바꾸도록 유혹하려 했지만 성공하지 못한 기독교인들과 교회의 목표를 합법화 해주고 있다. 이제 그들은 더 강한 방법[시민권]을 이용하고 있다.

이 기사는 '이 법안은 인권 협약 19항의 종교 자유법을 위반하고있다.'는 말로 네덜란드 정부를 공격한 후에 다음과 같이 끝을 맺었다.
"우리는 의회가 네덜란드 기독교의 비밀스럽고 사악한 정책에 법적권리를 주었다는 것에 전혀 놀랍지 않다."

먼저 나는 이렇게 말하고 싶다. "하나님께서 네덜란드와 자신이 믿는 바를 실천하려는 사람들에게 기회를 주고 보호하는 모든 나라를 축복하시기를. 주 예수 그리스도의 사랑을 받아들이면서 자기가 살던 이슬람국가와 고향에서 강제로 쫓겨난 이들에게 누군가 자비를 베풀었다는 사실에 하나님께 감사드린다. 세계의 더 많은 나라들이 무슬림들에게 이슬람을 떠날 권리나 인류를 사랑하는 진정한 창조주 하나님을 스스로 찾을 권리를 주어야한다."
나는 이런 내용의 기사를 읽을 때면 무슬림 세계와 이들 나라들에서 일어나는 엄청난 인권비극에 대해 안타까움에 심장이 터질것 같다.
무슬림들에게 가장 위험한 행동은 이슬람을 떠나는 것이다 — 그 이유가 무엇이든 상관없다. 나는 개인적으로 이슬람으로부터 멀어지기 위해 용기있게 한 발짝을 뗀 사람에게 마음이 간다. 이 사람들은 남은 평생동안 목에 이슬람의 칼의 위협을 받으면서 살아간다.

자신의 자유를 위해 많은 이들이 이런 고생을 겪어야 한다는 것은 참으로 비극이다. 하지만 하나님은 그들을 악으로부터 신실하게 보호해 주실 것이다.

카다피, 이슬람법에 의해 곤경에 빠지다

독재자들조차도 오직 이슬람법의 범위 안에서 살아야만 한다. 예를 들어, 리비아의 대통령 무암마르 카다피(Muammar Qaddafi)는 "한때 자신은 더 이상 꾸란 외에는 그 어떤 것도 믿지 않으며, 선지자 무함마드의 가르침(하디스)은 모두 버렸노라."고 선언했던 적이 있었다. 이슬람 세계는 충격에 휩싸였다. 이집트의 알-아즈하르 대학의 이슬람 학자들과 사우디아라비아에 있는 다른 이슬람 당국자들도 심히 동요했다. 이슬람 세계는 학자들로 구성된 위원회를 리비아의 수장에게 보내서 카다피와 직접 만나 이 문제를 의논하게 했다.

알-아즈하르 대학 출신의 학자인 쉐이크 모함메드 알-가졸리(Sheikh Mohammed Al-Gazoly)가 위원회를 이끌고 리비아로 갔다. 위원회는 리비아의 카다피 대통령에게 그의 결정이 가져올 결과에 대해 경고했다.

그들은 만약 그가 회개하고 자신이 한 말을 취소하지 않는다면, 그가 배교자들과 이교도들의 법을 적용받게 될 것이라고 말했다.

'알-카에다 알-파꾸히아(Al-Qaeda Al-Faquhia)'에 따르면, 그는 많은 이슬람의 진실을 부정하고 있으며 이는 진정한 무슬림들로 하여금 그를 죽일 수

밖에 없게 만들 것이라는 것이다. 이 정보를 들은 리비아의 카다피 대통령은 회개하고 자신이 한 말을 취소했다. 위원회는 리비아에서 카이로에 돌아와 카다피가 회개하기로 결정했다는 것을 전 이슬람 세계에 알렸다.

무암마르 카다피와 같은 권력가도 자기가 원하는대로 믿을 자유가 없다. 아무도 이슬람의 폭력적인 법 테두리에서 벗어날 수 없다.

따라서 어떤 이슬람국가, 정부나 의회도 이슬람의 칼로부터 무슬림 배교자들을 보호조차 해줄 수 없다. 자유국가들이 네덜란드의 실례를 쫓아서 메시아닉 무슬림들을 어떤 식으로든 보호하지 않는다면 누구라도 이슬람의 칼이 그들의 목숨을 빼앗는 것을 막을 수 없다.

정말 놀라운 부분은 「세계무슬림연맹지」에서 네덜란드가 인권을 침해한다고 주장했다는 것이다.

사실 네덜란드는 무슬림들에게 자신이 믿는 바를 실행할 권리를 줄 뿐만 아니라 그들의 선택에 따라서 이슬람을 떠날 자유 —자국에서는 누릴 수 없는 사치— 를 준다. 진실을 말하자면 이 잡지가 출간된 사우디아라비아와 같은 이슬람 국가들은 철저하게 인권을 침해하고 있다. 그들은 결코 기독교가 자기 나라에서 뿌리내릴 수 있도록 허락하지 않기 때문이다. 또한 자기 나라에 교회가 세워지는 것을 절대 허락하지 않을 것이며, 만일 무슬림들이 종교를 바꾸는 것에 대해 생각만 하더라도 죽일것이다. — 이는 틀림없는 사실이다.

그렇다면 이 잡지의 기자들을 괴롭히는 것이 무엇일까? 이 법안이 이슬람에 끼치는 위협은 단 한 가지, 기독교나 다른 종교로 개종하는 무슬림들이 엄청난 핍박에 직면하고 있음을 세계에 증명하고 있다는 것이다. 인권을 믿는 자유세계에서 이 핍박 받는 사람들에게 안전한 피난처를 제공해야 한다.

기독교를 택한 많은 메시아닉 무슬림들이 자신의 나라와 가족들로부터 많은 핍박으로 고통받고 있다. 그들 중 몇몇은 자신의 경험에 대하여 다음과 같은 책을 썼다.

- 이집트 교수 나하드 모함메드 알리(Nahad Mohammed Ali)의 『그리스도와의 만남』*My Encounter Christ*
- 술탄 모함메드(Sultan Mohammed) (Paul)의 『내가 그리스도인이 된 이유』*Why I Became a Christian*
- 파키스탄 여성인 발키스 알−쉐이크(Blikis Al-Sheikh)의 『하나님을 아버지라 부를 용기를 얻었을 때』*When I Got The Courage to Call God My Father*
- 마수드 아흐마드 칸(Masso'ud Ahmad Khan)의 『예수안에 포로된 자』*Captive in Christ*, 기독교 선교 기구인 「Literature for Life」에서 출간

기독교인으로 개종한 후 나 역시 내 경험에 대해 책을 썼다. 『중동의 흐름을 거슬러』*Against the Tides in the Middle East* 라고 제목을 붙인 이 책은 1997년 남아프리카공화국에서 출간되었는데 결국 남아프리카에 있는 무슬림들을 깨우쳤고 나는 여러번 공격을 받았다.

마지막으로 「세계무슬림연맹지」에 당부하고 싶다. 당신들의 악하고 부정한 방법 때문에 누구나 당신들과 같다고 생각하지 마라.

네덜란드 교회는 무슬림들을 억지로 기독교로 개종시키려는 계획이 없다. 그 이유는 아주 간단하다. 아무도 무슬림의 마음속에 있는 것을 억지로

바꿀 수 없기 때문이다.

무슬림들이 다른 사람들의 믿음을 억지로 바꾼다고 해서 다른 사람들도 다 그렇게 하지는 않는다. 네덜란드와 서방세계가 무슬림들을 존중하고 특혜를 준다고 해서 그들이 종교를 바꾸도록 설득하려는 의미가 아니라는 것이다.

여러분에게는 생소하게 들릴 수 있겠지만 이것이 진실이다. 그들이 사람들에게 잘 대해 주는 것은 그저 같은 인간이라고 생각하기 때문이다.

요점 정리

이제 여러분은 이슬람의 핵심 신념들을 잘 이해하고, 언론매체에 드러난 이슬람의 특징들이 얼마나 잘못된 것인지도 알게 되었을 것이다. 다음 장에서는 무함마드의 생애에 대해 더 깊게 알고, 그가 어떻게 살았는지와 무슬림들이 그를 어떤 방식으로 따르게 만들었는지 예시를 통해 설명하게 될 것이다.

SECTION 3

무함마드의 실례를
따르다

아랍 문화
– 폭력적인 사고방식을 이용한다

제 8 장

역사적인 인물에 대해 공부하고자 할 때는 그가 살았던 당시의 배경과 문화를 이해하는 것이 무엇보다도 중요하다. 가령 예수님께서는 로마인들이 통치했던 유대인공동체에서 살았다. 예수님의 행동과 말씀들은 그 시대 상황에 영향을 받았다. 로마에 세금을 내는 문제에 대해 말씀하셨던 것이 그 좋은 예가 될 수 있겠다.

가이사의 것은 가이사에게 하나님의 것은 하나님께 바치라

– 마가복음 12:17

마찬가지로 무함마드와 이슬람을 이해하려면 이슬람의 발상지였던 곳의 문화부터 먼저 살펴보아야 한다. 우리는 7세기 아라비아로 돌아가 테러리즘의 뿌리부터 찾아보게 될 것이다 —아라비아는 오늘날의 예멘, 오만, 아랍에미리트연방, 사우디아라비아, 쿠웨이트, 요르단 등이 자리한 반도라고 여겨지고 있다ㅡ. 이슬람 이전의 역사 시대에 존재했던 부족들의 특성은 크게 세 가지로 나누어 볼 수 있다.

부족의 사고방식

이슬람 이전에 아라비아 사막으로도 알려져 있는 서남아시아는 아직 어떤 나라나 국가가 확실하게 들어설 만한 시점까지 발전하지 못한 상태였다. 부족들은 어떤 형태의 법이나 정부의 지배 아래에 있지 않았다. 유일한 통치는 부족들 위에 있는 족장뿐이었다.

이 부족들은 자기 부족문화에 충실한 것으로 유명했다. 현대 이슬람역사에서 외부인들이 보기에 유별난 충성심은 사실 이슬람 이전의 아랍문화에 깊이 뿌리박혀 있는 것이다.

극단론자

무함마드 시대에 아랍인들의 가장 큰 특성은 그들이 모든 면에서 극단적이라는 것이다 ㅡ극단적인 사랑, 극단적인 증오 그리고 그들과 다른 성향을 가진 자들에 대해서는 절대 용납하지 않았다. 다양성이나 다른 사람의 신념을 받아들일 사람들이 아니었다. 그들의 길이 유일한 길이었다.

이 때 당시의 역사와 문화 속에 살고 있던 많은 아랍인들은 시(詩)에 뛰어났다. 그런 시인들 중에 한 명은 이런 극단주의적 특성을 두고 표현하기를 "우리는 중용이 없는 사람들이며, 관용은 우리의 방식이 아니다. 우리는 우리 방식대로 살아야 하고 그렇게 살기 위해 노력하다가 죽는다." 그들은 자신들이 극단적임을 자랑스러워했고 그에 대한 시도 썼다.

이러한 극단적 사고방식은 이슬람이 생긴 후에도 전혀 변하지 않았다. 사실상 이슬람은 이런 아랍문화의 핵심성향들을 대부분 받아들였다. 중용도 없고 다른 이들과의 타협도 없다. 만일 두 사람이 싸운다면 누구도 그냥 돌아서는 법이 없었다. 앉아서 의논하여 문제를 해결하는 심리가 그들에게는 없었다. 그들의 태도는 "내 방식대로 하게 하든지, 아니면 날 죽여라!"는 식이었다. 그 결과 이슬람의 역사는 항상 유혈이 낭자하다.

이란인, 아프간인, 파키스탄인, 인도인들과 그외 비아랍무슬림들은 이런 극단주의적 방식을 새로운 종교 방식으로 받아들이고 그에 순응했다.

끝없는 권력 투쟁과 싸움

7세기 아라비아에서는 용감하고 난폭하게 행동하는 것이 바로 남자다움의 상징이었다. 이 문화권의 사람들은 싸움을 잘하는 것이 생존하는데 필수라고 여겼다. 강한 자만이 살아 남는다. 그래서 이 부족들은 존재의 방법으로 끊임없이 싸웠다. 이런 성향은 기본적인 삶의 방식에서 잘 드러나고 있다.

- 네 부족과 그 영역을 방어하라.
- 네가 물리친 자들의 소유물을 약탈하라. 많은 개인과 부족들은 부와 권세를 얻기 위해 다른 이들을 침략한다.

이슬람은 이런 특성들을 전혀 바꾸지 않았고, 아랍인들의 행동에 어떤 영향을 끼치지도 않았다. 오히려 이슬람은 아랍성향을 그대로 받아들이고, 그 목적을 이루는 데 이용했다. 지하드가 이슬람의 핵심 신념이 되었을 때 이는 아랍인들의 성향에 있어 새로운 행태가 아니라 아주 익숙한 것이었다. 이슬람은 아랍인들에게 자신들의 용감하고 난폭한 방식들을 실행에 옮길 것을 요청했다.

대부분의 아랍인들은 이슬람에 복종하지 않는 자들의 소유물을 보상으로 받기 위해 이슬람에 들어갔다. 이슬람역사를 보면 이슬람 초기에는 약탈한 전리품이 많아 이 전리품들을 적당하게 나눌 수 있는 방법이 아랍무슬림들 사이에서 논쟁거리가 되었다.

이렇게 무함마드는 정복과 유혈이 일반적이었던 문화에서 태어났다는 것을 알게 되었다. 다음 장에서는 이런 일반적인 모습이 지하드라는 개념을 통해 어떻게 이슬람에 편입되었는지 살펴볼 것이다.

무함마드가 지하드를 선포하다
– 무함마드의 생애 중에 발전한 지하드

제 9 장

무함마드가 메카에서 메디나로 이주한 때는 이슬람 역사에 있어서 본질이 결정되는 중요한 순간이었다. 이슬람 창시자로서의 사고방식 전부 – 특히 주변의 믿지 않는 사람들에 대한 그의 태도-에 변화가 생겼다 .

메카에서 무함마드는 지하드를 한 번도 언급한 적이 없었다. 그에게는 군사력이 없었고, 사회 내에서 그의 활동이 아직은 작고 미약했기 때문에 지하드에 대한 이야기는 없었다. 하지만 메디나에서 군사력을 확보한 후 꾸란의 주된 논제는 지하드와 적과의 싸움이었다. 계시들은 무슬림들이 점점 더 싸우도록 부추겼다.

여기에서 무함마드의 메카와 메디나에서의 삶을 서로 비교해보자.

■ 메카: 무함마드는 설교를 통해 이슬람에 적극 참여하라고 사람들을 설득했다.

메디나: 그는 칼을 들고 사람들에게 개종하도록 강요했다.

- 메카: 수도사처럼 행동하며 기도, 금식, 예배의 삶을 살았다.

  메디나: 군사령관처럼 행동하며 개인적으로 27번의 공격을 지휘했다.

- 메카: 메카에서 지낸 12년 동안 그의 아내는 카디자(Khaddija) 한 사람 뿐

    이었다.

  메디나: 10년 동안 12명의 아내를 두었다.

- 메카: 우상숭배에 반대하여 싸웠다.

  메디나: 성서의 사람들(유대인들과 기독교인들)에 반대하여 싸웠다.

무함마드가 메카에서 메디나로 옮겨가면서 이슬람은 정치적인 운동으로 바뀌었다. 오마르 파루크(Omar Farouk) 박사는 그의 저서인 『아랍인과 이슬람』 *The Arabs and Islam*에서 이렇게 썼다.

선지자 무함마드가 메카에서 메디나로 이주한 것은 이슬람 역사에서 매우 중요하다. 이는 이슬람의 본질에 대변혁을 일으켰다. 이슬람은 종교적이고 영적인 계시에서 정치적 의제로 변한 것이다.

이제 무함마드의 일생을 통해 발전하고 확장되어 간 지하드의 역사에 대해 말해보고자 한다. 여기에서 우리가 분명하게 기억해야 할 것은 무함마드가 22년에 걸쳐 천사 가브리엘으로부터 꾸란 계시를 받았다는 것이다. 지하드의 철학은 무함마드의 정치적 위치가 그랬던 것처럼 점차적으로 발전해 나갔다. 사회에서 무함마드의 위치가 견고해질수록 지하드에 관한 계시는 더 폭넓고 웅대해져 갔다.

메카에서 보여주었던 무함마드의 문제

여기서 우리는 "왜 무함마드는 메카를 떠났는가?"라고 질문을 해 볼 필요가 있다. 무함마드는 메카에서 10~12년을 지내는 동안 사람들을 죽이거나 세금을 요구하지 않으면서 이슬람을 따르도록 설득했다. 그의 메시지는 회개와 인내, 용서에 대한 것이었다.

그러나 무함마드와 그의 출신 부족들 사이에는 엄청난 긴장감이 있었다. 그의 부족은 그 일대에서 가장 큰 부족을 거느린 꾸라이시(Quraysh)족이었다. 많은 사람들이 우상숭배를 버리고 이슬람을 따랐고 족장들은 이를 좋아하지 않았다.

처음에 족장들은 무함마드와 거래를 하려 했다. "우리가 너를 왕으로 만들어 주마." 그들이 무함마드에게 제안했다. "앞으로 더는 이슬람에 대해 말하지 마라. 대신 부자가 되고 싶은 거라면 우리가 돈을 주어 너를 아라비아에서 가장 부유한 자로 만들어주겠다."

무함마드는 마침 숙부 곁에 서 있었는데 그는 족장들의 제안에 이렇게 대답했다. "오, 나의 숙부여, 그들이 태양을 가져와 내 오른손에 놓고 달을 가져와 내 왼손에 놓는다 해도 나는 내가 받은 계시를 포기하지 않을 겁니다." 무함마드는 A.D. 620년부터 622년까지 협상을 벌였지만, 그들은 끝내 타협점을 찾지 못했다.[1]

꾸라이시족은 무함마드를 박해하기 시작했다. 그가 기도할 때 머리에 흙을 던졌고, 침을 뱉기도 했다. 심지어 그를 죽이려는 시도도 몇 번 있었다. 한 번은 한 여인에게 무함마드를 식사에 초대하게 한 뒤 그녀가 무함마드

앞에 내놓는 양고기에 독을 넣은 적도 있었다. 이 당시 꾸란에 무함마드의 문제점들이 나타나 있다:

> 그리고 (기억하라) 이교도들이 너를 가두기 위해, 혹은 죽이기 위해, 혹은 너를(너의 집에서 즉 메카에서) 쫓아내기 위해 (오, 무함마드여) 그들이 음모를 꾸미고 알라 역시 음모를 꾸몄지만, 음모를 꾸미는 자 중 최고는 알라이다.   - 꾸란 8:30, 성 꾸란

그러나 무함마드는 메카를 떠난 후 무슨 일을 해야 할지 계획을 세워 두었기 때문에 메디나로 이주할 수 있었다.

지하드에 대한 첫 번째 계시: 너를 학대한 자들에게 보복하라

무함마드는 메디나에서의 첫 해를 군사력을 증강하는데 보냈다. 그의 첫 번째 지하드의 목표는 그를 핍박한 꾸라이시족에게 복수하는 것이었다. 그의 이런 태도가 전혀 놀라울 것도 아닌 것은 앞에서도 언급했듯이 무함마드가 여전히 아랍의 영향권에 있었기 때문이다(당신이 나에게 한 가지 문제를 일으키면 나는 당신에게 두 가지 문제를 일으킬 것이다).

꾸라이시족은 무역을 통해 부를 축적했다. 매년 그들은 예멘으로 한 번, 시리아로 한 번 여행을 떠났다. 그들은 커다란 마차에 목적지에서 팔 물건

---

1). 이븐 히샴(Ibn Hisham) 『무함마드의 삶』 *The Life of Muhannad*, 제3판(레바논 베이루트: Dar Al Jil, 1998), 제2권 448쪽, 또한 이븐 카티르(Ibn Kathir), 『시작과 끝, The Beginning and the End』(레바논 베이루트: The Revival of the Arabic Tradition Publishin House,2001), 제22권, 100쪽, 207쪽, 이븐 히샴은 이슬람 역사가였다.

들을 잔뜩 싣고 갔다가 돌아올 때는 고향에서 팔 물건을 싣고 돌아왔다. 그들은 늘 많은 돈과 귀중품들을 가지고 다녔다.

무함마드는 메카로 돌아오는 대상(隊商) 중 하나를 매복해서 약탈하기로 계획했다. 그와 그의 군대는 바드르(Badr) 계곡에 매복했다. 그러나 대상을 이끌던 이는 매복에 대한 정보를 미리 입수했었기 때문에 다른 길로 빠져나갔다. 그래서 그들은 무사히 집으로 돌아갈 수 있었다.

족장들은 대상이 무사히 돌아와서 기뻤지만, 반면에 무함마드는 매우 화가 나 있었다. 그들은 무함마드에게 따끔한 맛을 보여줌으로써 누구도 꾸라이시족을 농락할 수 없다는 것을 온 아라비아에 알리기로 결심하고 군대를 바드르 계곡에 매복해 있는 무함마드 쪽으로 보내서 싸우게 했다. 그러나 무함마드는 이 전투에서 대승을 거두어 적군 대부분을 죽였고, 이에 족장들은 큰 충격을 받았다.

온 아라비아가 이 전투 소식을 들었다 —그리고 이제 가장 강력한 부족을 물리친 무함마드가 아라비아에서 가장 강한 남자라는 것을 보여주었다.

지하드에 대한 두 번째 계시: 너의 지역을 정복하라

이 승리 후, 무함마드는 천사 가브리엘이 그에게 새로운 계시를 가져왔다고 말했다. 아라비아의 모든 부족과 싸워서 그들 모두가 이슬람에 복종하게 만들어야 한다는 것이다. 무함마드는 "아라비아에는 두 종교가 있을 수 없다. 아라비아는 오직 이슬람에 복종할 것이다."[2]라고 선포했다. 그 결

---

2). 이븐 히샴(Ibn Hisham) 『무함마드의 삶』 *The Life of Muhannad*, 제4권, 1527쪽

과 무함마드는 더 이상 이교도나 우상숭배자들을 개종시키는데 힘을 쏟지 않았다. 이제는 유대인들과 기독교인들이 박해의 표적이 되었다. 이러한 지하드의 발전은 다음의 꾸란구절을 통해 나타났다.

(1) 알라를 믿지 않는 자들과 (2) 마지막 심판의 날을 믿지 않는 자들 (3) 알라와 그의 사자(使者)가 금지한 것을 금하지 않는 자 (4) 성서의 사람들(유대인들과 기독교인들) 가운데 진리의 종교 즉 이슬람를 인정하지 않는 자들에 대하여 그들이 자발적인 복종으로 지즈야(세금)를 지불하고 스스로 낮아짐을 느낄 때까지 그들과 싸우라. - 꾸란 9:29, 성 꾸란

언뜻 보면 이 구절이 조금 이해하기 어렵지만, 내 설명을 듣고 보면 이해될 것이다. 이 구절은 무슬림들이 다음의 네 가지 부류의 사람들과 싸워야 한다고 말한다.

1. 알라를 믿지 않는 사람들.
2. 최후의 심판날에 대해 믿지 않는 사람들.
3. 알라와 무함마드가 금지한 것을 행하는 사람들.
4. 이슬람을 진리로 인정하지 않는 사람들, 즉 유대인들과 기독교인들을 뜻하는 '성서의 사람들.'

무함마드는 사람들에게 세 가지 선택권을 주었다.

1. 이슬람의 메시지를 받아들일 수 있다.
2. 유대인이나 기독교인으로 남을 수 있지만 전통적으로 1년에 한 번 징수하는 특별세(지즈야, jizyah: 인두세)를 지불해야 한다.

107

3. 죽을 수 있다('스스로 낮아짐을 느낀다'는 부분은 영어 번역보다 아랍어 표현이 훨씬 의미가 강하다. 아랍어 단어는 '비천한 복종'과 같은 의미이다. 더 큰 힘 앞에서 두려움으로 움츠러드는 사람의 이미지를 내포한다. 비천한 복종이 이루어지지 않으면 죽음이 그 뒤를 따른다).

무함마드가 이러한 선택권을 준 결과 대부분의 사람들이 이슬람의 메시지를 받아들였고, 부유한 불신자들은 비싼 세금을 물었으며, 나머지는 강제로 전쟁에 나가야했다.

현재까지도 기독교인들에게 세금을 물리다

기독교인들에 대한 세금은 고대에만 시행된 것이 아니다. 이집트에 있는 원리주의자들은 지금도 여전히 기독교인들에게 가서 세금을 요구한다. 그들은 기독교인들에게 다가가 "우리는 무슬림이고, 당신은 기독교인이다. 그리고 여기는 무슬림 국가이다. 우리는 이슬람법을 실행하는 것이 임무다. 법에서는 당신에게 두 가지 선택권을 준다 – 이슬람으로 개종하든지 네 신앙을 지키든지. 네 신앙을 지키기로 결정한다면 우리는 괜찮지만 당신은 매년 이슬람당국에 세금을 지불해야 한다."고 협박을 한다.

그러나 이집트 정부는 세금 부과를 원칙적으로 징수하지 않는다. 그래서 정부가 이 일을 하고 있지 않다는 논리로 원리주의자들이 독자적으로 세금 징수에 자처하고 나섰다. 따라서 기독교인에게는 대개 자신의 수입에 근거하여 적정수준의 금액으로 세금이 부과된다. 기독교인은 이렇게 말할 수도 있다.

"지금 당장은 돈이 없습니다. 돈을 모을 수 있게 며칠만 여유를 주십시오." 그러면 원리주의자들은 돌아갔다가 며칠 후에 다시 올 것이다.

기독교인은 다시 말한다. "제발, 일주일만 더 기다려 주십시오." 그러면 그들은 일주일 후에 다시 올 것이다. 그러나 그때도 여전히 기독교인이 돈이 없다고 하면 더 이상의 기회는 없다. 그들은 돌아와서 그를 죽일 것이다— 아마 그 자리에서 총으로 쏴 버릴 것이다.

내게는 이집트 출신의 기독교인으로 현재는 미국에서 대학교수로 지내고 있는 친구가 있다. 그에게는 두 형제가 있었는데, 둘다 기독교인으로 의사와 약사로 이집트에 살고 있었다. 어느 날 원리주의자들이 찾아 와서 세금을 요구했다. 이 형제들은 세금납부를 거부했고, 결국 둘다 죽임을 당했다. 이것은 불과 2~3년 전에 있었던 일이다.

지하드에 자금을 대다—지하드를 위한 재정 지원

불신자들에게 대한 세금 부과는 7세기에 무함마드가 돈을 끌어 모으는 방법 중 하나였다. 그러나 소득의 가장 중요한 재원은 전쟁 후의 약탈이었다. 오늘날 기름이 걸프만 주변국가들의 경제의 생명이듯이 약탈은 무함마드의 경제적 원동력이었다.

그들은 농사를 짓거나 장사를 하거나 사업을 경영하지도 않았다. 오로지 전쟁만 했다.

이익의 일부는 노예 무역에서 얻었다. 그들은 적지에 침입하여 남자들은 모두 죽이고, 여자들과 아이들은 노예로 삼았다. 당시 아라비아 사막은 노예무역으로 유명했었다. 약탈한 전리품에 대해서 무함마드는 말했다.

"말발굽과 칼날로 인해 얻은 모든 소득은 알라의 선물이다. 알라는 싸우는 자들에게 공급하신다. 하지만 그들이 원래의 케케묵은 생업으로 돌아간다면 그저 평범한 방법으로 생계를 유지할 뿐이다." [3]

무함마드는 적들을 쳐 부수고 난 뒤, 그들로부터 약탈한 전리품 등에 대해서 어떻게 할 것인지에 대해서 고민하다가 그의 군대와 협약을 맺었다. 무함마드가 20퍼센트를 가져가고, 군사들은 나머지 80퍼센트를 그들끼리 나누기로 했다. 듣기에는 꽤 좋은 것 같지만, 문제는 무함마드가 이끄는 군사들의 수가 만 명에 이른다는 사실이다. 그러니 무함마드의 20퍼센트에 비해 군사 한 사람은 0.008퍼센트를 갖는 셈이다.

전리품을 충분히 챙기지 못한 무함마드의 군사들은 반역을 꾀하거나 무함마드에게 불만을 토로하기 시작했다. 통제 불능한 아수라장이 되는 듯했으나 무함마드는 곧 새로운 계시를 받게 된다.

네가 (전쟁에서) 얻은 모든 전리품 중 오분의 일은 알라의 것임을 알라.

---

3). 알-코쉐(Al-Korashi), 『지하드: 또 다른 생각』 *Jihad: Another Thought*(이집트 카이로:Muktabat Al-Haak[진실의 도서관], n.d.).

그리고 메신저의 것이며 가까운 친척과 고아, 가난한 자와 나그네의 것이다.   - 꾸란 8:41 알리 역

꾸란의 제8장 전체가 '전리품(Spoils of War)'의 장이라고 제목 붙여져 있다. 이 장은 바드르 전투를 특별히 언급하고 있다. 무함마드의 전투적 사고방식을 전반적으로 잘 이해하려면 이 장을 읽어보라.

우후드 침략

우후드(Uhud) 침략은 선지자 무함마드와 새로운 개종자들이 이슬람의 부름을 거부한 아랍인들과 벌인 두 번째 전투였다. 전투 이후에 군사 지도자들과 무함마드의 친위대 사이에 큰 충돌이 일어났다. 적의 소유물을 약탈하는 것을 두고 논쟁이 벌어진 것이다. 군사지도자들은 자신들도 약탈에 동참했었다고 무함마드의 친위대에게 말했다. "우리가 싸우지 않았다면 승리하지 못했을 것이다."라고 그들은 주장했다.

무함마드는 이 문제를 해결하기 위해 군사지도자들과 그의 친위대에게 전투가 끝난 후 전리품을 균등하게 나누라고 지시했다.[4]

후나인 침략

역사학자인 이븐 히샴(Ibn Hisham)은 후나인(Hunayn) 침략에 대하여 특별히 기록했다. 무슬림군대는 전투가 종결되기도 전에 조급하게 적의 소유물을

---

4). 이븐 히샴, 『무함마드의 삶』

약탈하는 바람에 지고 말았다. 무슬림들이 소유물을 쫓아가자 적들은 매복했다가 그들을 물리쳤다. 선지자 무함마드는 그의 군대에게. "상대를 죽이는 자는 누구든지 상대의 소유물을 약탈할 권리가 있다."고 말하며 그들을 더욱 자극했다.[5]

전투를 위해 지원을 요청하다

솔로몬 바시르(Solomon Basheer) 박사는 무함마드가 전투를 위해 전리품을 나누어 주겠다는 말로 다른 부족들까지 자극하여 고용했다는 사실을 언급한다:

때때로 아랍부족들은 무함마드와 연계하여 전투에서 그를 지원하기로 동의했다. 이 부족들은 그들이 가져온 전리품의 몇 퍼센트를 가져갈지에 관해 무슬림지도자들과 계약을 맺기도했다.[6]

이런 식의 자금조달 방법은 무함마드의 죽음 이후에도 계속 이어졌다. 이슬람의 두 번째 지도자인 우마르 이븐 알-카탑(Umar ibn al-Khattab)은 이슬람을 위해 다른 나라를 정복하는데, 큰 공을 세웠고 또한 다른 부족들과 협약하여 이슬람을 위해 싸우게 만들었다.

---

5). A. 길리엄(A. Guillame), 『무함마드의 삶: 이븐 이스흐크(Ibn Ishq)의 Sirat Rasul Allah 역』 (파키스탄 카라치:Oxford University Press, 2003), 571쪽.

6). 솔로몬 바시르(Solomon Basheer) 박사, 『닮지 않은 것들은 모두 동등하다, Tawazn al-Nakaed』 레바논 베이루트: Dar al-Hari'ah[자유의 집], n.d. 121쪽.

자리르 빈 압둘라(Jarir Bin Abdullah)는 무함마드의 사후에 두 번째 무슬림 지도자 우마르 이븐 알-카탑에게 와서 물었다. "내가 내 부족과 함께 이슬람을 위해 싸우려고 이라크로 간다면 전리품의 25퍼센트를 주실 수 있습니까?"우마르는 이에 동의했다.[7]

우마르는 무슬림들에게 자신들이 정복한 사람들을 통해 이익을 얻을 수 있을 것이라고 장담했다.

알라는 세계를 정복하고 다스리고 번성케 하기 위해 무슬림들을 세상으로 보냈다. 만일 알라의 의지에 대항하고 무슬림이 되기를 거부하는 나라가 있으면 그들은 무슬림의 노예가 되고 이슬람 당국에 세금을 내야한다. 이 나라들은 열심히 일할 것이고 너희는 이득을 볼 것이다.[8]

지하드에 대한 마지막 계시: 세계를 정복하라

지하드는 마지막 단계는 지역에서 벗어나 세계로 확장되어 나아갔다. 이와 같은 변화는 무함마드가 받은 새로운 꾸란 구절을 기초로 한다.

더 이상 피트나(불신감과 다신교, 즉 알라 외에 다른 것을 숭배)가 없을 때까

7). 이븐 자리르 알-타바리(Ibn Jarir al-Tabari, 838~923), 『선지자와 왕들의 역사, The History of the Prophet and the Kings』, 제5권, 27쪽.
8). 알-벨레즈리(Al-Belezri), 『국가 정복기』*Conquest of the Countries*, 제2권(이집트 카이로: Dar Al-Nahadah[부흥의 집], 1961), 310쪽.

지 그들과 싸우면 종교(예배)는 [온 세계에서] 오직 알라만을 위해 있게 될 것이다. － 꾸란 8:39, 성 꾸란

그 결과 무함마드는 자신의 추종자들에게 다음과 같이 말했다.

나는 알라의 메신저가 이렇게 말하는 것을 들었다. 나는 알라의 이름으로 명령하노니 그들이 알라 외에 다른 신이 없으며 내가 알라의 메신저라고 말할 때까지 모든 사람들과 싸우라. 그리고 그렇게 말하는 자는 누구든지 자신의 생명과 재산을 구하게 될 것이다. [9]

무슬림들은 이 계시들을 즉시 실행에 옮겼다. 그들은 아라비아 밖으로 지하드를 가지고 나가 아시아, 아프리카와 유럽의 많은 나라들을 공격했다. 당시에는 이것이 전세계였다. 무함마드는 개인적으로 총 27번의 전투를 지휘했다. 추가로 그를 제외하고 그의 군대만 47회를 파병했다(1년에 약 7번을 파병한 셈이다). [10]

무함마드의 통치는 A.D. 632년 그의 사망과 함께 끝났다. 그의 지하드 활동은 활발했지만 전투로 죽지는 않았다. 역사기록에 의하면 장기간의 열병으로 죽었다고 되어 있다.

---

9). 『알－니사이』Al-Nisai 제3권, 6부, 5쪽, 하디스 3087. 아부 하리아라(Abu Hariara)가 말하다. '알 －니사이'는 올바른 책 6권의 하디스 중 하나이다.

10). 이븐 사아드(Ibn Saad), 『계획자들』Al-Tabkat 제3권, 43쪽.

이슬람과 테러리즘
－ 그 뿌리를 찾아서

요점 정리

무함마드 이전, 아랍의 몇몇 특성과 문화를 살펴본 후, 우리는 이슬람의 피투성이 역사에 대해 더 깊이 이해하게 되었다.

이슬람-전(前) 아랍인들은 전반적으로 감정적이고 폭력적으로 행동하는 경향에 따라, 그들 사이의 불화와 오해를 테러로 해소하는 경우가 잦았다.

무함마드가 이슬람이 물리친 적들의 소유물에 대한 권리를 나누어주자 아랍부족들사이의 계속되던 권력암투는 더욱 격렬해지고 잔혹해졌다. 그들은 비무슬림들만 공격했을 뿐 아니라 초기 무슬림 부족들은 서로를 공격하기도 했다. 그 예로 같은 꾸라이시족에 소속되어 있는 암모웨인(Smmoweyeen)과 하쉐미테(Hashemite) 족속은 끊임없는 전투를 계속 했었다.

아랍문화는 무함마드를 나타내는 지하드 철학을 쉽게 받아들였다. 이 철학은 22년에 걸쳐서 진행한 꾸란의 계시들이었다. 그 진행 단계는 다음과 같다.

1. 너를 핍박하는자들과 싸우라(메디나에서).
2. 네 지역에서 이슬람을 거부하는자들을 정복하라(아라비아 사막에서).
3. 이슬람의 이름으로 세계를 정복하라.

어떤 꾸란의 계시도 최후의 명령인 지하드를 부정하지 않으며, 오늘날까지도 지하드는 여전히 이슬람의 목표이다.

지하드의 궁극적 목표
– 이슬람에 대한 전 세계적인 복종

제 10 장

무함마드 시대에도 그랬던 것처럼 오늘날 이슬람 원리주의적인 추종자들은 계속해서 세계정복을 추구하고 있다. 내가 그들의 사고방식을 잘 설명하는 최선의 방법은 그 지도자들 중 한 사람이 한 말을 있는 그대로 전하는 것이다.

현대 지하드에 대한 가장 명석한 작가와 사상가들 중에 한 명은 파키스탄 원리주의 창시자인 마우라나 아불 알라 마우두디(Mawlana Abul Ala Mawdudi)이다. 그는 많은 책을 저술했으며, 가장 유명한 이슬람 학자들 중 한 명이다. 온 이슬람 세계는 그를 역사에 길이 기억될 지도자로 여긴다. 다음은 그가 한 말이다.[1]

이슬람은 세계의 다른 종교들과 같은 평범한 종교가 아니며, 무슬림 국가들은 다른 보통의 국가들과는 다르다. 무슬림 국가들은 전 세계를 다스리고 세계 모든 나라들 위에 서라는 명령을 알라로부터 받은 매우 특별한 나라들이다.

그는 혁명의 목적이 특정한 인물을 권력의 자리에 앉히거나 어떤 나라들이 다른 나라들보다 잘 살게 될지를 결정하는 것이 아니라는 점을 지적하고 있다.

이슬람은 사람이 만든 모든 정부를 파괴하는 혁명적인 신앙이다. 이슬람은 한 나라가 다른 나라보다 더 좋은 환경이 되기를 바라지 않는다. 이슬람은 땅이나 그 땅을 누가 소유하고 있는지에 대해서도 관심이 없다. 이슬람의 목표는 전 세계를 지배하고 온 인류를 이슬람의 신앙에 복종시키는 것이다. 이 세상 그 어떤 국가나 권력도 그 목표를 가로 막으려 든다면 이슬람은 싸워서 그들을 파괴할 것이다. 이슬람을 위한 목표, 즉 전 세계적인 혁명을 이루기 위하여 이슬람은 가능한 모든 힘과 수단을 이용할 수 있다. 이것이 지하드다.

또한 마우두디는 이슬람이 정치 체제이며, 다른 모든 삶의 방식을 대체해야만 하는 삶의 방식이라는 개념을 명확히 했다.

이슬람은 단순히 영적인 종교가 아니다. 이슬람은 삶의 방식이다. 이는 천사 가브리엘을 통해 우리 세계에 드러난 천국의 체제이며, 무슬림의

---

1). 이 모든 인용구들은 사이드 아불 아라―마우두디(Syed Abul A'la Maududi), 『이슬람의 지하드』 *Jihad in Islam* 제2판, 인도 델리 11006:Markazi Maktaba Islami,1973.

의무는 세상의 다른 모든 체제들을 파괴하고 이슬람 체제로 전환시키는 것이다. 누구든지 이런 방식으로 이슬람을 믿는 자는 자마아트-이- 이슬라미(Jamaat-i-Islami, 파키스탄 원리주의 조직을 창설한 자 -저자주)의 테러리스트가 될 수 있다. 나는 누구도 헤즈볼라(알라의 당)에 참여하는 무슬림들이 단순히 평범한 무슬림전도자나 모스크의 일반 설교자 혹은 기사를 쓰는 사람들이라고 생각하지 않기를 바란다. 헤즈볼라는 한손에는 코란 다른 손에는 칼을 들고, 악의 왕국과 인간의 왕국을 파괴하고 이슬람 체제로 바꾸기 위해 알라가 직접 세운 조직이다. 이 조직은 거짓 신들을 파괴하고 알라를 유일신으로 만들 것이다.

'거짓 신들'이라고 할 때 저자는 서방 국가들의 대통령들이나 수상들과 같이 이슬람의 지배 아래에 있지 않은 정치적 지도자들을 가리킨다고 말한다.

이렇듯 이슬람은 투쟁, 혁명과 전쟁의 신앙이다. 이슬람은 이 세상의 한 귀퉁이를 원하는 것이 아니다. -전 세계를 원한다.

표적이 된 기독교인들

개종에 저항하는 기독교인들은 세계 정복이라는 목표에 있어서 표적이 될 수밖에 없다. 기독교인들을 표적으로 여기는 관점은 그냥 암시되는 것이 아니라 노골적으로 진술된다.

1980년 파키스탄의 라호르(Lehore)에서 「국제무슬림협회(MIWS: Muslim International World Society)」가 주관하는 회의가 열렸다. 저명한 프랑스 신문 「르 피가르(Le Vigaro)」는 그들이 이슬람 세계가 소수 기독교의 존재를 없애려 하거나 혹은 그들은 무슬림세계로 합병시키거나 무슬림으로 강제 개종시킬 수 있는 방법에 대해 논의했다고 보도했다.

그들은 20세기가 끝나기 전에 목표를 이루는 것이 꿈이었다. 이 모임의 의장은 1984년 「르 피가르」를 거짓 보도를 했다는 이유로 고소했지만, 나는 신문이 진실을 보도했다고 믿는다. 그것이 이슬람의 진정한 목적이기 때문이다.

기독교인들을 이슬람으로 개종시키겠다는 사고방식의 또 다른 예는 레바논 내전 중에도 드러났다. 기독교인들과 무슬림들 사이에 일어난 이 전쟁은 20년간 계속되었고, 어떻게 그들을 멈추게 해야할지 그 방법을 아무도 몰랐다. -UN도 다른 아랍 국가들조차도- 스스로를 위대한 사상가라고 여기는 리비아의 지도자 무암마르 카다피는 어느 날 자신이 이 문제에 대한 해결책을 가지고 있다고 큰 소리쳤다.

'기독교인들이 이슬람으로 개종하면 그들은 무슬림들과 형제자매가 되고 당연히 싸움을 멈추게 될 것이다.'라고 생각한 카다피는 어느 날 다음과 같이 선언했다.

레바논 기독교인들 중 새로운 세대가 일어나 어느 날 아랍인은 기독교인

---

2). 나빌 칼리파(Nabil Khalifa), 「레바논과 이슬람 혁명의 본질」*Lebanon and the Heart of the Islamic Revolution*, 베이루트, 1984, 93쪽, 120쪽.

이 될 수 없으며 기독교인은 아랍인이 될 수 없음을 깨닫게 되기를 바라며 그 후 이슬람으로 개종하여 진정한 아랍인들이 되기를 희망한다. [2)]

지하드의 방법

우리는 지하드가 꾸란에서 확립되었으며 세계 통치를 꿈꾸고 있다는 것을 알았다. 지하드는 현재의 모든 무슬림들을 초청하고 있다. 다음 장에서는 현대 지하드는 어떻게 실행되고 있는지 살펴볼 것이다.

지하드의 3단계

– 약자인 소수의 무슬림들이 어떻게
지배자가 될 수 있었을까

제 11 장

세계 도처에 있는 무슬림 국가들을 자세히 살펴보면 여러분은 그들이 아래에 언급되는 지하드의 3단계 중 1단계에 있다는 것을 알게 될 것이다(이 단계들에 대한 자료는 꾸란에 입각한 이슬람신학에 근거한 것이다).

약한 단계(1단계)

이 단계는 비이슬람 사회에서 생활하는 힘이 없고 규모가 적은 소수 집단일 때의 무슬림들이 해당된다. 이때는 공공연한 지하드를 하기에 적절한 시기가 아니다. 다만 무슬림들은 그 나라의 법에 복종은 하지만, 무슬림 숫자를 늘리기 위해 노력한다.

이 단계에서 무슬림들은 무함마드가 메카에서 했던 "종교는 강요하지 않는다."(꾸란 2:256, 성 꾸란)는 말을 따른다.

이슬람이 누군가를 개종시키기 위해 강요하거나 힘으로 제압시키는 일이 없음을 증명하기 위해 이 구절을 인용하는 것을 언론 등에 본 적이 있을 것이다. 같은 시기에 무함마드가 받은 꾸란 구절은 이렇다.

오, 너희 믿는 자여! 네 자신을 돌보라. 만약 [옳은 것(이슬람이 유일신교이며 이슬람이 행하라고 지시하는 모든 것)를 명하고 잘못된 것(다신교와 불신앙과 이슬람이 금지한 모든 것)을 금지하는] (올바른) 인도를 따르면 잘못된 자들로부터 아무런 해를 입지 않을 것이다. 너희 모두가 알라께 돌아간 후에 네가 했었던 (모든) 것들에 대해서도 알라께서 네게 알게 하리라.

- 꾸란 5:105, 성 꾸란

이 구절은 메카에서 자기 주변에 있는 불신자들 모두에 대하여 무엇을 해야 할지 고민하던 무슬림들에게 주어진 응답이었다. 이는 근본적으로 "책임감 있게 행하라. 네 주변에 있는 이교도들에 대해 걱정하지 말라. 너와 그들은 모두 언젠가 알라 앞으로 나아가 네가 한 일에 따라 심판 받을 것이다."라고 말하고 있다.

이 구절들은 불신자들과 함께 조용하고 평화롭게 살라고 말한다. 그러나 무슬림들이 메카에서 소규모이고 약한 집단에 불과했을 때 무함마드가 이 말들을 받았다는 것을 반드시 기억해야 한다. 그의 행동에 힘이 더해진 후에 무함마드는 이 구절들을 취소시키는(나시크, nasikh) 새로운 계시를 받았다.

이슬람과 테러리즘
- 그 뿌리를 찾아서

준비 단계(2단계)

이 단계는 무슬림들이 상당히 영향력 있는 소수집단일 때를 가리킨다. 그들의 미래 목표는 적과 직접 대치하는 것이기 때문에 그들은 가능한 모든 영역에서 준비를 한다—재정적, 육체적, 군사적, 심리적 영역과 그 외의 다양한 영역을 가르킨다.

> 불신자들이 (경건한 자들의) 우위에 있다고 생각하지 못하게 하라. 그들은 결코 (경건한 자들을) 꺾지 못할 것이다. 군마(軍馬)를 포함하여, 최대한의 힘으로 네가 그들에게 대항할 준비를 하라 하셨으니 알라와 너의 적들, 그리고 그 외 네가 모를 지라도 알라께서 아시는 적들(의 마음)에 공포로 채우도록 하라
>
> — 꾸란 8:59~60, 알리 역

『성 꾸란』에는 흥미로운 주석이 달려 있다. 괄호 안에 있는 단어를 주목하라.

> 그리고 대항하여 군마들(탱크, 비행기, 미사일, 대포)을 포함하여 네 힘을 최대한으로 끌어올려 준비함으로 알라와 너의 적들을 공포에 떨게 하라.
>
> — 꾸란 8:60, 추가강조

이 주석은 읽는 이들에게 무슬림들이 이 구절을 현대에도 실행에 옮기고 있다는 것을 확인시켜 줄 것이다.

지하드 단계(3단계)

이 단계는 소수의 무슬림들이 힘, 영향력 그리고 권력을 갖추고 있는 때를 가리킨다. 이 단계에서는 적극적으로 적과 싸우고 비무슬림 국가의 체제를 뒤집어 엎고, 이슬람 지배체제 구축을 위한 모든 활동은 무슬림의 의무가 된다.

이 단계는 꾸란9:5 즉 알라로부터 받은 지하드에 관한 최종계시를 기초로 하고 있다. 앞에서 이 구절을 인용했지만 이슬람 사상에서 가장 중요한 의미가 있으므로 이 '칼의 구절'은 계속 반복될 것이다.

눈에 보이는 대로 그들과 싸우고 그들을 살해하라. 그리고 그들을 사로 잡고, 포위하고 (전쟁의) 계략을 꾸밀 때마다 매복하여 그들을 기다려라

- 꾸란 9:5 알리 역

무슬림들은 이슬람으로 개종하지 않으면 누구든지 죽이라는 명령을 받았다. 위 구절에서는 '눈에 보이는 대로'라고 말하고 있다. 지리적인 제한을 받지 않는다.

무함마드의 예

이 세 단계는 선지자 무함마드가 살았던 시기에도 실행되고 있었던 단계들이다. 처음에 무함마드는 그의 적들에게 전혀 악의를 보이지 않았다(1

단계). 메카를 떠난 후 첫 해에 그는 메디나에서 군대를 준비했다(2단계). 그 다음에 그는 지하드를 선포하고 돌아가서 그의 적들과 싸워 메카를 완전히 정복하고 그의 지배 아래에 두었다(3단계).

레바논

레바논의 최근 역사를 볼때 지하드가 세 단계로 실행되는 좋은 예를 보여준다.

1단계: 무슬림들이 대다수의 기독교인들과 협력하다

만일 여러분이 내전이 있기 전에 레바논을 방문한 적이 있다면 아마도 중동의 하와이를 보았을 것이다. 수도인 베이루트는 중동의 파리라고 불렸다. 레바논은 최고로 아름다운 자연경관을 이루고 있었다.

무슬림 소수집단은 대다수의 기독교인들과 조화를 이루며 살고 있었다. 그 당시에는 무슬림들이 힘이 없고 약한 소수집단이었기 때문에 레바논에서는 지하드(성전)에 대한 이야기가 언급될 수가 없었다.

2단계: 무슬림들이 공격 준비를 위해 외부의 도움을 받다

1970년대에 소수의 무슬림들은 한편으로는 리비아로부터 다른 한편으로는 이란으로부터 원조를 받으면서, 천천히 그러나 확실하게 준비단계를 시작했다. 그로부터 얼마 지나지 않아 레바논 내전이 시작되었다.

3단계: 무슬림들이 불신자들에 대해 전쟁을 일으키다

세상은 레바논이라는 아름다운 나라가 여러 갈래로 나눠지는 모습을 지켜봐야만 했다. 무슬림들은 그들의 기독교 형제자매에 대한 어떠한 친분도 부인하기 시작했으며 정부를 전복시키고 이슬람 국가를 세우고자 하는 한 가지 목표만을 위한 테러리스트를 모집하기 시작했다.

그들 중 하나는 나비바리(Nabih Bary)가 이끄는 아말(Amal)이라 불리는 이슬람조직이었고, 다른 하나는 쉐이크 하싼 나스랄라(Sheikh Hassan Nasrallah)가 이끄는 헤즈볼라(Hizbollah) 시아파 조직이었다.

전쟁은 20년 동안 계속되었다. 하지만 그들 무슬림들은 지금까지도 그들의 임무를 성공하지 못했다.

타협(1단계로 돌아가다)

현재 레바논에는 기독교인 대통령과 무슬림 수상이 있는 비종교적인 정부가 출범해 있다. 서로 적대적인 당들을 모두 포용한 정부가 세워졌기 때문에 잠시나마 평화로운 듯 보였다.

심지어 아말의 창시자가 의회 의장이 되었다. 헤즈볼라는 레바논 남부에서 존속하는 것을 허락받았다. '이스라엘을 막아내기 위해서는 자신들이 꼭 필요하다'고 주장했기 때문이다.

이슬람과 테러리즘
– 그 뿌리를 찾아서

속임수를 정당화하다

지하드 3단계는 행동 변화들을 결정하는데 주변 상황이 어떻게 사용되는지를 보여준다. 이슬람 사고방식에서나 볼 수 있는 또 하나의 예는 속임수를 이용하는 것이다. 이슬람은 특정한 상황에서 거짓말 하는 것을 정당화시킨다. 다음 장에서는 그러한 상황에는 어떤 것들이 있으며, 이것이 어떻게 지하드에 적용되는지 살펴보게 될 것이다.

거짓말이 정당화 될 때
– 속임수는 전쟁의 일부이자 재난을 피하는 수단이다

제 12 장

무슬림들은 '전쟁은 곧 속임수이며 또 거짓말은 전쟁의 중요한 요소'라고
믿고 있다. 이 장에서는 거짓말들이 무슬림들에게는 어떻게 허락되는지 특
정 상황들을 살펴볼 것이다.

비무슬림 국가에 살면서 비무슬림들에게 거짓말하기

철학자인 이븐 타이미야(Ibn Taymiyah, 1263~1328)는 『무함마드를 비난하는
자의 목에 들이댄 칼』 *The Sword on the Neck of the Accuser of Muhammad*이라
는 책을 썼다. 그는 무슬림들의 힘이 약한 단계에서 어떻게 처세를 해야 하
는 지에 대해 잘 설명해 주고 있다.

비무슬림 국가에서 살며 힘이 약한 단계에 있을 때 믿는 자들은 성서의 사람들(즉 유대인들과 기독교인들)이 알라와 그의 선지자를 향해서 어떠한 모욕을 줘도 그들을 용서하고 인내해야 한다. 또한 믿는 자들은 자신의 목숨과 종교를 지키기 위해서는 성서의 사람들에게 거짓말을 해야 한다.[1]

다시 말하면 비무슬림 국가에서 소수집단일 경우, 자신들을 보호하기 위해서는 비무슬림들에게 거짓말을 해도 좋다는것이다. '적의 손을 벨 수 없다면 그곳에 키스를 하라.'[2]는 이슬람 속담이 있다. 선지자 무함마드의 삶과 가르침이 메카에서와 그 이후에 어떻게 다른지 여기에서 뚜렷해진다. 메카의 평화로운 어린양은 메디나로 이주한 후에 온 아라비아 사막을 위협하는 울부짖는 사자가 되었다.

내가 자란 이집트에서는 국민의 대다수가 무슬림이었기 때문에 나는 살면서 소수민족의 약한 단계를 경험한 적이 전혀 없다. 우리 무슬림들은 자기가 원하는 방식으로 믿음을 실천했다. 이집트에서는 기독교인들이 힘없

---

[1]. 샤피이 역사가 이븐 카티르는 1293~1294년의 사건들 가운데 증인들에 의해 선지자를 저주했다고 보고된 아사프 알-나스라니(*Assaf al-Nasrani, 기독교인*)의 사건에 대해 이야기한다. 이븐 타이미야와 동료인 알-파라키(al-Faraqi)가 폭행 구타를 선동함으로써 아사프와 그의 베두인족 옹호자를 매질하고 집에 가두는 사건에 연루된 듯했다. 이것이 이븐 타이미야의 저자인 『(신의) 선지자를 모욕하는 자를 향해 뽑은 날카로운 칼』(*Kitab al-sarim al-maslul 'ala shatim alrasul*)의 뒤에 숨겨진 에피소드였다.

[2]. 이븐 알-카이엠(Ibn al-Kayim), 『순수한 자와 순수하지 않은 자』(*Al-taib Wal Khabith*)(레바논 메이루트, Dar al-Al[지식의 집], n.d.), 199쪽.

＊ 3대 원리주의자= 이븐 타이미야, 이븐 카티르, 이븐 알-카이엠이다.

는 소수였다. 나는 기독교인들에게 거짓말을 할 이유가 전혀 없었지만, 이런 기독교인들이 이슬람 국가에서 소수민족으로 살아가며 얼마나 심한 핍박을 받고 있는지를 매일 목격했다.

반면에 미국, 캐나다, 유럽, 호주 그리고 남아프리카공화국 등의 나라에서 이슬람을 실천하는 이들도 소수민족인 약자로 살고 있다. 그래서 이런 무슬림들은 자신들을 사랑과 친절과 용서의 사람들로 포장하는데는 아주 능수능란하다. 그들은 진정으로 믿는 것과 겉으로 보여주고 싶은 이미지 사이에서 생겨나는 모든 갈등과 타협한다.

그들은 기독교인들과 유대인들과도 형제처럼 잘 지낸다. 이러한 국가들에게 이슬람이 전 인류가 가진 문제에 대한 해답이라고 제시한다. 이러한 서구화된 무슬림들은 자신들의 종교가 은혜, 자유, 공평과 조화를 나타내는 것처럼 소개한다. 그들은 이슬람을 어떤 종족이나 문화에 대해서도 편견이 없는 종교라고 표현한다.

평화협정에 대한 기만

무슬림단체들은 시간을 벌기 위해 평화회담이나 평화협정 등을 이용해서, 새로운 계획을 만들고 승리를 위한 준비 태세를 갖춘다.

무슬림 군사지도자들은 시간을 벌기 위해 상대가 듣고 싶어하는 말은 무엇이든지 말하다가도 합의 했던 것을 지켜야할 때가 되면, 내가 언제 그랬냐는 것처럼 전혀 새로운 모습인 이중성을 보인다.

현대 역사에서 이런 평화협정들의 대부분이 아무런 결과를 얻지 못했음을 우리는 목격해왔다. 남부 레바논에서 무슬림단체인 헤즈볼라와 아말 간에 있었던 모든 협정은 하나의 예에 지나지 않는다. 더 중요한 예는 이라크와 이란 사이에 있었던 9년간의 평화회담인데, 결국 지독한 전쟁을 불러 일으켰다.

나는 정부와 이슬람 무장단체인 알-가마아 알-이슬라미아(al-Gama'a al-Islamiyya)가 싸우는 동안 이집트에서 무슨 일이 있었는지 똑똑히 기억하고 있다. 이슬람무장단체의 지도자들은 전투를 중지하고 기꺼이 협상에 임할 의지가 있다고 발표했다. 그러나 그것은 조직을 재편성하고 이전보다 훨씬 더 강하게 정부를 공격하기 위한 시간을 벌기 위한 책략일 뿐이었다. 이슬람단체들은 꾸란과 선지자 무함마드의 가르침과 역사에 대한 이해를 기반으로 거짓말과 교묘한 속임수를 이용해왔다.

이와 같은 사실들이 이슬람법에 명백하게 나타나 있음에도 불구하고 내가 묘사하는 이슬람에 대해 많은 사람들이 동의하지 않을지도 모른다. 그래서 무함마드의 행동이 이슬람법의 기초인 만큼 무함마드가 어떻게 거짓말을 이용했는지 지금부터 살펴 보고자 한다.

이슬람 신앙을 부인하다

선지자 무함마드가 이슬람이나 자신의 선지자라는 것을 부인해도 좋다고 최초로 허락했던 사람은 아마르 벤 야세르(Amar Ben Yasser)였다.[3] 무함마드의 친구였던 야세르는 꾸라이시족에게 붙잡혀서 인질이 되었다. 꾸라이시족은 야세르를 심하게 고문했고, 그래서 그는 자유를 얻기 위해 무함마드와 이슬람을 부인했다.

야세르는 풀려나자마자 무함마드에게 돌아가서 무슨 일이 있었는지를 고백했다. 선지자 무함마드는 만일 그런일이 다시 생긴다면 치욕스럽게 여기지 말고 똑같이 행동하라고 야세르에게 말했다.

무함마드는 적들 중 하나인 샤반 빈 칼리드 알−힌디(Sha'ban Bin Khalid Al-Hindi)가 무슬림들과 싸우기 위해 자신의 군대를 훈련시키고 있다는 소식을 들었다. 무함마드는 알−힌디를 암살하기 위해 압둘라 빈 아니스 알조하니(Abdullah bin Anis Aljohani)를 보냈다. 알조하니는 무함마드에게 자신이 죽여야 할 사람에 대해 설명해 달라고 말했다. 이에 무함마드는 그에게 적들의 군대에 합류하여 이슬람과 무함마드를 저주하는 방법을 쓰면 알−힌디를 찾을 수 있을 것이라고 일러주었다. 무함마드의 부하인 알조하니는 적군의 주둔지로 향했다.

적군의 대장이 누군지를 찾아낸 그는 알−힌디 앞에서 무함마드와 무슬림들을 저주했다(중략). 알조하니는 알−힌디와 친분을 맺어 가까운 사이가 되자 어느 날 잠들어 있는 그의 목을 베어서 머리를 무함마드에게 바쳤다.

여기서 우리는 선지자 무함마드의 부하가 임무를 완수하기 위해 거짓

---

3). 이븐 카티르, 『시작과 끝』
4). 같은 책.

이슬람과 테러리즘
− 그 뿌리를 찾아서

말-신앙을 부인하고 선지자 무함마드를 저주하는- 을 이용했음을 알 수 있다.[4]

무슬림을 속이는 무슬림들

전쟁 중에는 무슬림들은 필요하다고 생각되는 경우 같은 무슬림들에게도 거짓말을 한다. 이는 이라크의 전 대통령 사담 후세인과 이집트의 전 대통령 호스니 무바라크* 사이에 있었던 일화를 예를 들어 설명해 본다.

무바라크는 이라크가 쿠웨이트를 침공하기 하루 전날 후세인과 정상회담을 위해 바그다드를 방문했다. 무바라크의 중재를 받아들인 후세인은 무바라크에게 쿠웨이트를 침략하지 않겠다는 철통 같은 약속을 받아냈는데, 무바라크는 카이로에 도착하자마자 쿠웨이트 침공 소식을 들었다.

후세인은 동료 무슬림에게 조차 거짓말을 했고, 자신이 뱉은 말을 24시간도 지키지 않았다. 이 때문에 이집트대통령인 무바라크는 대단히 화를 냈다. 이들은 국가 간의 정상들 약속마저도 목적을 위해서라면 휴지조각처럼 여긴다.[5]

---

5). 이라크가 쿠웨이트를 침공한 첫날이 지나고 이집트 대통령이 했던 전국 연설에서.
* 호스니 무바라크 이집트대통령은 2011년 2월 이집트민주화운동으로 인해 권좌에서 추출되었다.

거짓말에 대한 보편적인 생각

위에서 얘기했듯이 이슬람은 전쟁 중에는 거짓말을 정당화하며 실행에 옮긴다. 거짓말에 대한 일반적인 태도는 무함마드가 제일 아끼던 아내 아이샤(Aiysha)에 관한 일화를 통해서도 무수히 많이 전해 내려오고 있다.

악을 물리쳐주는 거짓말은 좋은 것이다

아비 하미드 알-가하자리(Abi Hamid Al-Gahazali, 수피파 창시자)는 말했다. 거짓말은 그 자체로는 죄가 아니지만, 그 거짓말이 네게 해를 입힌다면, 그것이 악한 것이 됨을 알아라. 그러나 그 거짓말이 너를 악으로부터 구해주거나 부를 가져다준다면 거짓말을 해도 좋다.[6]

우리는 이슬람 역사와 무함마드의 전기를 통해 무함마드의 아내들 중 아이샤와 제넵(Zeneb) 사이에 엄청난 질투와 암투가 있었음을 알 수 있다. 제넵의 여동생은 아이샤가 다른 남자와 불륜을 저질렀다는 소문을 퍼뜨렸다.[7] 이슬람에서는 간통을 저지르면, 돌로 치는 형벌이 내려지므로 그녀는 언니인 제넵을 돕기 위해서 그런 행동을 했다.[8]

---

6). 아비 하미드 알-가하자리(Abi Hamid Al-Gahazali), 『종교 서적들의 부흥』 *Ehia Al-Owlam Al-Den* (이집트 카이로, Maktabet al-Turas, 1971), 3쪽, 137쪽).

7). 꾸란은 꾸란 24:11에서 "중상모략을 불러오는 자들"이라고 말함으로써 이 사건을 언급한다.

무함마드의 가장 친한 친구들과 가까운 지인들까지도 아이샤가 불륜을 저질렀을 것이라고 확신했지만, 아이샤는 불륜 사실을 부인했다. 이 경우 거짓말은 '돌로 치는 형벌'인 악한 행위를 물리쳐 줄 수 있기 때문에 용인될 수 있었다.

요점 정리

지금까지 보았듯이 거짓말과 속임수는 이슬람적인 사고방식의 한 부분이다. 서구적인 생각으로는 이 사실을 받아들이기 어려울 것이다. 인정하기 어려운 또 한 가지는 모스크가 단지 종교적인 활동만을 위한 것이 아니라는 사실이다. 모스크는 지하드를 지원하기 위해 사용되는데 이는 미국이 아프가니스탄을 폭격할 당시에도 더욱 명확해졌다.

---

8). 싸히 알-부카리, 1세트 9권, 영어 변역 무신 칸(이집트 카이로: Dar Ah'ya Us-sunnah), 제8권, 2편, 805호. 이 자료는 2005년 11월 8일, 남캐리포니아 대학 웹사이트에서 구했다. http://www.use.edu/dept/MSA/fundamentals/hadithsunnah/bukhari/082.sbt.html#

무함마드는 모스크를 어떻게 이용했나

- 예배당 / 전쟁기지

제 13 장

2001년 10월 23일, 미국은 아프가니스탄을 폭격하던 당시 모스크를 폭파시켰다. 레바논 뉴스센터는 "안에서 기도하던 사람들이 죽었거나 다쳤다."[1]라고 항의했다. 반면 「워싱턴 포스트」는 "최근 피난민들의 말에 의하면 탈레반이 군사장비와 군인들이 공격을 받지 않도록 모스크와 학교를 비롯한 여러 민간단체로 옮기기 시작했다"고 보도했다.[2]

이 사건은 두 가지 사실을 분명히 설명해 준다. 전쟁 중에 속임수가 사용된다는 것과 모스크가 전쟁용 군사기지로 사용된다는 것이다.

---

1). 인터넷 출처: "미 폭탄이 모스크에 명중, 예배자 15명 사망", www.leban-guide.com 의 레바논 뉴스센터(2001년 10월 24일).
2). 윌리엄 브래니긴(William Branigan)과 라지브 찬드라세카란(Rajiv Chandrasekaran), "밀고자들이 죽음의 습격을 가능케 하다", 워싱턴 포스트(2001년 10월 25일자), A10쪽.

모스크는 교회나 회당이 아니다

서구의 언론매체들이 인터뷰 대상으로 삼고 있는 대부분의 무슬림은 '이슬람을 오직 종교'로만 소개한다. 그들은 사랑이 이슬람 핵심 가르침이며, 모스크는 교회나 유대교의 회당처럼 무슬림들이 예배하는 장소라고 강조한다.

그러나 선지자 무함마드의 시기에는 모스크가 단지 예배의 장소 뿐만 아니라 무기를 보관하고 군사전략을 세우는 곳이기도 했다. 무함마드가 메디나에 있었을 때, 그가 일으킨 모든 전쟁의 총 지휘 본부로 모스크를 이용했다. 그의 사후에도 무함마드의 계승자들은 같은 목적으로 모스크를 이용했다. 이슬람에서 모스크는 예배, 재판, 전쟁 전략과 정치의 중심지이다. 이는 이슬람이 종교인 동시에 정치체제이기 때문이다. 이슬람은 '펜이면서 동시에 칼'이다.

선지자 무함마드는 무슬림들에게 모스크가 유대교의 회당이나 교회와는 다르다고 분명히 말했다. 메디나에 있는 그의 모스크(이슬람의 두 번째 성지, 聖地)에서 무함마드는 전쟁 전략을 구상했고, 재판을 열고, 찾아오는 족장들을 맞이했다. 그것은 펜타곤(미국 국방부), 백악관 그리고 미국의 대통령 관저와 대법원을 한 자리에 모아놓은 것과 같았다. 이슬람 세계는 모스크에 의해 통치되었다. 이슬람 세계는 모스크에서 모든 명령이 내려지고, 모스크에 의해 지배되었다. 그리고 전투 명령이 내려지면, 모스크에서 공표하였다.

무함마드 이후의 통치자들은 이 관습에 의해 부족들을 지배했다. 이슬람 역사를 살펴보면 모든 지하드는 모스크에서 나왔음을 알 수있다.

이집트 테러리스트들의 모스크 활용

현대에도 모스크는 여전히 전쟁 본부로 사용되고 있다. 이집트의 이슬람 무장단체들이 그 좋은 예다. 1986년 이집트 경찰은 국가안보를 담당하는 총리 자키 베드르(Zaki Bedr)로부터 이집트 남부의 여러 모스크들을 공격하라는 명령을 받았다. 이슬람 테러리스트들이 그 모스크들을 이용하고 있었기 때문이다. 모스크에 대한 공격은 온건한 무슬림들을 무척 화나게 만들었다.

다음은 베드르가 공격을 명령한 이유를 설명하고 반대당 대표인 모함메드 마흐포즈 헬미(Moham med Mahfoz Helmy)가 공격을 명령한 행동에 대해 왜 의문을 가졌는지에 대해 이집트 의회에서 논쟁한 설전 내용이다.

헬미: 내가 질문을 하는 것은 당신이 잘못했다고 비난하기 위해서가 아니고, 국민의 대표로서 이집트 남부의 치안당국이 취한 행동에 대한 설명을 요구하는 것입니다. 정부가 모스크 안에서 예배 드리던 무슬림들을 놀라게 하고 체포한 것은 이슬람에 대한 모욕이라고 생각합니다.

베드르: 우리는 과격한 이슬람 무장단체들이 시민과 경찰에 대한 공격을 계획하고 실행에 옮기는데 모스크를 사용한다는 정확한 정보를 입수했습니다. 더 정확히 말하자면, 1986년 10월 31일 금요일 우리는 아수트(Assout)의 시민들과 경찰들에게 대규모 공격을 준비하기 위하여 무

기와 사람들을 모스크로 이동시키는 이슬람 단체들의 테러리스트들을 감시하고 있었습니다. 그들의 공격으로 인해 6명의 고위 경찰간부와 17명의 경찰들이 부상을 입은 초유의 사태가 발생했습니다. 그래서 우리는 모스크를 급습해 많은 불법 권총과 무기들을 압수했는데 모스크 안에는 이미 죽은 시민들의 사체들도 여기저기 널려져 있었고 이슬람 무장단체의 테러리스트들도 숨어 있었는데, 조사를 한 후에 57명 중 2명은 석방시키고 나머지 55명을 수감시켰습니다. 모스크가 군사 거점으로 사용되었던 것이 이번이 처음이 아닙니다. 이미 이곳 모스크 침입이 있기 5일 전에도 다른 곳의 침입이 있었습니다. 1986년 10월 26일 안보국은 이슬람 원리주의자들이 금요기도회가 끝나자마자 경찰과 시민들을 공격하기 위해 주요 계획을 세웠다는 정확한 정보를 입수했습니다. 그래서 이 계획을 중지시키고 국가안보를 지키기 위해 최고의 정예부대를 파견했습니다. 부대가 도착하고 잠시 후 모스크 안에 이슬람 무장단체의 테러리스트들이 120명 정도 모여 있는 것을 확인했습니다. 이들은 그날 일반 무슬림들이 모스크에 기도하러 들어오지 못하게 막고 있었습니다. 우리는 그들을 몰래 감시하며 어떻게 행동하는지를 지켜보기 위해 대기해 있었습니다. 그들이 계획을 실행하기 위해서 모스크 밖으로 첫 발을 내딛자마자 즉시 모스크를 공격하여 121명을 체포했습니다.

계속해서 베드르는

이 두 사건을 통해 안보국은 모스크가 급진적인 무슬림들의 모임 장소이자 본부임을 알게 되었습니다. 내가 총리직에 있는 한, 이를 용인하지 않을 것입니다. 그들이 이슬람의 깃발을 세운다 할지라도 우리는 뭉쳐서 우리나라에 대한 테러의 위협과 싸우는 것에 힘을 합할 것입니다. 나는 야당이 주장하는 것처럼 이 공격에 대한 내 책임을 부인하려 하지 않겠지만, 위대한 이집트의 국민으로서 나는 우리 정부와 연합하여 우리 국가를 안전하게 지키기 위해 테러의 위협에 굴복하지 않고 강경하게 대처할 것을 야당에 요청하는 바입니다.[3]

현대 역사를 통해 우리가 알 수 있는 것은 이슬람의 무장단체인 알-가마아 알-이슬라미야가 공격을 계획하고 무기들을 숨기는 장소로 모스크를 이용했다는 사실을 기록을 통해서도 알 수가 있다. −이들은 선지자 무함마드의 본을 따르고자 한 것이다.

---

3). 마흐무드 푸지(Mahmoud Fouzi), 『모함메드의 사임에 대한 비밀』Abed Al-Halim Mousa,제2판(이집트 카이로: Maktabat Al Hiyat[생명의 도서관], n.d.), 40쪽.

SECTION 4
현대 지하드의 발달

테러리즘의 선조
– A.D. 600년대부터 1800년대까지

제 14 장

이제부터 여러분은 1200년에 이르는 이슬람역사 속으로 여행을 시작할 것이다. 여행을 하는 중에 여러분들은 오늘 날 시행되고 있는 지하드의 원칙을 만들어낸 사건들과 인물들을 만나게 될 것이며, 이 장에서는 무함마드 시대에서부터 1800년대까지를 설명하게 될 것이다.

- 이슬람과 무함마드 및 꾸란을 거부하는 지도자들과 정부들을 공격하는 행위에 대한 논리적 배경.
- 여성들과 아이들을 죽이는 일에 대한 정당화.
- 질 것을 알고 있음에도 불구하고 싸워야 한다는 신념.
- 무함마드 손자의 자살행위 같은 임무.
- 적을 공격하기 전 마리화나에 취했던 11세기 테러리스트들.

살인을 위한 좋은 명분

자, 지금부터 여러분과 내가 무함마드의 일생에서 몇 장의 스냅사진을 찍으면서 여행을 시작해보자. 무함마드의 삶 중에서 다음의 장면들을 떠올리며 예수님도 그와 똑같이 행동하셨다면 어땠을까를 상상하는 것도 흥미로울 것이다.

무함마드가 A.D. 622년에 메디나로 이주했을 때 그는 그곳에서 가장 큰 세력을 가진 많은 유대인 부족들이 자신을 거부하는 것을 알았다. 베니 나디르(Beni Nadir) 족장은 말과 행동으로써 그를 거부했다. 시(詩)에 뛰어났던 족장은 무함마드와 그의 가르침을 비난하는데 시를 능수능란하게 사용했다.

그러나 이 시 때문에 그는 그 지역에서 가장 영향력 있고 경쟁심이 강하며 이슬람으로 개종한 유대인 부족 알-아우스(al-Aus)와 충돌하게 되었다(사실은 유대인들도 개종했다). 시를 들은 그들은 무함마드의 환심을 사기 위해 시를 지은 카브 이븐 알-아시라프(Ka'b ibn al-Ashraf)를 죽일 계획을 세웠다. 그들은 나디르의 친형제를 설득하여 알-아시라프를 죽이게 만들었다(그들의 어머니는 유대인이었지만 아버지는 아랍인이었다).

부족들 간에 무함마드의 환심을 사기 위한 경쟁이 심했기 때문에 역시 이슬람으로 개종했던 유대인 부족 알-카즈라즈(al-Khazraj)도 알-아우스의 경쟁상대로 무함마드가 좋아하지 않는 사람들을 죽이려고 찾아다녔다. 무함마드의 비위를 맞추기 위해서 살해되었던 두 번째 희생자는 압바 라파 살람(Abbah Rafah Salam)이었다.

한편, 선지자 무함마드는 마라완(Marawan)의 딸인 오사마(Osama)라는 여성을 죽이라고 명령했다. 그녀 역시 시를 이용하여 무함마드와 그의 가르침을 비난했기 때문이다.[1]

베니 나디르(유대인 시인)의 죽음은 아랍인들에게 부정적으로 받아들여졌다. 무함마드의 사촌이자 초기 추종자들 중 한 명이었던 알리 이븐 아비 탈립(Ali ibn Abi Talib)은 살인을 지시한 무함마드의 명령을 변호해야 할 책임을 느꼈다. 그는 알라가 가브리엘 천사를 무함마드에게 보내어 이 사람을 죽이라고 명령했다고 말했다. 그 다음에 그는 이 살인의 음모에 알라의 명령이 있었다는 것을 확증하기 위해 시를 지었다. 이 세 번의 살인을 통해 기본적인 행동에 대한 원칙이 세워지게 되었다.

원칙	누구든지 무함마드와 그의 가르침에 대항하거나 동의하지 않거나 지지하는 않는 자는 죽여야 한다.

무함마드가 여자와 아이들을 죽이는 것을 허락하다

이슬람의 선지자가 적들의 여자들과 아이들을 죽이는 것에 대해 어떻게 말했는지 알아보자.

---

1). 이븐 히샴, 『무함마드의 삶』.

이슬람과 테러리즘
– 그 뿌리를 찾아서

선지자 무함마드는 다신교(여러 신들을 믿음)이거나 이교도인 사람들의 여자들과 아이들을 죽여도 좋은지에 대해 질문을 받은 적이 있었다. 그는 "나는 그들을 그들의 부모와 똑같이 여긴다."라고 대답했다. 다시 말해 부모가 이교도라면 그 아이들을 죽이는 것이 허락된다는 것이다.[2] 이슬람의 선지자가 이렇게 생각했기 때문에, 오늘날 오사마 빈 라덴과 알-카에다 역시 여자들과 아이들을 죽여도 된다고 당연히 생각하고 있는 것이다.

이슬람법을 어기는 지도자들을 죽이는 것

역사기록에 의하면 무함마드는 장기간의 열병을 앓다가 A.D. 632년에 죽었다. 그를 계승하는 세 번째 지도자인 우스만 이븐 아판(Uthman ibn Affan)은 백성들을 통치하는 자신의 지도력에 대해 많은 반대에 부딪쳤다.

그는 금전 관리, 도덕적 실패, 그밖의 범죄들로 인해서 고발당했다. 심지어 다른 여러나라에서 온 무슬림 집단도 그의 집을 둘러싸고 우스만의 사임을 요구했다. 그러나 우스만은 이런 위협에 굴하지 않고 통치권을 포기하지 않겠다고 알라에 대고 맹세했다.

며칠이 지나자 무슬림들은 우스만의 집에 들어가 명상하며 꾸란을 읽고 있는 그를 발견하고 그 자리에서 죽였다.

원칙 이슬람법을 따르지 않는 통치자나 지도자를 죽이는 것은 당연하다.

그의 사후에 이슬람 세계는 달라지기 시작했고 이슬람은 영원히 두 갈래로 나누어지고 말았다.

거짓 약속이 무슬림들 사이에 분열을 일으키다

이슬람의 세 번째 지도자가 살해된 후에, 무함마드의 사촌이자 사위인 알리 이븐 아비 탈립(Ali ibn Abi Talib)은 이슬람의 네 번째 지도자로 뽑혔다. 알리는 무함마드의 오른팔 같은 가장 가까운 보좌관이었기 때문에 많은 이들에게 존경받고 있었다.

그러나 엘-샴(El-Sham, 시리아의 지도자)은 이 임명에 반대했다. 이유는 살해당한 전 지도자 우스만과 같은 집안이었기 때문이다. 그래서 엘-샴의 지도자는 알리에게 우스만을 죽인 자들을 체포하여 재판해 줄 것을 요구했다. 알리는 대답했다. "거기에는 수천 명이 있었소. 그 중에 누구를 체포해야 합니까? 또 누구를 재판해야 합니까?"

이것이 전쟁의 시작이었다. 반대파 대표인 무아위야 이븐 아비 수피안(Muawiya ibn Abi Sufyan)은 알리와 수많은 전투를 했다.

알리의 추종자들은 의견이 나누어졌다. 한쪽은 싸우는 것에 반대하며, 알리에게 전쟁을 멈추라고 청원했다. 그들은 양쪽에서 꾸란을 잘 아는자를 대표로 선택하여 해결책을 찾기를 원했다.

간단히 말하자면 무아위야의 대표는 알리의 대표에게 전쟁을 끝내기 위한 협정을 제시했다. 그 내용은 알리의 추종자들이 알리를 칼리프 자리에서 물러나게 한다면 그 반대편도 무아위야를 대표자리에서 물러나게 해야 한다는 것이었다. 그리고 무슬림들이 꾸란에 의하여 합당하게 보이는자를 선출한다는 것이다.

알리의 추종자들은 그들의 말을 듣고 약속을 지켰고, 알리를 칼리프 자리에서 물러나게 했지만, 무아위야의 추종자들은 약속을 지키지 않았다. 대신에 그들은 무아위야가 무슬림들을 위한 유일한 계승자임을 선언했다.

엘-카리즈가 알리를 살해하다

A.D. 660년에 이슬람 세계는 두 무리들 - 알리를 따르는 자들과 무아위 야를 따르는 자들로 나뉘어졌다. 알리의 추종자들은 시아파였고 무아위야 의 추종자들은 수니파였다.

시아파에서 새로운 조직이 분리되어 나왔는데 엘-카리즈(El-Kharij)라고 불렸다. 오늘날의 지하드 조직들처럼 엘-카리즈 역시 개혁을 외쳤다. 그들 은 무함마드가 시행했던 그대로 이슬람을 시행하기를 원했다.

엘-카리즈는 그들 모두 -알리와 무아위야, 무아위야의 대리인까지- 죽 이는 것이 최선책이라고 결정했다. 이 세 지도자들을 죽임으로써 무슬림들이 무함마드 시절처럼 한 명의 지도자가 통치하는 체제로 돌아갈 수 있을 거라고 생각했다.

그래서 무슬림들 사이에서 무척 존경받았던 알리였지만 죽일 수밖에 없었고, 엘-카리즈의 테러리스트들 중 한 사람이 알리를 죽이는데 성공했다. 그들의 영적지도자인 엘-카리즈는 즉시 자신들이 한 행위를 꾸란의 구절을 인용하며 정당하다고 주장했다(꾸란 2.204, 207).

알리의 살해는 많은 이슬람 무장단체들이 믿는 것이 무엇인지 보여주는 가장 중요한 예시가 된다.

원칙 정부나 지도자가 꾸란에 의한 행동을 하고 있지 않음이 발견되면, 무슬림들은 그들을 배교자요, 이교도라고 선언할 권리가 있다. 이슬람은 배교자나 이교도들을 죽임으로써 처리한다.

이것은 이슬람 역사 속에 있는 테러리즘의 또 다른 뿌리이다. 엘-카리즈의 원칙과 신념은 그때부터 모든 제국, 왕조, 사회나 국가에 테러위협을 주었다. 오늘날 세계 여기저기에서 우리가 보게 되는 이슬람 민병대들은 엘-카리즈의 뒤를 이어 나왔다. 엘-카리즈는 영향력이 매우 크기 때문에 그들의 신념을 다시 한번 잘 살펴보기로 한다.

엘-카리즈의 신념

'엘-카리즈'는 '나가는 자'라는 의미의 아랍어이다. 이슬람 역사에서 이 시기에 엘-카리즈는 신의 법과 꾸란에 의해 행동하지 않는다고 그들이 생각했던 지도자나 정부의 지배로부터 벗어났다. 다음은 그들의 핵심신념들 중 일부이다.

■ 그들은★ 알라의 법 이외에는 법이 없다고 믿었다. 그들은 무함마드의 몇몇 친구들을 포함한 많은 이맘들(기도 인도자들이나 무슬림 설교자들)을 이교도라고 선언했다.

■ 그들은 모든 무슬림들이 꾸란을 따르지 않는 지도자들(무슬림이나 비무슬림)에 맞서는 지하드의 부름에 순종하기를 요구했다. 누구든지 지하드에 참여하지 않으면 이교도로 낙인찍혔다.

■ 그들은 이교도들의 여자들과 아이들을 죽일 권리가 있다고 생각했다.

■ 그들은 무슬림들에게 이교도들의 여자들과 아이들 그리고 모든 물질적인 소유물을 마음대로 할 권리가 있다고 믿었다.

■ 그들은 암살과 부정직, 불신과 불충함이 이슬람의 한부분으로 견고히 자리잡게 했다.

그들의 신념은 이슬람 역사 안에서 계속 실행되고 있고 실천되어 왔다.

무함마드 손자의 자살행위 같은 임무

A.D. 680년 무아위야가 죽은 후, 그의 아들 야지드(Yazid)가 이슬람제국의 통치권을 물려받았다. 그리고 예상했던 대로 알리의 아들이자 당시 시아파의 지도자였던 알-후세인(al-Husayn)은 그를 인정하지 않았다.

알-후세인은 자신이 이슬람제국의 차기 지도자가 되어야 한다고 주장했다. 그의 아버지는 무함마드의 오른팔이자 사촌이었을 뿐 아니라 그의 어머니는 무함마드의 딸인 파티마였다.

알-후세인은 야지드를 물리칠 만한 병력이나 무기가 충분하지 않은 것을 알고 있었지만, 야지드와 싸우기 위해 이라크로 갔다. 알-후세인은 자신의 아버지가 죽었던 같은 해에 카르바라(Karbala)라는 도시에서 죽임을 당했다. 시아파는 그들의 지도자의 죽음을 통해 새로운 원칙을 배웠다.

> **원칙** 악과 싸우는 것은 반드시 해야 할 일이다. 이기거나 죽는 것은 문제가 아니다. 이기면 승리의 영광을 누릴 것이고, 죽는다면 알라로부터 영광을 받을 것이다. 악과 싸우는 것은 그 결과가 어떻든 영광스러운 일이다.

이 신념을 근거로 하자면 알-후세인은 이슬람의 순교자였다. 오늘 날까지도 그는 매우 존경을 받고 있으며, 특히 시아파 무슬림들 사이에서 자기 희생의 좋은 본보기의 예로 내려오고 있다.

이런 신념들은 무슬림들이 죽음을 불사하고 테러에 자원하려는 이유를 더 깊이 이해하게 해준다. 그들이 상황을 크게 변화시킬 수 없을지는 모르지만, 그들은 순교자이며 이슬람의 영웅으로서 죽을 기회를 얻는 것이다.

마리화나 전사들

11세기의 조직을 일컫는 마리화나 전사라는 이름은 '해쉬시(마리화나에서 비롯된 것)를 피우거나 먹는 사람들'의 아랍식 표현이다. 엘-하샤쉔(El-Hashashen)은 '적을 죽이는 것이 순교다' 라는 이슬람의 명령을 믿고 따르는 시아파 무슬림들의 조직이다. 이 조직은 하산 엘-사바하(Hassan El-Sabaah)가 11세기에 세운 조직이다.

이 조직의 전사(戰士)들은 자살 임무를 실행하기 전에 반드시 해쉬시 마약을 마신다. 그들은 마약에 취해 있는 동안 자신들이 많은 아름다운 여자들과 정원에 있는 모습을 상상했다. 취한 상태에서 천국이 어떨지를 조금 느껴본 그들은 서둘러서 임무를 수행하고 진짜 천국을 얻으려고 무작정 달려 나가는 것이다.

이 조직은 빠르게 성장했고, 페르시아와 이라크 곳곳에서 엄청난 암살과 살인 임무들을 완수했다. 이 조직의 테러리스트들은 수니파의 많은 군사 지도자들과 정부 관리들을 암살했다. 12세기 초에 엘-하샤쉔은 중동의 전 지역에 걸쳐 퍼져 나갔다. 그 어떤 통치자들도 그들의 괴롭힘을 면하지 못했고, 안전을 보장 받지 못했다.

이븐 타이미야와 무관용

14세기 초에 아주 강력한 수니파 지도자가 등장했다—이븐 타이미야(Ibn Taymiyah)는 1263년(661 A.H.) 시리아의 하란(지금의 터키)이라는 도시에서 태어났다.

시리아를 침략한 몽골인과 전투를 벌였던(1299~1303) 이븐 타이미야는 몽골 무슬림들은 참무슬림들이 아니며, 자신의 백성들은 그들의 지배에 복종해서는 안 된다고 가르쳤다. 또한 타이미야는 몽골인들에게 복종하고, 그들을 돕거나 거래를 하는 사람은 누구나 그들 —이교도와 같다고 선언했다. 이때부터 이븐 타이미야는 많은 무슬림들을 이교도라고 선포하고 그들을 공격하면서 군사 지도자처럼 행동했다.

이븐 타이미야는 무관용의 사고방식을 정착시켰다. 그는 몇 세기 전에도 실행되었던 원칙들을 강화시켜 나갔다.

원칙
△ 무슬림들은 오직 이슬람법에 따라서 나라를 통치하지 않는 모든 이슬람 정부에 저항하고, 싸우고, 그들을 전복시켜야 한다.
△ 무슬림들은 이슬람과 다른 신념을 가진 자는 누구든지 특히 유대인들과 기독교인들에게 지하드를 실행해야 한다.

우리는 지난 두 세기 동안 벌어지고 있는 이슬람에서 이븐 타이미야가 끼친 영향들을 아주 많이 보아왔다. 오늘날의 테러리즘은 무관용의 사고방식이 가져온 결과이기도 한 것이다.

와하비 운동

무함마드 이븐 압둘 알−와합(Muhammad ibn Abd al-Wahab, 1703~1792)은 이븐 타이미야가 세웠던 것과 같은 토대를 기반으로 와하비(Wahhabi) 조직을 이끌었다. 이 조직은 터키정부에 저항하고, 싸우고, 터키정부를 전복시켰다. 압둘 알−와합은 백 퍼센트 새로운 이슬람 국가를 세웠는데, 이것이 결국 사우디아라비아가 되었다.

오늘날 권력을 잡고 있는 사우디아라비아 왕족은 사우디아라비아를 세우기 위해 와하비와 함께 일했던 정치적 지도자 압둘 아지즈 빈 사우드(Abdul Aziz Bin Saud)의 후예들이다. 그와 동시에 사우디정부는 본래의 원칙들로 돌아가고자 하는 엘−카리즈 조직과는 대립관계에 있다. 엘−카리즈의 대표적인 예가 오사마 빈 라덴이다.

이븐 타이미야의 사고방식은 오늘 날 우리들에게 매우 큰 영향을 끼쳐왔다. 현재 많은 조직들이 그들의 정부를 전복시키고 관용이나 타협이 없이 무함마드 가르침으로 돌아가려 하고있다. 그들은군사력을 가지고 자신들의 임무를 추구하고 있으며 역사는 확실히 계속 되풀이 되고 있음을 보여주고 있는 것이다.

요점 정리

여기까지 여러분들은 무함마드로부터 시작하여 19세기까지 테러리즘의 역사적 뿌리를 살펴보았으니 이제 내가 현대 지하드의 아버지라고 부르는 인물을 만날 차례가 되었다. 그는 자신의 가르침 때문에 이집트 정부에 의해 처형되었으며, 그의 많은 저서들은 리비아, 이라크를 포함한 이집트와 다른 여러 나라들에서 금서(禁書)가 되었다. 그러나 그는 여전히 많은 영향력을 미치고 있으며, 그의 이름은 사이드 꾸틉(Sayyid Qutb)이다.

현대 지하드의 아버지
- 사이드 꾸틉: 마을에서 교수대까지

제 15 장

1920년대는 많은 중동국가들의 역사에 있어서 격정의 시기였다. 많은 나라들이 마침내 유럽의 지배-영국, 프랑스, 이탈리아, 터키-로부터 자유를 얻었거나 자유를 향해 나아가고 있었다. 이집트도 이런 나라들 중의 하나였다.

역사상 처음으로 이집트에 대통령이 탄생했다. 이집트 국민들은 드디어 자유의 빛을 다시 맛보기 시작했고, 국민들의 다수가 그들의 인생에서 최초로 자유를 경험하였다.

그런데 터키에서 일어난 폭동들로 인해 다시 이집트는 이슬람 원리주의로 몰아갔다. 1924년 터키 군사지도자인 무스타파 케말 아타 투르크(Mustafa Kemal Ataturk)는 터키에 철저히 세속적인 국가를 세웠다.

또한 그는 6백 년 동안 이슬람 세계를 이끌어왔던 이슬람 계승체제를 완전히 뒤엎어 버렸다. 요컨대 그는 무슬림 체제를 내던져버리고 서구화된 군사체제를 도입한 것이다.

무슬림들은 이에 부정적인 반응을 보였고, 이는 이집트의 무슬림들도 마찬가지였다. 이에 따라 영적 지도자인 쉐이크 하산 알-반나(Shekh Hassan al-Banna)는 이집트에서 무슬림형제단(Muslim Brotherhood Movement)을 발족했다. 이는 엘-카리즈가 또다시 시작된 것이라고 볼 수 있다. 하산의 신념은 초기 엘-카리즈와 엘-하샤쉔, 이븐 타이미야의 사고방식을 골고루 섞어 놓은 것이었다. 이집트에 대한 하산의 목표는 이슬람법을 다시 적용하고 이슬람 계승체제를 재정립하는 것이었다.

무슬림형제단은 매우 호전적이고 공격적이며, 나라의 통치권과 이슬람법을 따르지 않는 모든 사람들에 대한 증오로 가득했다. 그들은 사회를 개혁하고 이슬람 본연의 영광을 되찾으려는 목적을 이루기 위해 폭력적인 방법들을 사용했다.

이스라엘이 1948년에 국가를 수립한 후 급진적인 원리주의 조직들은 전보다 더 활발히 활동하기 시작했다. 이스라엘의 건국은 유대인들과 아랍인들 사이에서 수 많은 전쟁의 시작이 되었다.

원리주의자들은 목적을 이루기 위해 얼마든지 기꺼이 목숨까지 아낌없이 버릴 수 있는 반체제적이고 증오로 가득찬 무슬림조직들을 많이 만들어냈다. 그들의 악의는 유대인들에게만 향한 것이 아니었다. 그들은 추종자들에게 이집트의 지도자들과 그 밖의 아랍세계도 진정한 무슬림이 아니라고 가르쳤다.

그들은 이슬람법이 정부의 간섭이나 다른 신앙을 가진 사람들을 전혀 용납하지 않는 방식으로 적용되어야 한다고 공격적으로 가르쳤다. 이렇게 호전적이고 극도로 폭력적인 조직들은 암살에 그들의 활동을 집중시켰다. 그들의 사고방식으로는 살인만이 이슬람 국가들이 꾸란과 이슬람법에 다시 복종하게 만드는 유일한 길이었다.

1948년, 무슬림형제단은 이집트 국무총리인 마흐무드 노크라쉬 파샤(Mahmoud Nokrashy Pasha)를 암살했다. 1949년, 이집트의 새 국무총리 이브라힘 압델 하디(Ibrahim Abdel Hadi)의 암살을 시도했다가 대신에 대법원 판사인 무스타샤 아흐마드 엘-카젠다리(Moustashar Ahmad El-Kazendari)를 죽였다.

이런 사회적인 분위기 속에서 한 총명한 이집트 젊은이가 미국에서 학위를 마치고, 교육계에서 전도유망한 출세의 길을 걷기 시작했다. 1906년에 이집트 남부에서 태어난 그는 1948년에 정부에 의해 발탁되어 특별한 교육방식들을 공부하기 위해 미국으로 유학을 가게 되었다. 미국에서 유학을 마치고 이집트로 돌아온 후에 그는 무슬림형제단에 동참했다. 이 젊은이가 현대 지하드의 아버지(창시자)라고 일컫는 사이드 꾸뜹이다.

미국으로 유학을 떠났고- 그 곳이 정말 싫었다!

미국으로의 유학은 꾸뜹을 처음으로 이집트에서 벗어나게 만들었다. 그는 미국을 향한 시기와 적개심으로 가득 찬 채로 이집트에 돌아왔다. 다음은 그가 미국에 있는 동안 친구에게 보냈던 편지에서 인용한 글이다.

교육, 지식, 기술, 상업 그리고 문화에 있어서 미국인들처럼 뛰어난 사람들을 지구상에 그 어디서도 찾아볼 수 없을 거야. 하지만 미국인의 가치관이나 도덕, 신념들은 인간의 기준 이하라네.

꾸틉은 미국에 있었을때 워싱턴 D.C., 캘리포니아, 콜로라도 등에서 시간을 보냈다. 그는 미국 자연의 아름다움, 엄청난 규모, 교육 시설들과 인종의 다양함에 크게 감명을 받았다. 그러나 그는 미국의 자원이 물질만능주의에 낭비되고 있다고 생각했다.

문화의 위대함과 그 문화를 만든 사람들의 위대함은 아무런 관계가 없는 것 같아. 미국인들이 자신들의 독창성을 모조리 물질주의 생산에 쏟아 부었다는 것은 명백하지만, 인간을 위대하게 만드는 것으로 따지면 그들은 내놓을 것이 없어.

그는 종교적 신념이 없어 보이는 모습에 혐오감을 느꼈다.
세상에 미국인들만큼 교회를 많이 지은 사람들도 없을 거야. 일요일, 성탄절, 부활절 그리고 특별한 종교적 행사 때에 교회에 가면 미국인들을

사이드 꾸틉

현대 지하드 운동의 "마틴 루터"인 '사이드 꾸틉'은 그의 저서 『진리를 향한 이정표』 Signs Along the Road때문에 이집트 정부에 의해 처형당했다.

찾아볼 수 있지만, 그들은 속이 텅 비어 있고 영적인 삶은 살고 있지 않아. 미국인들이 일상생활에서 절대 생각하지 않는 것이 그들의 종교야.

또한 꾸틉은 미국의 영향으로 무슬림 세계가 이슬람의 방식에서 벗어나게 되었다는 생각에 화가 나 있었다.

비무슬림 세계만 이교도인 것이 아니라 현재의 무슬림 세계도 그 밖의 세계로부터 많은 영향을 받았다.[1]

꾸틉의 핵심적인 신념 / 꾸틉의 가장 중요한 신념

현대 지하드의 아버지, 사이드 꾸틉은 7권이 넘는 책을 저술했다. 하지만 그의 나이 59세에 이집트 정부로부터 사형선고를 언도받게 했던 그 책은 지금은 암시장에서만 찾아볼 수 있다. 이 책의 제목은 ※*Signs Along the Road (Ma'alim fi di Tareek)*이다.

이집트 정부는 가말 압델 나세르(Gamal Abdel Nasser) 대통령 재임 시절인 1965년에 꾸틉을 체포하여 사형을 선고했다. 이집트 정부는 꾸틉을 죽임으로써 정신을 오염시키는 그의 철학을 멈추게 할 수 있을 거라고 생각했다.

---

1). 아델 하무다(Adel Hamooda), 『사이드 꾸틉: 마을에서 교수대까지』 *Sayyid Qutb :From the Village to the Gallows*, 이집트 카이로: Sinai Publishing, 1987, 92~94쪽.

『진리를 향한 이정표』 *Signs Along the Road*

*꾸틉에게 사형 선고를 받게 했지만, 오늘날에도
여전히 지하드 운동을 지휘하고 있는 금서.*

이집트 정부는 전국 각 경찰에 그의 책을 모조리 회수하여 태우라고 지시했다. 그러나 일부는 지금도 건재하여 암시장에 떠돌고 있다. 나도 이집트를 떠나기 전에 그 책을 읽었다.

책의 내용은 이집트에서 급진적 무슬림들을 통해 계속적으로 이슬람 세계의 도처에 퍼져나가고 있다.[2]

사이드 꾸틉이 쓴 『진리를 향한 이정표』 *Signs Along the Road*는 오늘날 급진적 이슬람운동의 핵심 지침이 되었다. 그의 가르침을 따르며 이집트에서도 잘 알려진 조직들 중에는 알-지하드, 엘-타크피르 왈-히즈라(El-Takfir wal-Hijra, 회개와 거룩한 도주), 엘-나주네 민 엘-나르(El-Najune Min El-Narr, 지옥으로부터 구원 받다)가 있으며 그 외에도 많은 테러조직들이 있다. 꾸틉은 철

---

2). 놀랍게도 사이드 꾸틉의 책들 중에서 『이슬람의 사회적 정의』의 영어 번역본이 Amazon.com에서 실제로 팔리고 있다.

학자이며 오늘날 이슬람 테러리스트들의 영적 지도자이다.

지금부터 꾸틉의 신념에 대해 좀 더 자세히 살펴보자. 꾸틉은 세상이 무함마드의 가르침 이전—이교도와 우상을 숭배하는 식으로 퇴보했다고 생각했다.

오늘 날 우리들은 이교도들처럼 살고 있다—사람들이 행동하는 방식, 세상의 문화, 사람들이 믿고 생각하는 바가 이슬람 이전의 시대와 똑같다. 온통 우상숭배다. 이슬람 세계에서조차 무슬림의 교육, 그들의 철학, 문화, 생각과 법까지 모두가 진정한 이슬람과는 거리가 멀다.[3]

꾸틉은 알라가 이 땅의 유일한 지배자이며 어떤 인간도 이 세상을 지배하거나 통치해서는 안 된다고 믿었다. 따라서 그는 민주주의, 사회주의, 독재정권과 공산주의를 포함해 인간이 만든 모든 정부체제를 거부했다. 그는 다음과 같은 글을 남겼다.

오늘날 삶을 사는 방식은 알라와 이 땅에서의 그의 권위를 모독하고 있다. 경건한 원칙들을 부정한다. 우상을 숭배하는 이 세계는 자신들이 마치 신(God)이라도 되는 양 알라의 권위를 인간들에게 나누어 준다. 우리는 우리 자신의 신(god)이 된 것이다. 이런 이교도들은 이슬람 이전의 사람들과 같은게 아니라 훨씬 더 나쁘다. 오늘날의 이교도들은 인간이 만든 제도, 법, 원칙, 체제와 인본주의적 방법들을 숭상하고 존중한다. 그

---

3). 하무다(Hamooda)의 『사이드 꾸틉』에 실린 사이드 꾸틉, Ma'alim fi el Tareek, *Signs Along the Road*의 인용구.

들은 알라의 법과 삶을 위해 마련한 그의 제도를 경시한다.[4)]

꾸틉은 무슬림들이 인간에 의해 만들어진 모든 정부를 전복시킬 때까지 이 땅에 존재하는 인간의 모든 권력에 반대하고 저항해야 한다고 믿었다. 이것이 무슬림들을 향한 궁극적인 부름이며 타협해서도 안 되고, 이로부터 벗어나거나 멈춰서도 안 된다고 주장했다.

우리는 즉시 우리 세계에서 이교도의 영향과 압력을 제거해야 한다. 우리는 이교도들의 문화와 지배권에 물든 지금의 사회를 뒤엎어야만 한다. 이것이 우리의 최우선 과제다. 이교도들의 토대를 흔들고 바꾸는 것. 우리는 진정한 이슬람과 상충되는 것은 무엇이든지 파괴해야 한다. 우리를 알라가 원하는 방식으로 살지 못하도록 만드는 모든 속박들로부터 벗어나야 한다.[5)]

그의 논리란 선과 악은 함께 할 수 없고, 진실과 거짓 또한 같을 수 없으며, 인간은 인간과 알라 양쪽 모두의 권위 아래서 살 수 없으며, 알라를 기쁘게 하기 위해서 인간의 방식을 파괴해야 한다는 것이다. 그는 다음과 같은 글을 썼다.

인간이 세운 모든 정부와 조직을 파괴하라. 사람보다 사람을 더 떠받드는 인종차별을 없애라. 알라의 나라로 다시 왕국을 재건하는 길은 오직 '힘'과 '칼'에 의해서만 가능하다.

---

4). 같은 책, 10쪽.
5). 같은 책, 22쪽.

이븐 타이미야의 가르침을 따른 꾸틉은 심지어 몇몇 이슬람 지도자들을 배신자 이교도들이라고 선언하기까지 했다. 그는 이 선언으로 인해 다른 무슬림들과 알라로부터 지지를 얻었다고 생각했다.

꾸틉은 이 방식들을 자기 나라에만 적용시켰던 것이 아니라 그의 신념을 온 세계에 실행에 옮기도록 무슬림형제단에게 명령했다.

지하드 조직의 면모

꾸틉은 우리가 중요한 질문을 하게 만들었다. '어떻게 이런 혁명이 완수될 수 있는가?' 그는 혁명을 이루기 위해 정확히 무엇을 해야 하는지는 구체적으로 명시하지 않았다. 아마도 꾸틉은 이집트정부가 그의 책을 정부를 전복시키기 위한 새로운 이슬람혁명 계획서로 여길 것을 두려워했는지 모른다.

아니면 자신의 생각이 파키스탄 이슬람운동의 지도자인 쉐이크 마우라나 아불 알라 마우두디(Mawlana Abul Ala Mawdudi)와 매우 비슷해서 정부를 화나게 만드는 것을 두려워했는 지도 모른다. 마우두디는 앞에서 내가 지하드를 정의할 때 인용한 글을 쓴 사람이다.

하지만 숨은 뜻을 읽어낼 줄 아는 보통의 독자들이라면, 이슬람의 부름을 실행에 옮기기 위해 꾸틉이 다음과 같은 유형의 집단을 상상했다는 결론을 낼 수 있을 것이다.

■ 이 집단은 이교도 세계에 의지하려는 모든 성향으로부터 정화되어 있

다. 그들은 알라 및 꾸란과 경쟁하려는 영적 믿음의 모든 출처들을 없앨 것이다. 여기에는 이슬람에 대한 인위적 해석과 책들을 파괴하는 일도 포함된다.

- 그들은 신앙, 예배, 체제, 법과 제도에 있어서 알라 외에는 그 어떤 권위도 받아들이지 않는다.

- 그들은 나머지 세상으로부터 엄청난 저항을 경험할 것이다. 현존하는 정부와 당국은 그들에게 경제적인 어려움을 줄 것이다. 그들의 가족들과 사회는 그들을 거부하게 될 것이다.

- 존경과 복종을 얻기 위해서 그들이 엄청난 힘과 권력을 얻어야만 새로운 이슬람 세계가 존립할 수 있다고 주장할 것이다. 또한 그들은 무함마드가 그랬듯이 정부를 전복시키기 위해 군사력을 사용할 것이다.

- 이 전쟁에는 자비도 타협도 없을 것이다.

- 이 무슬림 집단은 출발이 어려울 수도 있지만, 진정한 부름을 받는 순간 그 수는 수백, 수천, 수만 명으로 늘어나고 전 세계로 퍼져 나갈 것이다.

패배한 무슬림들

꾸틉은 지하드를 위한 부름이 모든 시대의 모든 무슬림들이 따르는 명령이라는 데에 의문을 품는 무슬림들 때문에 매우 실망했다. 그는 다음과 같이 역설했다:

알라는 이슬람에 대한 긍정적인 결과들을 극대화하기 위해 무함마드에게 점진적이고 단계적인 순서로 이슬람을 주었다. 많은 무슬림들은 이런 가르침의 과정에서 초기 단계 구절들을 두고 마치 그것이 알라의 최후이자 완전한 지시인 양 문맥과 관계없이 받아들인다. 이런 무슬림들은 이슬람의 힘을 박탈하고 이 구절들을 기반으로 자기들만의 이론을 세운다. 이런 식으로 이슬람을 해석하면 무슬림들은 영적으로 그리고 정신적으로 패배한 삶을 살게 된다. 그들은 더 이상 이슬람을 퍼뜨릴 수 없다는 절망이 주는 압박을 받는다. 이런 사람들은 이름만 무슬림이다. 그들은 이슬람의 이름만 가지고 있을 뿐 그 능력은 없다. 그들은 자기 신앙을 지켜야 할 때만 싸운다. 이들은 온갖 정치와 세속적인 정부들로 가득차 있는 온 세상을 뒤집어 엎을 책임은 지지 않고 이슬람의 이름을 갖는 것을 좋아하는 무슬림들이다. 이 무슬림들은 이슬람의 메시지를 거부하는 사람들에게 높은 세금을 강요하지 않음으로써 이슬람의 메시지를 훼손시키는 편을 선택했다.[6]

꾸틉은 자신이 "영적으로 그리고 정신적으로 패배한 무슬림"이라고 묘사한 자들에 대한 깊은 실망감을 표현했다. 그는 이들이 지하드의 의미를 왜곡하는 것에 대해서 "이런 무슬림들은 이슬람에서 지하드가 단지 악에 대항하는 영적 지하드라고 쓴다"고 불평했다. 그는 진실이 무엇인지에 대해서도 언급했다:

---

6). 같은 책.

이슬람은 단지 알라가 이 땅의 인간들에게 노예 신세로부터 해방을 선언하는 것일 뿐이다. 알라는 온 땅에 걸쳐 그의 통치권을 선언한다. 이는 알라가 인간이 만들어낸 모든 정부와 지배체제에 크게 대항한다는 뜻이다. 이 땅에서 이슬람과 상충하는 것은 무엇이든 철저히 반대해야 한다. 우리는 알라의 변혁을 막는 그 어떤 것도 엄청난 힘을 동원하여 제거하고 파괴해야 한다.[7]

행동으로 뒷받침 되는 말

꾸틉의 철학에 따라 무슬림형제단은 이집트의 대통령 가말 압델 나세르를 죽이기 위해서 두 번—1954년에 한 번 그리고 1965년에 한 번— 암살을 시도했다. 이 테러리스트들은 각기 다른 여러 군데의 모임 장소에 폭탄을 설치했다. 폭탄들은 카이로의 밥 엘-칼크(Bab El-Kalk) 법원과 많은 경찰서에도 설치되었고, 이 폭탄들로 많은 이집트 경찰들이 목숨을 잃었다.

이집트 정부는 스스로를 지키기 위해 이런 조직들의 지도자들을 감옥에 잡아넣었다. 그들 가운데 대부분은 재판도 없이 사형 시켜, 관에 넣으 감옥을 떠났다. 나세르 대통령이 그들을 그냥 사살하라고 간수들에게 지시했기 때문이다.

---

7). 같은 책.

이집트 정부가 사이드 꾸틉을 사형시키자, 그의 글은 이슬람 세계에서 대단히 권위있는 단계로 승격되어 큰 반향을 불러 일으켰으며, 전 세계의 원리주의자들에게 알려지게 되어 엄청난 존경을 받게 된다. 존 칼빈이나 마틴 루터가 기독교인들에게 존경받는 것처럼 무슬림들은 꾸틉을 존경한다. 이집트 뿐만 아니라 전 세계에 그가 미친 영향력은 가히 상상을 초월한다.

지하드의 철학자들
테러리스트들에게 지침이 되는 또 다른 책들

제 16 장

　　지하드에 대한 철학자들 사이에는 하나의 양식 / 패턴이 있다. 어느 한 작가가 지하드에 대한 개념과 그 실행방법에 대해 대략적이고 개괄적인 내용의 글을 쓴다. 그러면 그 이론들에 대한 추종자들이 모일 것이다. 그러면 그 작가의 조국이 정부의 전복을 우려한 나머지 그를 죽인다. 죽은 작가는 영웅이 되고, 그의 책들은 불티나게 팔려나간다. 결국 그의 책은 엄청난 힘을 얻게 된다.

　　그 후 다른 작가가 나타나서 같은 개념 위에 더 과격하고 급진적인 이론을 덧붙인다. 이런 식으로 서너 번 반복되고 나면, 오늘 날 지하드의 철학이 나오고 알-카에다와 2001년 9월 11일 미국을 공격한 자살폭탄 테러 등의 결과물들을 보게 되는 것이다.

살라 세레아 박사: 이집트 이슬람해방운동

꾸틉이 교수형을 당할 당시에는 대부분의 추종자들이 수감되어 있기는 했지만, 꾸틉의 가르침과 철학은 수많은 무슬림들을 사로잡았다.

이와 같은 시기에 살라 세레아 박사는 이슬람해방운동(헤즈브 알-타리르, Hezb al-Tarir)이라는 새로운 조직을 만들었다. 이 조직은 꾸틉의 가르침과 사고방식을 기초로 했으며, 그의 목표는 이집트 정부를 전복시키고, 새로운 이슬람 국가를 건설하는 것이었다. 세레아(Salah Serea) 박사가 말한 내용을 다시 살펴보자.

- 무슬림들은 말 뿐이다. 그들은 헌신은 하지만 끝까지 따르지는 않는다. 지난 수 세기동안 이슬람은 행동하는 종교에서 말뿐인 종교로 바뀌었다.
- 이슬람 국가들의 우선적인 과제는 이슬람의 메시지를 전하고 대내·외적으로 모든 방면에서 이슬람을 적용하는 것이어야 한다.
- 지하드는 강행되어야 한다. 이는 자신이 지지하는 것을 위해 대가를 치르는 길이며, 메시지를 생동감 있게 보존하는 길이다. 지하드는 나라안에서 실행되고 바깥세계에서 이루어져야 한다.
- 우리 목표는 현존하는 무슬림 국가들을 포함하여 이슬람법을 온전히 따르지 않는 모든 정부들을 전복시키고, 파괴하는 가장 효과적인 방법을 찾아내는 것이다.
- 우리는 전세계로 뻗어나갈 위대한 이슬람 국가를 건설할 것이다. 이슬람법만이 유일한 정치체제가 될 것이다.[1]

세레아 박사는 금식과 기도는 하지만 지하드는 실행에 옮기지 않는 무슬

림세계의 지도자들이 부패했다고 생각했다:

오늘날 이슬람 세계의 대부분 지도자들은 기도하는 사람들이다. 그들은 모스크를 지었다. 그들은 금식과 기도를 강화했고, 좋은 무슬림이라는 모습을 갖추기 위해서는 무엇이든 했다. 그들이 그렇게 한 것은 무슬림들의 종교적인 성실성을 이용해 인기를 얻으려는 속셈이 있었기 때문이다. 한편 그들은 진정한 이슬람을 사람들의 마음으로부터 조심스럽게 떼어 놓는다. 물리적인 폭력으로 진정한 이슬람을 지키려는 자들을 핍박한다. 이런 지도자들은 이교도들이며 누구든지 그들을 후원하거나 지지하는 자 또한 이교도이다.[2]

세레아 박사는 현존하는 이슬람정부의 부패에 대해 이슬람은 이 땅을 통치하는 유일한 법이 되어야 하는데 여러 법률주의 중의 하나가 되어 버렸다고 말하면서 지속적인 비판을 가했다. 계속해서 세레아 박사는 말했다:

그들은 모스크도 짓지만 세속적인 즐거움을 위한 곳도 짓는다. 그들은 꾸란을 방송하지만 음악과 춤도 방송한다. 그들은 기부도 하지만 도박도 즐긴다. 이런 무슬림들 사이에서 인기있는 것은 이슬람의 예배하는 부분일 뿐 이슬람의 핵심인 지하드는 제쳐둔다. 이 무슬림들은 매일 꾸란을 정성스레 읽으며 많은 이들이 울며 기도하기도 하지만, 밖으로 나가 지

---

1). 살라 세레아(Salah Serea)의 "믿음의 메시지 모음, *Clips of Message of Faith*," 「El-Yakaza El-Arabeya」(아랍부흥지(誌), 1986년 12월.
2). 같은 책.

하드를 실행에 옮김으로써 이슬람의 사명을 완수하려고 하지는 않는다. 이들은 위선적인 이교도들이다. 그들은 이슬람의 수치다.[3]

세레아 박사는 자신이 강연했던 대로 실행했다. 1974년 4월 19일 세레아 박사와 그를 추종하는 과격한 이슬람 무장단체들은 이집트 정부를 향해 공격을 시작했다. 정부를 전복할 준비를 하기 위한 기지를 세울 기대를 품고 카이로에 있는 군사훈련 시설에 침입한 것이다.

이집트 당국은 엄청난 군사력으로 맞섰고, 세레아 박사와 모든 테러리스트들을 체포했다. 1975년 10월 이집트 연방정부는 세레아 박사와 많은 추종자들에게 사형을 선고했고, 29명의 추종자들은 종신형을 받았다.

이집트와 이슬람 세계는 테러리즘과 과격한 이슬람 무장단체의 출현에 이제 막 발을 들여놓은 셈이다. 세레아 박사가 형을 선고 받기도 전에, 이미 이집트에서는 새로운 급진적인 과격단체들이 우후죽순처럼 생겨나기 시작했다.

쇼크리 무스타파

세레아 박사의 과업을 이어받은 다음의 조직은 알-타크피르 왈-히즈라

---

3). 같은 책.

(Al-Takfir wal-Hijra, 회개와 거룩한 이주)였다. 창시자는 쇼크리 아흐마드 무스타파로 그는 사이드 꾸틉과 같은 이집트의 지방출신이었다.

1942년에 태어난 쇼크리 무스타파(Shokri Moustafa)는 현대 지하드의 아버지인 꾸틉이 교수형 당했을 때에는 겨우 스물 네살이었고, 세레아 박사가 사형선고를 받았을 당시 그의 나이는 서른 셋이었다.

쇼크리 무스타파는 자신의 목표와 우선 과제가 무엇인지 분명히 알고 있었다. 다음은 1977년 11월 7일에 이집트 연방법원에서 그가 했던 말이다:

무슨 대가를 치르고서라도 이루고자 하는 나의 최우선 과제는 진정한 이슬람 조직이 출범하는 것을 보는 것이다. 나는 전 세계로 뻗어 나가는 위대한 이슬람 국가를 세우기 위한 기름진 땅을 찾아야 한다. 나는 이슬람을 부흥시켜 본래의 모습으로 되돌려 놓을 것이다.

무스타파는 그의 조직 안에서 그의 명령이라면 맹목적으로 망설임 없이 자신에게 복종하려는 수많은 추종자들을 거느리고 있었기 때문에 이집트 법원은 무스타파를 대하는데 있어서 항상 위험이 따르고 있어서 심각한 고민에 부딪치고 있었다. 무스타파는 말했다:

(Courtesy of AP/Wide World Photos)

1977년, 지하드 활동이라는 죄목으로 이집트 정부에 의해 처형 당한 쇼크리 무스타파.

우리 조직의 모든 테러리스트는 알라가 우리 어깨에 지워준 의무를 다하기 위해서라면 자기목숨도 기꺼이 희생할 것이다. 우리에게 주어진 의무는 이슬람의 메시지를 널리 퍼뜨리고 칼로써 그 메시지를 보강하는 것이다. 나의 동지들은 이 위대한 사명을 이루기 위해 나와 함께 끝까지 싸울 것이다.

쇼크리 무스타파가 자필로 쓴 시가 실린 잡지가 있었는데, 법원은 이 잡지를 판결의 근거로 삼았다. 시에는 이슬람 문화가 깊이 배어 있다. 무스타파가 가장 애호하는 잡지인 『전투』*The Battle, El-Maalhamum*에 실린 「홍수 앞에서」*Before the Flood*라는 시로 1967년에 쓰여졌다. 무스타파는 당시 무슬림의 현실에 대한 그의 깊은 슬픔과 좌절을 드러냈다. 그는 자신의 삶과 사명에 대한 부름에 준비해야 하며, 이를 수행하기 위해서는 알라를 만날 죽을 준비를 해야 한다고 스스로 다짐했다.

『이주』*Immigration, El-Hijhera*라는 시에서는 이 땅의 모든 것이 허무하며 그저 사명을 달성하고, 이 땅을 떠나고 싶어하는 그의 신념을 알 수 있다.

또 『기대』*Expectation, El-Tawaseema*라는 제목의 시에서 그는 "마을의 어머니는 어디에 있는가?"라고 물었다. 마을의 어머니란 이슬람 시대의 메카를 지칭했던 말이다. 메카는 무함마드가 핍박을 받았던 도시이며 그랬기 때문에 악하다고 여기고 있었다. 무스타파는 이집트가 현대의 메카이며, 현대의 이슬람 박해자라고 말하고 있었다. 그는 악과 신성모독, 오류를 들여오는 곳이 이집트라고 말했다. 그러면서 '이교도들의 국가'라고 마지막을 장식했다.

무스타파는 "무함마드가 메카를 떠나 최초의 이슬람 국가를 세우기 위해 메디나로 이주했던 것처럼 나 역시 정신적으로 메카를 벗어나 새롭게 시작하기 위해 나의 메디나로 갈 것이다."라는 말로 스스로를 위로했다.

이집트에서 무스타파는 온 세계로 퍼져나갈 이슬람 국가를 건설할 계획을 세웠다. 먼저 그는 그의 고향에서 최대한 많은 사람들을 모집하려고 했다. 그들이 세계적인 이슬람 국가를 건설하는 기초가 될 것이라고 생각했다. 그리고 이 새로운 기초로부터 그는 세계로 이슬람을 수출하고자 했다.

무스타파의 불온한 신념들 중 하나는 이슬람을 퍼뜨리겠다는 자신의 사명이 동서남북으로 엄청난 긴장감을 수반하게 될 것이고, 이것이 세계적인 핵전쟁으로 이어질 것이라는 믿음이었다.[4] 그는 세계의 대부분이 이 전쟁 중에 파괴되겠지만 자신의 추종자들은 멀리 떨어져 고립되어 있는 산속 동굴에 숨어있다가 살아 남을 것이라고 믿었다. 온 땅이 폐허가 되고 나면 그의 추종자들이 동굴에서 나와 이 땅을 물려받고 칼로 다스린다는 것이다.

그는 모든 현대기술과 현존하는 무기들이 핵전쟁에서 파괴되고 나면 그 결과로 무함마드 시절처럼 칼이 주된 무기가 될 것이라고 믿었다.

---

4). 쇼크리 무스타파, 『기대』Expectation, El-Tawaseemar, (이집트 카이로: Shorouk International.n.d).

무스타파의 변호

쇼크리 무스타파의 운동은 꾸틉의 철학을 현실로 만들고자 했다. 이들을 따르는 테러리스트들은 그것을 시작으로 이방사회로부터 철저히 고립된 상태로 살기로 계획했다. 그들은 열심히 자신들의 행동대원들을 늘리고, 정부를 전복시킨 다음 이슬람 국가를 세울 수 있도록 힘을 모을 준비를 계획하였다. 그들은 자신들의 사명이 두 단계에 거쳐서 이루어질 것이라고 믿었다.

- 제 1단계 – 이교도들과 세계의 완전한 파괴.
- 제 2단계 – 무슬림들이 지구와 지구상에 있는 모든 것을 물려 받을 것이다.

무스타파를 기소하는 과정에서 이집트 법원은 그에게 어디서 그의 철학을 끌어냈는지를 물었다. 무스타파는 대답했다. "이는 꾸란과 알라의 말씀이라는 명확한 출처를 가지고 있소. 우리는 아무것도 모르지만 알라는 모든 것을 알고 있소. 우리는 알라로부터 배워야 하며 알라는 오직 꾸란을 통해서만 말씀하시지." 그는 다음의 꾸란 구절을 근거로 제시했다.:

알라는 아시지만 너희는 알지 못한다.　　　- 꾸란 2;216, 성 꾸란

꾸란 외에는 다른 어떤 책도 받아들일 수 없다

무스타파는 이것이 알라가 말한 것이라고 설명하며 이집트 당국에 꾸란의 가르침을 거부할 것이냐고 물었다.

쇼크리 무스타파와 그의 조직은 알-아즈하르 대학의 교수이며 대학의 핵심인물들 중 한 사람인 후세인 엘-테하비(Husein El-Thehaby) 박사의 납치와 살해 혐의로 재판을 받았다. 엘-테하비 박사는 무스타파의 활동을 책망하고 멈추게 하기 위해 교수들로 이루어진 팀을 이끌었다는 이유로 표적이되었다. 무스타파는 그를 알라의 적이자 정부의 편을 드는 이교도 중 한 명이라고 간주했다.

무스타파는 이집트 법정에 서서 엘-테하비 박사는 이집트 정부의 압력에 넘어가 인간을 기쁘게 하기 위해 알라의 말을 왜곡했고 그 때문에 자신들은 이 배교자에게 알라의 심판을 내려야했다고 말했다.

이집트 언론들과 알-아즈하르 대학 출신의 인사들로 구성된 팀이 무스타파와 토론을 가진 이후 그의 운동은 더 많은 지지를 얻게 되었다. 이 팀을이끌던 알-아즈하르의 이슬람을 연구하는 교수인 사예드 엘-토헬(Sayed El-Tawhel) 박사는 이렇게 조언했다.

"이 조직을 재판하지 마시오. 그들은 그저 이슬람의 영광을 되찾고 싶은 경건한 무슬림들일 뿐이오. 우리는 그냥 함께 앉아서 그들과 대화를 해야하오."

이 발언은 한 방송국이 무스타파가 이끄는 조직이 꾸란을 기초로 하지 않는 새로운 이슬람을 퍼뜨리려고 한다는 말을 함으로써 생겨난 혼란을 막고 방송내용을 명확하게 하기 위한 것이었다.

이집트의 주요 신문들은 토헬 박사의 성명서를 발표했다. 토헬 박사는 그 성명서에서 알-아즈하르 대학에 이슬람의 이름으로 무스타파를 반대하는 그 어떤 진술이나 견해도 발표하지 말아달라고 경고했다. 그는 꾸란으로 돌아가 새로운 시각으로 읽어보라고 요청하면서 그렇게 되면 무스타파의 조직이 이슬람의 가르침에 충성하는 경건한 무슬림들로 이루어져 있다는 것을 알게 될 것이라고 했다.

토헬 박사는 무스타파와 그의 조직을 칭찬하면서 그들과 같은 젊은이들이 더 많아지는 것을 보는 게 자신의 소원이라고 했다. 그는 오늘 날의 이슬람 세계를 진정한 이슬람으로 되돌아오게 하려면 그들과 같은 사람들이 필요하다고 말했다.[5]

처형과 책

쇼크리 무스타파는 사형을 언도 받았다. 그러나 그는 이집트정부나 세계 어떤 정부에 대한 복종이나 통치권, 존경 등을 전혀 신뢰하지 않는 과격한 무장세력을 이 세상에 남겼다. 그의 죽음으로 이 조직은 정부가 이교도라는 사실을 확인하게 되었다. 이 정부는 이교도이며, 그에 복종하는 자는 누구든지 그와 같을 것이라는 무스타파의 말을 그들은 철썩같이 믿었다. 무스타파는 자신의 모든 신념과 철학이 담긴 책을 한 권 남겼다. 이 책의 제목은 『지도자』 The Leader; Al-Kafafa이다. 이집트 정부는 그가 쓴 책들을 찾을 수 있는 책들은 다 찾아내어 불태워 버렸다.

---

5). *Rose El-Yousef Magazine*, 이집트 카이로에서 발행(1977년 7월 11일): 6쪽.

(Courtesy of Sinai Publishing,

그러나 정부의 이런 행동은 과격한 무슬림 무장단체의 조직원들 사이에서 책의 가치를 더 높여주는 결과만 가져 왔을 뿐 이 책은 오늘날까지도 무스타파의 신념과 가르침으로 널리 읽혀지고 있다.

무스타파만의 새로운 생각

그의 책은 꾸뜹의 가르침에 의한 사고방식으로 가득했다. 유일하게 무스타파를 꾸뜹보다 더 위험한 사람으로 만든 새로운 생각이라면 무스타파는 종교시설과 경찰, 군사 시설 등을 먼저 공격하기를 원했다는 것이다.

종교시설을 공격해야 하는 이유는 그들이 이교도 정부의 권위에 복종했으며 이는 이슬람법과 상충되기 때문이라고 설명했다.

경찰과 군사시설을 공격해야 하는 것은 그들이 이교도 정부를 보호하고,

이교도 정부의 법을 집행하기 때문이라고 했다. 이들에게 경찰과 군사 시설은 진정한 무슬림들을 박해하고 잡아 가두고 죽이려는 세력인 것이다.

무스타파는 그의 책에서 이스라엘과 미국, 유럽 여러 국가들의 현존하는 정부들 사이에는 큰 차이가 없다고 선언했다. 무스타파에 의하면 "모두 이 교도들이자 알라의 적이며, 그들이 이슬람에 완전히 복종할 때까지 지하드를 통해 그들과 싸워야 한다"는 것이다.[6]

요점 정리

1977년에 이집트정부가 무스타파와 일부 수뇌부에게 사형을 집행했을 때 정부는 이것으로 그의 활동이 끝날 것이라고 생각했다.

그러나 이것은 기우에 불과했다. 70년대와 80년대에 걸쳐 이집트에서는 과격하고 급진적인 원리주의자들이 다양한 이유들을 가지고 대거 활약했다. 그들이 주장하는 이유는 또 한번 정부를 전복시키고자 하는 시도로 이어졌다.

---

6). 쇼크리 무스타파, 『지도자』*Al-Kafafa*, 이집트 카이로: Shorouk International.n.d

지하드를 위한 테러리스트 모집
– 테러리스트들이 이집트 대학을 조종하다

제 17 장

1970년대 초, 이집트 정부는 무슬림형제단 대원들을 대부분 석방했다. 사다트 대통령은 그들의 활동이 소련의 영향과 이집트의 공산주의를 중화시킬 것이라고 생각했고 실제로도 그랬다. 하지만 그와 동시에 무슬림형제단은 팽창하면서 힘을 얻어 이집트정부에도 위협적인 존재가 되고 말았다.

영어로는 이슬람그룹운동(Islamic Group Movement) 혹은 IGM으로 알려진 새로운 단체인 알–가마아 알–이슬라미야(al-Gama'a al-Islamiyya)가 조직되었다. 이 단체의 전략은 고등학교와 대학의 젊은이들을 위주로 대원들을 모집하여 가르치겠다는 것이다. 감옥에서 풀려난 구세대들은 대부분이 신세대의 멘토가 되었다. 이런 멘토의 중심은 알–아즈하르 대학의 전직 교수들이다.

나의 모교에서 테러리스트를 모집하다

IGM(Islamic Group Movement)이 처음 결정되었을 당시, 그 지도자들은 꾸틉의 계획 중에 처음 두 단계를 실행에 옮겼다. 그들은 먼저 테러리스트들을 영적·정신적으로 준비시키기 위해 곳곳에 지부를 세우기 시작했다. 지부는 이집트 대학에서 모집한 학생들로 테러리스트들은 채워졌다. 각 지부들은 이집트의 주요대학 캠퍼스를 완벽하게 통제하고 있었다.

새 멤버들은 3~7일 동안 지부에서 지내며, 기도하고, 금식하고 꾸란과 이슬람 역사를 공부하는 과정을 거쳤다. 그들은 무함마드의 생애와 무함마드가 지하드를 이끈 방법과 이슬람법을 적용한 방식 등을 집중적으로 공부했다. 조직의 지도자들은 학생들에게 그들만이 이슬람의 희망이며, 지금이 바로 이슬람을 세계적인 이슬람 국가를 세우기 위한 바른 길로 돌이킬 때라는 말로 그들을 세뇌시켰다.

당시 나는 카이로 나세르시에 있는 알-아즈하르 기숙사에 있었는데, 이 기숙사에는 전국에서 온 3천5백 명의 학생들이 같이 생활하고 있었다. IGM 대원들은 매일 기도를 위해 캠퍼스에 있는 모스크를 이용했으며, 기도시간 사이에는 열심히 신입생들을 이 조직에 가입시키고 또 가르쳤다. 어느 날 우리가 기도하기 위해 모두 모스크에 모였을때 IGM 지도자가 일어나 이렇게 말했다.

"기숙사 근처에 아파트를 임대해 주는 비밀 기독교 단체가 있습니다. 그들은 이슬람을 반대하며 여학생들에게 강제로 기독교 남성들과 성관계를 갖게 합니다."

그리고는 모여 있는 학생들에게 아파트의 위치와 호수를 알려 주었다. 학생들은 충격을 받았고, 감정이 복받쳐 올랐다. 그는 계속해서 말했다. "그뿐 아니라 또 여자기숙사 입구 근처에 조그만 구멍가게도 있습니다. 그곳에는 펜과 종이, 간식거리를 팝니다. 그런데 이 가게에서 무슬림 여학생들에게 공짜로 포르노 잡지를 나누어 줍니다. 이 기독교단체는 여성들을 이슬람에서 빼앗아 가려고 합니다."

이 말을 듣던 대다수 학생들의 마음 속에 분노가 부글부글 끓어올랐다. "기독교인들이 우리 여학생들에게 이런 짓을 한다고? 우리가 가서 없애 버리자!"

수백 명의 학생들이 가게로 우르르 몰려갔다. 그들은 가게에 기름을 끼 얹고 불을 질러 잿더미로 만들어 버렸다. 또한 그 아파트로 쳐들어가 거기 도 다 부숴버렸다. 성난 학생들은 점심시간에 기숙사로 돌아왔지만 먹기를 거부했다. 그들은 3천 5백인분의 식사를 엉망으로 만들었고, 일꾼들을 건물 밖으로 쫓아냈다. 그리고 문을 모두 걸어 잠근뒤 건물을 뛰어다니며 "알 라 후 아크바르(Allah o akbar)!, 알라는 위대하다!"라고 외치면서 폭동을 일으 켰다.

기숙사는 사흘 동안 잠겨 있었다. 그들은 먹지도 않고, 수업출석을 거부 했다. 하지만 학생들의 이런 과격한 움직임에 불만인 일부 학생들은 기숙 사 주변의 벽을 기어올라 집으로 도망가야 했다. 대학총장과 한 정부관리 가 대학에서 IGM의 지도자와 만날 때까지 이 교착상태는 끝나지 않았다.

후에 국가안보장관이 캠퍼스로 찾아와 여학생들을 유혹하는 기독교단체 같은 것은 없다고 선언했다. 그의 발표를 통해 많은 학생들이 IGM과 같은 단체는 단지 싸울 수 있는 상대방과 적을 만들기 위해 조직된 테러단체라는 것을 깨닫게 되었다. 그들은 그저 이 정부에 자신들의 힘을 보여주고 싶은 것 뿐이었다.

영적 지도력

IGM은 매년 전국적인 집회를 개최한다. 여러 대학들이 연대하여 쉐이크 아베드 알-하미드 키시크(Abed Al-Hamid Kishk)나 쉐이크 오마르 압델 라흐만(Omar Abdel Rahman) 등 이 조직에 영감을 불어 넣어 줄 이슬람의 여러 지도자들이나 상징적인 인물들의 강연을 듣기 위해 모이는데, 해가 거듭될 수록 IGM은 수단, 튀니지, 알제리, 예멘, 시리아, 이라크, 레바논을 비롯한 수많은 국가들로 활동영역을 뻗어나가고 있었다. 이때 키스크와 라흐만은 그때 당시의 젊은이들에게 엄청난 영향력을 발휘했다.

쉐이크 아베드 알-하미드 키스크

쉐이크 아베드 알-하미드 키스크는 이집트와 아랍세계에서 가장 말솜씨가 뛰어난 이슬람 지도자 중의 한 명이다. 그는 아주 의욕적인 목소리와 함께 옛날 고전아랍어를 사용하는 특별한 재능을 가지고 있었고, 청중을 쥐고 흔들어 댔다. 그리고 자신의 재능을 이용하여 수천 명의 갈급한 많은 젊은이들에게 정치적인 메시지를 던지기도 하며, 또 청중들을 제어하는 수준이 거의 마법과도 같아서 짧은 시간에 웃기도, 그리고 울게도 만들었다.

반면에, 키스크는 무례하고 뻔뻔스러운 발언으로 유명했으며 정부와 고위직에 있는 사람들에 대해 공격적인 발언을 하는 것을 서슴지 않았다. 키시크는 카세트 테이프를 이용하여 모든 지리적인 장벽들을 뛰어 넘어 자신의 과격한 메시지들로 이슬람 세계를 공략하기도 한다.

쉐이크 오마르 압델 라흐만

쉐이크 오마르 압델 라흐만은 알-아즈하르 대학에서 「꾸란 입문」을 가르친 나의 스승이었다. 그는 1993년 세계무역센터 폭파사건의 주범으로 지금은 미국의 감옥에서 무기징역을 살고 있다. 하지만 그가 미국으로 오기 전에는 중동에서 꽤 큰 영향력을 행사할 수 있는 사람 중에 한 명이었다.

알-아즈하르 대학의 졸업생이자 교수였던 그는 「꾸란과 이슬람법 해석」으로 철학박사 학위를 받았다. 그 후에 쉐이크 오마르 압델 라흐만은 오늘날의 원리주의자들 사이에서 영적 지도자가 되었다. 다음의 특색들을 살펴보면 그가 이들 원리주의자들에게 완벽한 본보기가 되었다는 것을 알 수 있다.

- 그는 꾸란의 내용을 손상시키지 않았다.
- 그는 정부와 어떤식으로든 관계를 맺지 않았고, 법이나 권력에 복종하지 않았다.
- 그는 꾸란과 이슬람법을 가르쳤으며, 이 사실들은 많은 젊은 무슬림들로 하여금 그를 신뢰하고 그의 명령, 심지어 살인 명령까지 따르게 만들

었다.

■ 그는 꾸란에 의하여 지하드를 이끌었으며 이슬람법에 따라 이슬람 국가를 세우는 것을 신조로 여겼다. 또한 이 목적을 위해 목숨도 기꺼이 버릴 수 있었다.

이 두 사람이 이집트 정부를 전복시키기 위해 사람들을 모으고 지지를 얻는 동안, 중동에 있는 또 다른 조직들은 혁명에 성공하고 있었다. 이 사건은 많은 원리주의자들을 고무시키고 힘을 북돋아주었다. 이 국가가 바로 이란이다.

이란에서 받은 영감
– 진정한 이슬람 국가가 태어나다

제 18 장

1979년, 이란의 시아파 무슬림들은 그들의 이슬람 운동을 시작했다. 그들은 무함마드 레자 샤흐 팔레비(Muhammad Reza Shah Pahlavi)와 그의 정부에 반대했다. 이란의 영적 지도자들은 정부를 전복시키려는 이 조직들의 활동을 지지하고 나섰다. 이 조직들의 활동이 있기 전 이란의 무슬림원리주의 자들은 자신들의 신앙을 표출하지 않았고, 그들은 정부를 엄청나게 두려워했다.

그들은 알–타키야(Al-Tokiya, 위장교리) 방식에 따라 자신들의 신앙을 숨겼다. "난 마음속으로 너를 미워하지만, 겉으로는 네 친구인 척 하겠다." 타키야란 무슬림들이 자신이 믿는 신념인 신앙이 아니라 자신들이 거주하고 있는 정부가 원하는 대로 행동하는 척 하겠다는 뜻이다.

수많은 시아파 무슬림들이 자기 속에 묻혀 있던 순교정신을 되찾은 뒤

반란은 시작되었다. 그들은 알리 이븐 아비 탈립의 아들이자 무함마드의 외손자였던 알-후세인(al-Husayn)이 죽을 것을 알면서도 적과 싸웠다는 사실을 기억했다. 이란의 영적지도자들은 시아파들에게 순교의 역사를 상기시켜 주었다. 이란의 무슬림들은 곧바로 알-타키야를 버리고 시아파 순교정신을 받아들이기 시작했다.

이와 같은 시기에 아야톨라 호메이니는 카세트 테이프를 통해 이 운동을 이끌고 있었다. 호메이니는 르 샤토(Le Chateau)라는 프랑스의 한 마을에서 자신의 말과 신념, 새로운 이슬람혁명에 대한 계획 등을 담은 테이프를 녹음한 뒤 이란에 있는 많은 사람들에게 보냈다. 이 테이프는 수백만 명의 사람들을 세뇌시켰고, 한 이탈리아 작가는 이란혁명에 대해 『카세트의 전쟁』 *The War of Cassettes*이라는 제목을 붙여서 책을 낼 정도였다. 수천 명의 이란인들이 혁명 중에 죽었다. 이란 역사상 이렇게 강력한 혁명은 처음이었다. 혁명은 정부를 전복시켰고, 이슬람정부가 성공리에 탄생하게 되자 아야톨라 호메이니는 프랑스에서 이란으로 날아갔다. 그는 테헤란으로 가는 비행기를 타기 전 항공기 밖에서 두 번 절하고 알라에게 감사했다.

기자들과 언론을 통해 그는 이란에 있는 시아파들과 전 세계에 메시지를 전했다. "알라의 명령을 받들고 복종하는 국가를 물리칠 수 있는 자는 아무도 없다."

테헤란 공항에는 수백만 명의 이란인들이 호메이니를 맞이했다. 온 도시가 "알라 후 아크바르!"-알라는 위대하다-라고 외치는 소리로 뒤흔들렸다. 그들은 호메이니와 함께 혁명의 순교자들이 묻혀있는 베헤쉬테 자흐라(Behrshte Zahra) 묘지로 갔다.

호메이니는 "오늘 이후로 타키야는 없다."고 선언했다. 그 말은 이제 시 아파무슬림들에게 정부나 세계 어떤 권력에 대한 두려움 없이 자신이 믿는 바 대로 행동할 수 있는 힘이 생겼다는 뜻이다.

대학에서의 반응

그 역사적인 시기는 이슬람 세계에 큰 영향을 주었다. 대학에서는 IGM 의 회원들이 이란에서 일어난 일을 이용하여 이집트정부에 대해 반역을 일 으켰다.

그들은 알-아즈하르 대학을 포함한 이집트의 모든 대학에서 격렬하게 수업을 거부했다. 수 천명의 대학생들이 호메이니에 대한 지지를 목청껏 외쳤다. 이 시위에는 이전에 IGM에 소속되지 않은 학생들도 대거 참여하게 되었고, 이 사건은 새로운 테러리스트를 모집하는데 최고의 기회였다.

시위대의 엄청난 수는 눈덩이처럼 불어나 온 이집트로 퍼져나가 통제할 수 없게 되자, 이집트정부에 위협으로 다가오기 시작했으며 IGM회원들은 수천 명을 이끌고 정부에 강한 항의를 시작했다. 그들은 이란처럼 이집트 도 이슬람이 차지해야 한다고 선언했다.

"오, 사다트! 오, 비겁자여! 당신은 미국인이 세운 허수아비다."라고 그 들은 외쳤다.

이들은 이스라엘 국가를 향해서도 외쳤다. "기다려라, 기다려라, 너희 모든 유대인들이여, 무함마드의 군대가 너희에게 가고 있다."

이란이 이슬람법과 혁명을 수출하다

이란 혁명은 아랍 국가들과 세계 곳곳에 있는 많은 이슬람원리주의자들을 지원했다. 이란 혁명의 지도층은 새로운 사업을 시작하겠다고 말했다. 전 세계에 그들의 최고의 생산품인 진정한 이슬람법과 혁명을 수출하겠다는 것이다.

혁명 이후 몇 년 동안 이란은 세계적으로 테러를 자행한 모든 이슬람원리주의 조직들을 지원했다. 이란이 지원 조직 중의 하나가 헤즈볼라(Hizbollah)이다.

헤즈볼라는 레바논에 있는 시아파 집단으로, 당시 레바논은 다수의 기독교인들이 다스리는 국가였지만, 이들은 레바논 정부를 전복시키고 이슬람 국가를 세우는 것이 목표였다.

이란은 수단에도 이슬람 국가를 세우는데 지원했다. 알-제파 알-이슬라미아(Al-Jepha al-Islamia)의 지도자인 하산 알-투라비(Hasan al-Turabi)는 수단 정부를 전복시키고, 거기에 이슬람 국가를 세웠다. 이란은 이집트, 알제리, 튀니지 등 많은 아랍국들의 이슬람운동을 지원했다.

이라크가 이란을 공격하다

두려움과 공포가 걸프지역의 아랍국들을 강타했다. 그들은 자국에 이란의 이슬람 혁명수출 전략의 불똥이 튀게될 것을 두려워했다.

이라크의 지도자 사담 후세인(Sadam Hussein)은 자신의 권력을 원리주의자가 아니라 어느 누구와도 나누어 가지고 싶지 않았다. 그는 이란에 대항하여 지역방어를 주도하면서 이란을 침략했다. 모든 아랍국가들과 세계 여러 나라들은 그를 지원했다.

이라크의 군대가 이란의 30퍼센트의 국토를 침략했다. 이란인들은 이를 국방과 동시에 알라의 이름을 위한 순교의 좋은 기회로 삼았다. 이라크인들을 이란 땅에서 추방시키는 데는 2년이 걸렸지만, 이란인들은 국경에서 공격을 멈추지 않았다. 그들은 이라크 영토로 들어가 6년간을 더 싸웠다.

이란과 이라크의 전쟁으로 양쪽 합하여 거의 1백만 명의 무슬림들이 죽었으며, 2백만 명의 무슬림들이 부상을 당했다. 이 전쟁은 아랍 국가들에 자신들의 전략을 수출하려는 이란의 의도를 완화시키려는 것이었다. 그러나 그 임무는 더 강해졌고, 이슬람을 퍼뜨리려는 그들의 전략은 멈추지 않았다.

이란의 혁명은 전 세계에서 이슬람 운동을 하는 모든 사람들에게 새로운 희망을 제공했다. 그 새로운 희망이란 이슬람이 지구를 점령하고 세상을 이끌어 가리라는 것이다.

테러리스트들의 배신

– 스스로 무너질뻔한 이집트의 급진적 원리주의자들

제 19 장

1980년, 지하드를 추구하는 무슬림들을 엄청나게 퇴보시킬 상황이 이집트에서 일어나려하고 있었다. IGM의 이집트 지도자들은 영적·정신적 준비기간을 마치고 나와서 이제는 이집트정부를 전복시키기 위해 움직일 때라고 생각했다.

그들은 또한 이미 이슬람 국가를 세운 수단과 이란이 합류하여 아랍국가 정복을 완료함으로써 세계적인 비전을 실행에 옮길 때라고 믿었다.

IGM은 이집트를 여러지역으로 나누고 각 지역에 강한 지도자들을 임명했다. 다음은 각 지역과 지도자들이다.

- 알-민야(Al-Minya) 지역: 카림 조흐디(Karim Zohdi), 푸아드 알-돌아비(Fouad Al-Dolabi), 아씸 압둘-마제드(Assim Abdul-Majed), 아이만 알-자와히리(Ayman al-Zawahiri, 후에 오사마 빈 라덴의 오른팔이 됨), 에쌈 디르발라(Essam

Dirbala)

- 아스유트(Asyut) 지역: 나제 이브라힘(Najeh Ibrahim), 오사마 하페즈(Osama Hafez)

- 소하즈(Sohaj) 지역: 함디 압둘 라흐만(Hamdi Abdul Rahman)

- 나그 하마디(Nagh Hamadi) 지역: 알리 샤리프(Ali Sharif), 탈라트 꾸삼(Talat Qusam)

모든 지역의 지도자들은 대표 지도자인 함미 알-가자르(Halmmi AlGazar) 와 그의 보좌관 에쌈 알-아르얀(Essam Al-Aryan)이 이끌었다.[1]

두 조직을 통합하고자 하는 움직임

새롭게 조직된 IGM은 무슬림형제단의 지도층에게 위협이 되었다. 무슬림형제단의 지도자 오마르 알-탈마사니(Omar Al-Talmasani) 역시 IGM의 계획이 시기적으로 맞지 않다고 판단해서 모든 무슬림들에게 "아직 지하드를 하기에는 적기가 아니다."라고 선언했다.

그는 IGM의 지도자들에게 조급함이 아닌 인내를 배우라고 충고했다. 거기다 그는 무슬림들이 서로 단결을 해야 되는 시점에서 서로 상충되는 두

---

1). 아델 하무다(Adel Hamooda), 『폭탄과 꾸란』 *Bombs and the Quran* 제3판(이집트 카이로: Sinai Publishing, 1989), 44쪽.

개의 조직이 있는 것은 좋지 않다고 선언했다. 더 큰 세력을 키울 수 있도록 IGM이 자기 아래로 들어와 연합조직을 만들어야 한다고 제안하자 IGM의 지도부와 그 보좌관 그리고 알–민야 지역의 지도부들은 꾸란의 다음 구절을 인용하면서 통합제안을 즉시 환영하고 나섰다. :

> 진실로 알라는 단단한 조직처럼 줄지어 당신의 목적을 위해 싸우는 자들을 사랑하신다.   – 꾸란 61:4, 성 꾸란

IGM의 지도자들은 이 구절이 무슬림들이 이루어야할 단결에 대해서 말한다고 주장했다. IGM 지도자들은 무슬림형제단의 지도자를 초대하여 이집트 남부지역에서 연대를 결성하기 위한 의식을 갖자고 했다.

하지만 IGM의 또다른 테러리스트들의 연대결성을 반대했다. 그래서 무슬림형제단의 지도자들이 도착하자마자 IGM의 테러리스트들 사이에는 분노의 폭동이 일어났다. 연대를 반대했던 이들은 무슬림형제단의 지도자들을 공격하려 했다. 연대를 찬성하는 테러리스트들은 그들 무슬림형제단을 보호하기 위해 반대의견을 가진 동료 테러리스트를 죽여야만 했다.

내가 살아남기 위해 동료 무슬림들을 테러하다

그 뒤 총과 칼을 들고 서로 싸우는 폭동이 일어났다. 아스유트와 알–민야 지역에 사는 시민들은 이 폭동으로 인해 공포에 떨어야 했다.

연대를 찬성했던 테러리스트들은 동료들의 집을 찾아가 문을 두드렸다.

문이 열리면 테러리스트들은 그 동료들 가족까지도 숨이 끊어질 때까지 칼로 찔렀다.

피해자들 연대를 반대한 이들이 죽기 전에 테러리스트 연대를 찬성한 이들은 "알라와 이슬람의 배신자여! 꾸란에서 말한 지하드를 늦추는 자에게 내려지는 벌을 너희들은 받는 것이다."라는 말을 했다. 피해자들 연대를 반대한 이들은 이 말을 들으면서 죽어가야 했다.

대개의 경우 IGM 테러리스트들은 집에 없었지만, 가해자들(연대를 찬성한 이들)은 이 행동들을 결코 멈추지 않았다. 그들은 똑같은 메시지를 전해주며 여자들과 아이들을 마구 죽였다. 수백 명의 테러리스트들이 전국에서 기차를 타고 폭동이 일어난 이 지역으로 와서 분노를 잠재우고 자신들의 행동을 정당화시키려고 했다.

연대를 찬성했던 IGM 테러리스트들은 유혈과 테러를 통해 우위를 점했다. 그들은 양쪽 테러리스트들의 잔여세력을 결집시켜 자신들의 지배 아래에 두었지만, 결과적으로 이 피바람으로 인해서 IGM은 거의 사라지다시피 했다.

알-지하드가 태어나다

IGM, 무슬림형제단 그리고 기타 소규모 조직에서 이탈한 테러리스트들로 구성된 알-지하드(al-Jihad)라는 새로운 조직이 등장했다. 이 조직은 모함메드 압둘-살람 파라그(Mohammed Abdul-Salam Farag)가 이끌었다. 1980년대

법정에 출두한 알-지하드 지도자들(왼쪽부터 타렉 알-조모르, Tarek al-Zomor, 25년 형), 아보드 알-조모르(Abod al-Zomor, 40년 형).

법정에 출두한 이집트 알-지하드 지도자들: 왼쪽부터 아씸 압둘-마제드(Assim Abdul-Majed, 40년형), 아보드 알-조모르(Abod al-Zomor, 40년형), 카림 조흐디 (Karim Zoh야, 40년형), 함디 압둘-라흐만(Ham di Abdul Rahman, 15년형)

중반에 그들은 철학자, 기자, 이집트 의회 의장을 포함한 많은 사람들을 살해했다.

이집트의 알-지하드는 파라그가 같은 알-지하드의 구성원인 타렉 알-조모르의 집을 방문했을 때 예정되지 않았던 만남으로 인해 관계가 급속도로 발전되었다. 그때 마침 조모르는 이집트 고위 군정보관인 자신의 처남인 아보드 알-조모르를 접대하고 있었다.

이 세 사람은 서로 강한 유대감을 가지게 되었다. 그들은 이집트 정부를 전복시키고 이집트를 배교자와 이교도들로부터 해방시키기 위해 물불을 가리지 않겠다고 서로 맹세했다.

이때가 1980년 여름이었다. 아보드 알-조모르는 "나는 수없이 정부의 지배로부터 벗어나서 정부와 싸우고 싶었다. 파라그를 만난 후 우리는 이제 이슬람정부라는 공동목표를 위해서 뜻을 같이하고 계획도 같이 세워 나가기로 했다."고 말했다.

이 역사적인 만남이 있고 얼마 후 알-지하드의 지도자들(아보드 알-조모르, 카림 조흐디, 푸아드 알-돌아비, 나빌 알-마그라비)은 함께 모여 그들의 활동을 체계화하고 운영체계를 세우기 시작했고, 오랫동안 의논한 끝에 그들은 자문위원회를 두기로했다.[2] 이 자문위원회는 임명과 관리 그리고 필요한 의사결정에 집중하기로 동의했다. 또한 부수적으로 이 위원회 산하에 세

---

2). 이 위원회에는 모함메드 압둘-살람 파라그, 아보드 알-조모르, 카림 조흐디, 나제흐 이브라힘, 푸아드 알-돌아비, 알리 샤리프, 에쌈 디르발라, 아씸 압둘-마제드, 함디 압둘-라흐만, 탈라트 꾸삼 등이 포함되어 있었다.

개의 세부위원회를 두었다.

■ 준비위원회- 무기와 이동수단을 계획하고 준비한다.

■ 재정위원회- 임무를 완수하는데 필요한 재정을 조달한다.

■ 홍보위원회- 다가오는 지하드에 참여하는 이들을 위한 책의 출간을 준비하고 배포하는 일을 담당한다.

자문위원회는 국가를 여러지역으로 나누고, 각 지역의 책임위원을 세웠다.[3] 위원회는 각 지역을 책임질 지도자들에게 자신을 보좌할 사람을 직접 선택할 권한을 주었고, 각 지역은 자신의 군사훈련과 자금조달을 스스로 책임져야 했다. 이제 알-지하드는 이집트에서 현실이 되었다. 훗날 이 체제는 기타 이슬람 세계 전체에 확산되었다. 가장 유명한 알-지하드의 소산은 팔레스타인의 알-지하드다. 팔레스타인의 알-지하드 지도자들은 이집트 원리주의자들에게 훈련을 받았으며, 자세히 보면 양쪽의 방식에 비슷한 점들을 발견할 수 있을 것이다.

가령 이집트의 알-지하드에서는 두 남자가 자기 몸에 폭탄을 품고 이집트 국가 안보장관을 죽이기 위해 자살폭탄 테러를 감행했다고 발표하자, 팔레스타인의 알-지하드도 같은 방법으로 자살임무수행을 위해 테러리스트들을 파견한다.

---

3). 다음은 각 지역과 그 지도자들이다. 카이로, 알-기자지역: 모함메드 압둘-살람 파라그 알-민야 지역: 에삼 디르발라, 푸아드 알-돌아비 아스유트지역: 아심 압둘-마제드, 오사마 하페즈, 나제흐 이브라힘 꾸나와 나그흐 하마디지역: 알리 샤리프, 탈라트 꾸삼

알-지하드의 철학

알-지하드는 잘 조직화 되어있다. 이제는 테러리스트들을 하나로 결집 시켜 줄 강한 철학이 절실하게 필요로 했다. 그들은 모함메드 아베드 알-살렘(Mohammed Abed al-Salem)이라는 공학도가 쓴 『잃어버린 헌신』*The Missing Commitments, Al-Fareda Al-Gaaba*에서 그 철학을 찾아냈다. 이 책의 저자는 이집트 남부지역의 지도자 카림 조흐디를 만났고, 조흐디는 이 책을 알-지 하드의 부칙으로 삼았다. 여기에서 이 책을 간단하게 소개하겠다.

이 책은 세 장으로 이루어져 있고 요약해 보면, 지하드가 이슬람이 소생 하는 유일한 길임을 강조하지만 저자는 다른 책들보다 한 단계 더 나아가 다음과 같이 말했다. "이슬람 침략이 로마에 다다르고 있다." 이전의 무슬 림저자들은 아랍세계와 몇몇 아프리카 국가들에 주목했다. 그러나 알-살 렘은 그의 책에서 유럽과 서방세계를 침략하자는 이야기로 시작한다. 다음 은 알-살렘의 주장들 중 일부이다.

타협한 무슬림들이 정죄되다

모든 국가에 원리주의 이슬람권위가 세워져야 한다 – 무슬림들이 원하 든지 혹은 원하지 않든지 그것은 의미가 없다. 이는 알라의 명령이며 반드 시 이루어져야 한다. 알-살렘은 "우리는 진정한 이슬람 국가에서 살고 있 는가?"라는 질문에 대답해야 한다고 했다.

그는 많은 무슬림 국가들의 지도자들에 대한 의문을 제기한다. "저들이 어찌 참된 무슬림들인가? 그들은 유대교와 기독교, 공산주의 속에서 성장하고 그 영향을 받았다." 그는 이들 지도자들은 이름만 무슬림이라고 생각했다. 그는 모두가 죽임당해야 할 배교자, 이교도, 불신자들이라고 선언했다.

알-살렘은 또 이런 무슬림들에게 불신자들보다 더 심한 벌이 내려져야 한다고 역설했다. 그는 14세기 학자인 이븐 타이미야의 생각에 동의한다며 이렇게 말했다. "무슬림들은 다른 이들과 섞여서는 안 되며, 만일 그런 무슬림들이 있다면 그들을 반드시 죽여야한다."

지하드는 다른 의무보다 우선한다

그는 금식이나 기도, 자선사업 등 이슬람의 여타 모든 종교적인 활동들을 비난했다. 그 일들 때문에 바쁜 무슬림들이 지하드의 부름을 무시하기 때문이다.

살인은 무슬림의 의무다

살인에 대한 이슬람과 다른 종교들의 관점은 현저한 차이가 있다. 아베드 알-살렘은 이슬람이 있기 전 알라는 이교도들과 불신자들을 때로는 불로, 때로는 홍수나 또 다른 방법들로 처리했다고 쓰고 있다. 그러나 이슬람이 세워진 이후 알라는 무슬림들에게 그들의 손으로 법을 집행할 것을 명령했다. 즉 알라의 적들을 고문하고 죽이는 일이 무슬림들의 의무가 된 것이다.

지하드는 방어가 아닌 공격이다

아베드 알–살렘은 지하드가 단지 이슬람을 지키기 위한 것이라고 믿었던 무슬림들을 오히려 공격했다. 그는 공격적인 어투로 지하드는 교섭의 여지도, 타협의 여지도 없다고 강조했다. 지하드는 모든 무슬림들을 부른다. 그는 자신의 관점을 뒷받침하기 위해 각 국가의 왕들에게 보낸 선지자 무함마드의 편지와 초기 무슬림들이 어떻게 싸웠으며, 칼로 어떻게 이슬람을 퍼지게 했는지 등에 대한 이야기들을 예로 들었다. 그는 오늘 날도 이슬람이 이와 같은 방식으로 퍼져야 한다고 말했다.

적에 대한 정의의 재정립

그는 또한 적을 새로운 방식으로 정의했다. 적이란:

■ 이교도들

■ 알라의 법과 꾸란에 따라 통치하지 않는 무슬림들(아베드 알–살렘은 자신이 해석한 이슬람대로 살지 않는 무슬림들과 싸우라고 했다).

전략이 준비되었다

알–살렘은 이슬람의 전쟁과 지하드 방식—공격, 살인, 속임수, 불성실, 부정행위, 변절, 배신 등—에 대해 책의 상당부분을 할애했다.

또한 적의 여자와 아이들 그 외 모든 물질적 소유물들이 왜 무슬림들과 그 군대의 것이어야 하는지에 대해서도 설명했다. 무슬림들은 반항하는 자는 누구든지 몰살시켜야 한다고 주장한다.

다음 단계

    알-지하드는 기초를 닦아놓았다. 그들의 소원은 이란이 갔던 길을 따라서 진정한 이슬람 국가를 만드는것이다. 알-지하드는 자금을 모아야 했고, 그 테러리스트들은 무함마드의 방식을 모방하기로 결정했다. 다음 장에서는 그들이 어떻게 행동을 취했는지를 알게 될 것이다.

알-지하드의 준비와 공격
- 자금 조달을 위해 기독교인 사업장을 공격하다

제 20 장

1980년대 알-지하드는 전쟁을 준비했고, 그들은 총, 폭탄, 무기, 이동수단 등이 필요했다. 그에 따라 그들은 많은 액수의 돈을 모아야 하는 엄청난 압박에 시달리게 되었다. 그러나 무슬림들은 그만한 지원을 할 정도로 헌신적이지는 못했다. 이집트 법원기록에 의하면, 알-지하드는 아보드 알-조모르라는 사람에게 4천 이집트파운드와 자동기관총 몇 정, 최루탄 6개, RBG 폭탄 4개, 러시아제 폭탄 4개, AK-47과 권총 여러 정을 기부받은 사실이 조사를 통해 확인되었다. 전부 조모르 개인이 기부했다. 하지만 이렇게 많은 기부들로도 알-지하드를 지원하기는 역부족이었다. 그들은 후원 받을 수 있는 모종의 기관이나 단체들이 필요했다.

약자(소수)인 기독교인들을 테러하다

꾸나와 나그흐 하마디(Quna and Nagh Hamadi) 지역의 지도자인 알리샤 리프가 극단적인 이슬람 해결책을 들고 나왔다. 그는 알-지하드가 이집트에 거주하고 있는 소수의 기독교인 인구의 15~17퍼센트의 재산을 빼앗아 자금으로 사용해야 한다고 제안했다. 그의 생각은 전혀 새로운 것이 아니었다. 7세기의 엘-카리즈도 같은 철학을 가지고 있었고 "그들의 여자들과 모든 소유물은 우리가 요구할 권리가 있다."라고 말한 이 생각은 무함마드가 적을 죽이고 그들의 도시를 약탈하던 시기까지 거슬러 올라간다.

이 흉악한 생각은 도덕적인 문제가 아닌 실행방법에 관한 문제만 남아 있었다. 어떻게 기독교인들의 재산을 빼앗을 수 있을까? 도둑질을 해야 할까? 지즈야인 인두세(불신자들이 내야 하는 특별세)를 강화해야 할까? 강탈을 해야할까? 기독교인 개인 재산만 목표로 할까? 아니면 교회까지도 노려야 할까?

기독교인들은 이집트의 여러 분야에서 크게 성공하여 두각을 나타내고 있었는데, 그 중 하나가 원석과 보석생산업이었다. 그들은 이들 기독교인들의 사업장들을 공격하여 죽이고 많은 돈과 상품을 약탈한다는 발상이었는데, 지도자들은 이 이야기를 듣고 오랫동안 침묵에 잠겼다.

드디어 아스유트 지역의 지도자인 나제흐 이브라힘이 "이것은 하늘로부터 온 생각이 틀림 없소."라며 침묵을 깼다. 여기에 알-민야 지역의 지도자인 카림 조흐디도 가세했다. "교회와 그 사역을 지원하는 사업장들부터 시작하는게 좋겠소." 이에 다른 지역 지도자들도 동의했고, 알리 샤리프는 그

첫 번째 공격을 계획하는 책임을 맡게 되었다. 법원재판 기록을 통해 그들이 공격했던 그때 당시 목격자의 증언을 통해 들어보자:

1981년 7월 26일 낮 12시경에 저는 나그흐 하마디시에 있는 나비 마수드 아스카로스(Nabi Masud Askaros)의 보석상에 있었습니다. 주인과 그의 점원들, 손님 몇 명이 가게 안에 있었는데 가게 문 쪽에서 총성 몇 발을 들었습니다. 저는 곧바로 테이블 아래로 바짝 엎드려 숨었습니다. 두 명의 남자들이 자동 기관소총을 들고 있는 것이 보였고 그들은 복면을 쓰고 장갑을 끼고 있었는데 가게주인과 점원인 자리프 시노다(Zarif Shinooda)를 쏴서 그 자리에서 죽였습니다. 그리고 그들은 가게의 모든 물건들과 돈을 챙긴 뒤 도망가면서도 계속 총을 쏘아댔습니다. 저는 그들이 푸아드와 파히드 마수드 형제의 보석상에도 똑같은 짓을 했다는 것을 알고 있었으며 그 가게에서는 6명이 죽고 2명이 다쳤다는 것도 알고 있었습니다. 두 명의 강도는 푸조차량에 올라타고 사라졌습니다.

이 시기의 기독교인들은 엄청난 두려움 속에서 살아야 했다. 많은 사람들이 죽임을 당했고, 다음 희생자는 누가 될지 알 수 없었기 때문이다.

법원기록에 의하면 알-지하드는 석유산유국에 살고 있는 이집트 무슬림들로부터 많은 기부금과 지원을 받고 있다는 사실이 잘 나타나 있다. 확인된 기부금 액수는 21,000달러, 10,400독일 마르크, 26,000이집트 파운드 외에도 아주 많았다. 그러나 이것을 다 합해도 자금이 충분치 못했던 알-지하드는 교회 직원들 소유의 차를 훔치기 시작했다. 훔친차들은 사막으로 보내지고 경찰들이 추적하지 못하도록 해체시켜 중고 부품으로 팔았다.

알-지하드는 꾸란에서 성서의 사람들 −유대인과 기독교인들−에 대해 가르친 대로 기독교인들을 죽이고 그들의 소유를 빼앗고 훔쳤다.

> **성서의 사람들(유대인들과 기독교인들) 가운데 진리의 종교(즉 이슬람)를 인정하지 않는 자들에 대하여 그들이 자발적인 복종으로 지즈야(인두세)를 지불하고 스스로 비참함을 느낄 때까지 그들과 싸우라.**
>
> − 꾸란 9;29, 성 꾸란

이집트에서는 기독교인 인구가 많은 탓에 이 구절을 적용하기가 여의치 않았을 것이다 −다 죽이기에는 기독교인들이 너무 많았다. 하지만 이는 여전히 알-지하드의 목표였다− 이슬람법을 적용하여 기독교인들이 무슬림들에게 높은 세금을 내도록 강요하고, 이에 따르지 않을 경우 그들을 당연히 죽이도록 하였다.

알-지하드는 준비가 끝났고, 이집트 정부와 그 체제에 대한 첫 번째 대대적인 공격을 감행할 수 있게 되었다. 그들은 체제를 전복시키고 이집트를 복종시켜 전 세계적인 이슬람 국가혁명의 기초로 삼을 계획이었다.

준비기간동안 자문위원회는 11명의 새로운 위원을 받아들였지만 그들 역시 역사적으로 의미가 큰 이 작전에서 자신들을 이끌고 나가야 할 대표 지도자의 필요성을 느끼기 시작했다.

많은 생각 끝에 그들은 내가 알-아즈하르 대학에서 가르침을 받았던 꾸란 교수인 쉐이크 오마르 압델 라흐만을 선임하기로 결정했다. 그는 비록 장님이었지만 이러한 조직을 이끌어가는데는 부족함이 없었다.

사다트 대통령 암살

쉐이크 압델 라흐만은 사다트 대통령과 그의 정부가 죽어 마땅한 배신자이며 이교도들이라고 파트와(fatwa)를 발표했다. 그들이 주장하는 국가를 전복시킬 수있는 3단계는 다음과 같다.

1. 대통령을 죽인다.
2. 카이로에 있는 전략적인 장소들, 이를테면 국방부와 국가안보국, 전국 라디오방송국과 TV 방송국 등을 장악한다.
3. 이집트 남부의 아스유트 지역을 접수하고 새로운 이슬람혁명에 동참하러 나오도록 이집트 무슬림들을 부추긴다.

알-지하드는 저격수로 이집트군인 출신이고, 전국원거리사격대회 우승자인 칼레드 알-이슬람불리(Khaled al-Isalmbouli)를 불렀다. 그는 알-지하드에서 적극적인 테러리스트이었다.

모든 일이 계획대로 진행되었다. 1981년 10월 6일에 대통령은 1973년 이스라엘과의 전쟁승리를 기념하기 위해서 매년 열리는 군 축하행사에 참석했다가 총에 맞아 그 자리에서 죽었다. 아스유트 지역은 알-지하드의 손에 들어갔지만, 그들은 카이로까지 접수하지는 못했다.

사다트 암살 이후 당시 부통령 무바라크는 곧바로 군부에 아스유트 지역의 알-지하드 조직의 해체를 명령했다. 이집트 정부는 쉐이크 오마르 압델 라흐만을 비롯하여 알-지하드의 지도자들을 체포하여 그들 모두를 이집트 최고 군사법정에 세웠다.

그들의 문제는 아랍 국가들의 법률제도가 과연 이슬람의 꾸란에 순종한 이 무슬림들을 어떻게 다룰 수 있을까 하는 것이었다. 어쩌면 이집트역사에 있어서 가장 중대한 사건이라 할 수 있는 이 사건의 법정기록은 다음 장에서 자세히 살펴보도록 하겠다(이집트 무바라크 대통령은 2011년 2월 이집트 민주화운동으로 인해 퇴진하였다).

정의의 패배, 꾸란의 승리
– 쉐이크가 꾸란을 이용해 암살을 변호하고 석방을 쟁취하다

제 21 장

드디어 쉐이크 오마르 압델 라흐만이 법정에서 자신의 재능을 보여줄 때가 왔다. 그는 알–지하드의 철학을 변호하기 위해서 법정 앞에 섰다. 그에게는 두 번의 기회가 주어졌다–한 번은 배심원들에게 지하드의 사고방식을 설명하기 위해, 또 한 번은 법무장관의 질의에 답변하기 위해 법정기록과 라흐만의 답변을 읽어보면 이슬람이 원하는 게 무엇인가를 정확히 알수 있을 것이다. 꾸란과 이슬람 학자인 쉐이크 오마르 압델 라흐만, 그는 아무도 상상하지 못한 방식으로 자신의 전문지식을 알–지하드를 위해 사용했다.

라흐만은 자신이 평생 동안 연구하여 통달해온 게임에 법무장관을 끌어들였다. 그는 자신이 고발당했던 상황을 역전시켜 법무장관을 방어위치에서게 했다.

쉐이크 오마르 압델 라흐만은 첫 재판이 자신에게 유리하게 돌아가도록 모든 준비를 마쳤다. 그는 법정에서 다음의 이슬람 원칙들을 분명하게 이해시켰다.

- 재판은 알라가 무슬림만을 위해 정해준 것에 따라야 한다. 알라의 권위는 모든 무슬림들이 인정해야 하며, 알라가 모든 것과 모든 이를 창조했기에 누구도 그 권위를 부정할 수 없다. 그는 자신이 창조한 모든 것에 대한 절대적인 권리를 가지고 있다.

- 이슬람 정의를 실천하는 사람들은 알라의 명령과 선지자 무함마드의 말에 순종하는 신실한 무슬림들이어야 한다. 사법체계가 꾸란에 의해서 움직이지 않으면 무슬림들은 그 법에 자신을 복종시켜서는 안 된다.

- 이교도 국가들인 '미국과 유럽'에서 수입된 법들은 인간이 만든 것이며, 알라의 법을 따른 것이 아니다. 이집트에 현존하는 법은 간통, 도박, 동성애, 알코올 중독, 절도 등의 여러방면에서 알라의 법을 손상시킨 사람들의 영향을 받았다. 누구든지 알라의 법을 수정한 사람은 배신자들이며 이교도들이다. 누구든지 이런 법에 복종하는자 역시 배신자들이

오마르 압델 라흐만이 안와르 사다트 대통령 암살 후 이집트 최고 법정에 출두하다.

요, 이교들이다.

오마르 압델 라흐만은 다음과 같은 주장으로 자신의 말에 권위를 세우고자 했다. "내가 말하고자 하는 것은 한 개인의 견해나 영적 사상이 아니라 알라의 경전이 말하고 있는 것들이다."

다음은 법정의 마지막 재판 중 법무장관이 오마르 압델 라흐만에게 질문하는 부분을 법원기록에서 발췌한 것이다.[1]

법무장관: 이슬람 역사에서 우리는 많은 무슬림들이 알라가 최후의 재판관이라고 하면서도 그들이 원하는 대로 행동하는 것을 본다. 이슬람은 그들을 엘-카리즈(el-Kharij)라고 불렀고 그들을 거부한다.

라흐만: 카리즈는 이슬람 후계자에게 반역하거나 그에게 복종하지 않은 자들을 말하는데 그럼 오늘 날의 이슬람 후계자는 누구인가? 오늘 날 알리 이븐 아비 탈립은 어디에 있는가? 그리고 당신들이 우리들을 카리즈라고 부른다면 그 말은 우리가 후계자에게 또 무슬림지도자들에게 불순종하거나 그를 반역했다는 뜻이다. 그럼 현재의 후계자이자 무슬림들의 지도자는 누구란 말인가? [그는 사다트 대통령과 이스라엘의 수상 메나헴 베긴(Menachem Begin)과 미 대통령 지미 카터 간의 평화회담을 두고 말한 것이다. 당시 사다트는 노벨평화상 수상자였다]. 알라의 법을 버리고 이교

---

1). 마흐무드 파우지(Mahmoud Faouzi), 『오마르 압델 라흐만: 미국인 쉐이크가 오고 있다』 *Omar Abdul Rachman: The American Sheikh Is Coming*, 이집트 카이로: Dar Al aaten, 1993, 26~39쪽.

이슬람과 테러리즘
－ 그 뿌리를 찾아서

도들과 불신자들의 법에 순응할 것을 명령한 이 사람이 우리 이슬람의 후계자란 말인가?

법무장관: 알라가 입법자이자 유일한 재판관이라고 믿는다고 해서 우리가 살아가고 있는 오늘날의 사회적·정신적 기준들에 의해 해결책을 찾고자 하는 이슬람 사회가 배교자 사회, 이교도 사회가 되는것은 결코 아니라고 본다.

라흐만: 편의에 따라 알라와 그의 법을 불순종하는 것은 단 한 가지를 뜻한다ㅡ이와 같이 행한 자들은 알라의 법을 버리고 자기만의 법을 만든 죄, 길 잃은 이교도들이라는 것이다. 그들이야말로 알라가 무슬림들에게 지하드를 통해 죽이라고 명령한 자들인 것이다.

법무장관: 지하드는 살인이 아니다. 또한 이슬람의 가르침도 아니다. 지하드는 악과 가난, 질병과 죄에 대한 영적인 싸움이다. 살인은 오직 악마로부터 오는 것이다.

라흐만: 법무장관은 이와 같은 지식을 어디에서 얻었는가? 내가 모르는 꾸란 어딘가에 지하드가 악과 가난, 질병과 죄에 대한 영적인 싸움이라는 구절이 있는가? 어쩌면 법무장관은 최근 알라로부터 새롭게 영감을 받았고 다른 무슬림들은 아직 그 사실을 모르는 모양이다.

법무장관 우리가 살고 있는 이슬람 사회를 불신자, 이교도, 배신자라고 말하는 것은 자비로운 알라와 그의 명령과 그의 법에 대한 모욕이다.

라흐만: 어떤 명령과 법을 말하는 건가? 간통과 도박, 알코올에 타협한 것을 말하는가? 법무장관님, 당신의 명령과 법은 악마로부터 온 것이다.

법무장관: 어떠한 무슬림 사회에서도 알라가 유일한 신이며 무함마드가 그

의 선지자라고 고백했다면 아무도 그들을 이교도라고 비난할 권리는
없다.

라흐만: 당신이 말한 것은 진정한 진실이 아니다. 사람이 알라가 신이며 무
함마드가 그의 선지자라고 고백할 수는 있다. 동시에 그는 자신의 고
백에 반하는 행동을 할 수 있으며 다만 그 행동이 그를 이슬람 밖으로
몰아내는 것이다.

법무장관: 사다트 대통령은 알라에 대한 사랑과 국가에 대한 사랑으로 자
기 삶을 바친 위대한 사람이었다.

라흐만: 당신은 그 사람이 국가에 대한 사랑이라는 미명하에 어떤식으로
자기 삶을 바쳤는지 알고 있는가? 그가 바로 모든 종교들이 동등하다
고 선언한 자이다. 그는 이교도들과 "원숭이와 돼지들(유대인들을 묘사
하는 꾸란의 표현)"의 자손들을 무슬림과 동등하게 만들었다. 그는 세계
제일의 살인범과 친한 친구가 되었다(이스라엘의 수상 베긴을 두고 한 말
이다). 알라를 위해 자기 삶을 바친 바로 그 사람은 이 국가에서 알라의
모든 법을 어겼다. 알라를 예배한 바로 그 사람이 무슬림여인의 베일
을 두고 텐트라고 비꼬았다. 그 사람이 알라를 사랑했다고? 그는 국제
언론들과 전 세계 앞에서 공개적으로 여인과 춤추고 껴안으면서 알라
를 모욕하기도 했다(평화협정을 축하하는 리셉션에서 사다트 부부는 카터 부
부와 함께 춤을 추었는데 그 장면이 국영방송을 통해 전국으로 방영되었다). 이
것은 사다트가 항상 연설했던 소박한 모습(village behavior)과도 동떨어진
모습이다. 그는 이집트를 기업자유화로 이끌어 경제를 거의 망칠 뻔했
다. 또한 이집트를 도덕적 해이와 사회적 재앙으로 큰 손실을 입게 만

들었고 그가 일으킨 피해를 복구하려면 아마도 여러 해가 걸릴 것이다.

여기까지 우리는 쉐이크 오마르 압델 라흐만이 어떤 궤변을 늘어 놓아 결국은 법무장관 뿐 아니라 이집트의 사법체계까지 흔들어 놓을 수 있었는지 그의 화려한 언변술과 함께 증언을 듣게 되었다.

그렇다. 지하드는 알라와 이슬람의 모든 적들을 죽이는 것을 의미한다. 무슬림들은 마치 알라의 적들에 대해 스스로 조치를 취하여 죽이는 것을 옳다고 믿는다. 나라법은 꾸란보다 상위법이 될 수도 없고 되어서도 안 된다. 대통령 암살의 주모자는 꾸란을 통해 자기 행동을 정당화시키고 위대한 국가 이집트의 최고 법정에서 무죄판결을 받을 수 있었다. 참으로 부끄러울 따름이다.

공식적으로 쉐이크 압델 라흐만은 그가 알-지하드에 "이교도인 사다트를 죽이라"는 종교적인 명령을 내린 것을 증명할 물증이 없다는 이유로 풀려났다. 내가 보기에는 장님인 쉐이크가 한 말들이 유죄를 받을만한 충분한 증거가 될 수 있었음에도 불구하고 그에게는 처벌이 내려지지 않았다.

반면에 저격수인 칼레드 알-이슬람불리와 『잃어버린 헌신』의 저자 모함메드 아베드 알-살렘을 포함한 다섯 명은 군대식으로 처형되었다. 경찰은 작가들은 체포하고 그들의 저서들 또한 모두 압수하여 불태웠기 때문에 이제는 암시장에서만 그들이 쓴 책들을 겨우 구할 수 있을 뿐이다.

이집트 정부의 엄청난 방해에도 불구하고 알-지하드는 살아 남았고, 세력은 더욱 커졌고, 그리고 결코 멈추지 않았다. 알-지하드의 지도자들 대부분은 수단, 예멘, 파키스탄, 체코슬로바키아 등지로 달아났고 일부는 아프가니스탄으로 건너가 그곳의 알-지하드의 테러리스트가 되어 더 활발하게 활동하고 있다. 훗날 그들은 알-지하드와 같은 신념과 원칙 위에 자기 조직을 세운 오사마 빈 라덴과 연대하게 된다.

이집트로부터 도망친 알-지하드의 초기 테러리스트들은 빈 라덴이 새로운 조직을 세울 수 있도록 도와주었다. 그들은 이를 알-카에다라고 불렀다. 이집트 알-지하드 지도자들 중 하나인 아이만 알-자와히리(Ayman al-Zawahiri)는 빈 라덴의 오른팔이 되어 활동하였고, 아프가니스탄은 이집트 정부에 의해 탄압받는 자들의 도피처가 되었다. 후에 아프가니스탄 원리주의자들의 지도자인 탈레반은—함께 죽음을 맞을 준비가 되어 있는 동료로서, 같은 지하드의 부름에 대한 동료로서— 승리자가 될 희망을 품고서 알라의 사람들이 세상을 지배할 때를 대비하여 그들을 모두 받아들이고 지원했다.

(Courtesy of Sinai Publishing, Cairo, Egypt)

칼레드 알-이슬람불리
1982년에 안와르 사다트 대통령을 암살한 저격수로서 이집트 정부에 의해 처형을 당했다.

World of Islam

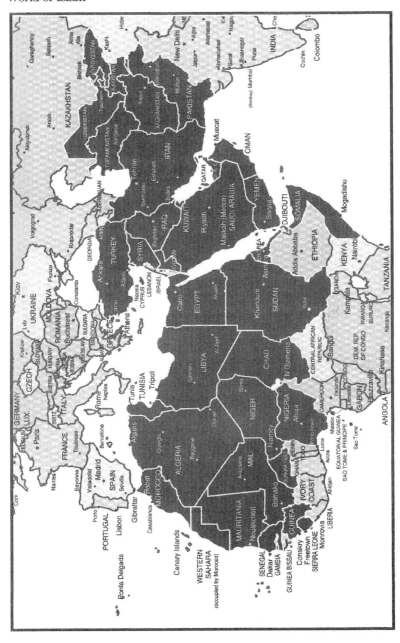

이집트 밖에서 피 흘리는 지하드
– 이집트의 지하드 지도자들이 주변국가로 옮겨가다

제 22 장

물속에 돌을 던지면 물결은 사방으로 퍼진다. 원리주의 테러리스트들 사이에서도 이와 같은 현상이 일어난다. 한 국가에서 일어난 거대한 사건이 다른 많은 국가들에 파급효과를 일으키는 것이다.

이집트가 이 경우 물속에 던져진 돌로, 현대 테러리즘의 중심부에 있다. 그 이유는 이집트가 전 세계 이슬람교육의 중심지이기 때문이다. 알–아즈하르 대학은 이슬람을 전도(다와)할 전도자들을 온 세계로 파송하고 있다.

세계 어느 무슬림 국가에서든지 종교적인 의문이 생기면 그들은 여지없이 알–아즈하르에서 해답을 찾는다. 내가 남아프리카에 파견 나가 있었을 때도 무슬림들에게 대답할 수 없는 질문이 생기면 그들은 알–아즈하르에 편지를 보낸다.

가령, 그들은 초승달이 뜰 때 시작하는 라마단을 남아프리카에서는 언제 시작해야 하는지에 대해 기준이 필요했다. 알-아즈하르는 카이로에서 초승달이 보일 때 전 세계가 라마단을 시작해야 한다고 선언했다.

무슬림형제단, IGM, 알-지하드를 비롯한 조직들이 확장되던 시기에 나는 알-아즈하르에 몸담고 있었다. 그리고 학사, 석사, 박사학위를 받으면서 11년을 알-아즈하르에서 보냈다. 거기다가 알-아즈하르는 내가 학사학위를 받은 뒤 튀니지, 리비아, 이라크, 모로코 등 이슬람 대학들에 객원교수로 파견했기 때문에 객원교수의 위치에서 세계각지에서 도대체 무슨 일이 일어나고 있는지 자세히 관찰할 수 있었다.

지금까지 우리는 이집트와 이란에서 일어난 일들을 자세히 살펴보았다. 이제부터는 사다트의 암살로 인해 북아프리카로부터 일어나기 시작한 파급효과와 이집트의 서쪽으로 리비아, 튀니지, 알제리 남쪽으로는 수단까지 알-지하드가 미친 영향에 대해서 구체적으로 살펴보고자 한다.

리비아

이집트와 이웃하고 있는 리비아에서는 수천 명의 무슬림 남성들이 사다트의 암살에 고무되었다. 그들 역시 알라의 이름과 지하드의 부름을 위하여 기꺼이 목숨을 던지려 했다. 리비아무슬림들은 무암마르 카다피를 암살하고 그의 정부를 전복시키기 위해 많은 조직들을 만들었지만 성공하지 못했다(카다피 대통령 2011년 10월 처형됨).

카다피가 무슬림이기는 하지만 그의 입장이 이슬람 원리주의와는 거리가 있다는 사실을 서방 세계사람들은 알지 못할 것이다. 그는 1965년에 정권을 잡은 후 이슬람법이 아닌 리비아헌법으로 국가를 다스렸다. 카다피의 본래 목적은 민주주의를 실현시키는 것이었다.

카다피는 이집트 전 대통령인 가말 압델-나세르가 무슬림형제단을 엄하게 다루는 것을 보고 그에게 감탄했다. 나세르 대통령은 원리주의자들을 절대 용납하지 않는 것으로 유명했다. 그는 두 번-1954년과 1965년에-그들을 모아 처형시켰다.

카다피는 기회만 되면 리비아 국영TV 방송에 나와서 과격한 원리주의 무슬림들을 '떠돌이 개들'이라고 곧잘 표현했다. 또한 나세르의 방식에 따라 리비아에 대한 원리주의자들의 영향력을 없애기 위해 여러차례 그들을 학살했다.

튀니지

이집트 알-지하드의 영향은 리비아에서 튀니지로 옮겨갔다. 여기에 참여한 사람 중에는 라쉬드 알-가누쉬(Rashid al-Ghannoushi)가 있었다. 그는 튀니지의 이슬람 저항운동인 알-나흐다(al-Nahda)의 국외로 추방된 지도자이자 논리정연한 표현력을 가진 연설가였다.

알-나흐다는 전 대통령인 하비브 이븐 알리 부르구이바(Habib ibn Ali Bourguiba)와 현 대통령인 지네 엘-아비디네 벤 알리(Zine El-Abidine Ben Ali)와 끊임없이 투쟁하고 있었다.

나는 1990년대 초에 튀니지를 방문했으며, 그 곳 무슬림들은 이슬람 영웅들의 국가에서 왔다는 이유로 나를 매우 극진하게 대접해 주고 존중해 주었다. 그들은 사다트를 죽인 칼레드 알−이슬람불리를 현대의 이슬람 영웅이라고 불렀다. 그들은 내게 "우리 이슬람, 아랍 국가들은 무함마드의 시절처럼 모든 이교도 국가들을 전복시키고 이슬람왕국을 세울 수 있는 사람들을 필요로 합니다." 라고 말했다.

알제리

알제리에 미친 효과를 충분히 이해하려면 알제리의 독특한 역사부터 먼저 살펴보아야 한다. 알제리는 초기에 이슬람에 전복 당한 지역들 중의 한 곳이다. 무함마드가 죽고 십 년도 채 지나지 않아 이슬람군대는 알제리를 침략했다. 그때부터 프랑스가 침공한 1830년까지 알제리는 이슬람 국가였는데, 이후 프랑스는 1962년까지 알제리를 지배하게 되었고, 그 과정에 알제리 문화가 프랑스 문화에 강력한 영향을 받아 해방 이후에도 프랑스어는 알제리 국가의 공용어였으며 오히려 알제리 전국을 통틀어 아랍어는 거의 사라졌다고 해도 과언은 아닐 것이다.

알제리는 아흐메드 벤 벨라(Ahmed Ben Bella)가 이끈 알제리 혁명 이후 이슬람에 기초를 두지 않은 중앙정부의 통치를 받게 되었다. 많은 아랍의 이슬람 국가들이 알제리가 프랑스 영향력에서 벗어나 이슬람과 아랍어를 다시 세울 수 있도록 도와 주었다. 우리 삼촌은 알−아즈하르에서 아랍어를 가르치고 이슬람을 복위시키기 위해 알제리로 보낸 전도자들을 이끌었던 사람들 중 한 명이었다.

서서히 그러나 확실하게 알제리는 다시금 이슬람 국가가 되어 갔다. 그 과정에서 알제리는 이집트의 주요 조직 두 곳의 영향을 받았는데 바로 알-아즈하르 대학의 교육적인 전도단과 무슬림형제단의 대원들이었다. 1954년에서 1960년까지 이집트 대통령 나세르가 무슬림형제단 대원들을 엄청나게 탄압하던 시기에 많은 대원들이 알제리로 이주했다. 그들은 자신들의 신념을 알제리 신세대들에게 전파하기 시작했다.

알제(Algiers, 알제리의 수도)대학의 교수였던 알리 벨하지(Ali Belhadj)와 아바스 알-마다니(Abbas al-Madani)는 새로운 이슬람조직인 알-가바 알-아슬라미아 릴린카즈(al-Gabha al-Aslamia Lilncaz, 이슬람구원전선)를 만들었다.

하지만 이는 단지 이집트의 무슬림형제단에 새로운 이름을 붙인 것 뿐이었다. 이 조직은 아랍 국가들 특히 이집트의 이슬람 조직들과 강한 연대를 맺었다. 알제리와 이집트의 무장단체의 지도자들은 당시 전 세계의 모든 이슬람 조직들을 이끌기 위해 긴밀하게 협조체계를 구축하였다. 이 두 집단은 북아프리카 전역에 걸쳐 이슬람 국가를 세우려는 목적으로 모로코, 튀니지, 리비아에 들어가기 위해 수단과 방법을 가리지 않았다. 그들은 세계가 아랍 전 지역에 걸쳐 이슬람 권위가 다시 세워지는 것을 볼 수 있도록 수단과 이란의 조직들과 연대할 계획을 세웠다.

리비아 정부에서 위협을 느낀 무암마르 카다피 대통령은 동쪽으로는 이집트인들, 서쪽으로는 알제리인들로부터 압박을 받고 있던 터라 과격한 이슬람 무장단체들과 지도자인 알-마다니와 벨하지와 싸우는 것을 돕겠다고 자진해서 알제리 현정부에 제안하고 나섰다.

선거를 탈취하다

1990년대 초반, 이슬람구원전선은 이슬람 무장단체들을 위해 역사상 손 꼽히는 대규모의 집회를 국립축구장에서 가졌는데, 그 안에는 사람들이 꽉 들어차 있었고 그 열기 또한 대단했다. 알제리의 수도인 알제는 언제까지 고 그날 울려 퍼진 군중들의 함성을 기억할 것이다. "알라는 위대하다! 기 다려라, 기다려라, 너희 모든 유대인들이여! 무함마드의 군대가 너희에게 가고 있다."

이 모든 반유대인적인 증오와 외침들은 그 날 초청 연설자였던 칼 레 드 알-이슬람불리의 어머니가 분위기를 고취시키기 위해서 한 연설이다. 사다트 대통령을 암살한 죄목으로 이집트 정부에 의해 처형 당한 칼 레드 알-이슬람불리의 어머니가 알제리에 있는 지하드의 지도자들을 향해 연설 했다.

연설 중에 그녀는 자신들의 국가와 세계에서 지하드를 현실로 만들려면 자기 영혼뿐 아니라 돈도 바쳐야 한다며 군중들을 고무시켰다. 그녀는 또 "나는 사랑하는 아들을 지하드를 위해 희생시켰으며, 강단의 내 옆에 서 있 는 작은아들 모함메드 역시 같은 목적을 위해-이슬람의 깃발이 온 세계를 덮을 그 날을 위해서- 바칠 준비가 되어 있으며 또한 이슬람이 적들로부터 승리를 얻을 수 있다면 내 목숨도 기꺼이 바치겠다."고 말했다.

"어머니로서 내 아들 칼레드가 이슬람의 적에게 사형선고를 받았던 것보다 더 자랑스러웠던 적은 없었습니다." 그녀의 말에 군중들이 내지른 함성은 가히 공격적이었다. 전 세계의 이슬람 국가들이 자기 아들을 기념하기 위해 수많은 거리에 아들 이름이 붙여졌다는 말에 모두의 가슴 속에 있던 지하드와 순교정신에 불을 붙였다. 계속해서 "이슬람의 적들조차 우리 아들이 자신이 믿는 바를 위해 목숨을 바친 것을 보고 내 아들을 영웅으로 생각합니다."라고 말하고는 하디스에 있는 선지자 무함마드의 가르침들 중 하나를 인용했다. "어느 민족이든지 지하드를 버린다면 정복되어 굴욕당할 것이다."[1]

이 여인이 군중들을 자기 정부를 향한 미움의 불길 속에 내버려둔 채 떠났다고 생각하면 이것은 큰 착각이다.

그녀는 알제리 정부를 전복시키는 전쟁 중에 일어날 수 있는 일들에 대비하여 알제리 지하드 테러단체를 준비시킨 것이다. 이 집회의 영향력은 마치 전기충격과도 같았다. 이 집회 덕분에 알제리의 무슬림들은 그들의 임무를 실행에 옮길 용기를 얻었다. 집회가 열리고 얼마 되지 않아 선거가 실시되었다. 1991년 이슬람구원전선은 이를 기회로 그들의 목적을 위해 선거를 조작했고, 그로인해 정부를 장악할 수 있을 것이라고 기대했다. 그들은 다른 후보자들이 입후보하지 못하도록 겁을 줌으로써 선거에서 이길 수는 있었다. 그러나 정부를 장악하는 것은 그렇게 쉽지 않았다.

---

1). 「싸히 알 부카리」

알제리 상류층과 엘리트들, 고등교육을 받은 사람들은 곧바로 이 과격한 무장단체들에게 권한을 넘겨주는 것이 위험하다는 것을 알리고, 또한 이들을 반대하며, 현정부를 돕기 위해 들고 일어났다.

이집트, 리비아, 튀니지, 모로코 같은 많은 아랍 국가들이 이런 집단들의 위험성을 잘 알고 있었고, 또한 그들은 과격한 무장단체들에게 정권을 넘겨 주었을 때 일어날 결과들에 대해서도 경고했다. 바로 이것이 정부군과 이슬람사이에서 지금까지 계속되고 있는 싸움의 시작이다.

지난 6년 동안 이슬람 원리주의자들로부터 자위권을 지키기 위해 15만명이 넘는 사람들이 죽임을 당했다. 알제리 정부가 이슬람구원전선의 지도자들을 체포하자 아프가니스탄에서는 이 정부를 실각시키기 위해 노련한 테러리스트들을 다수 알제리로 파견했다. 지금도 여전히 유혈사태는 계속되고 있다.

수단

쉐이크 오마르 압델 라흐만은 감옥에서 풀려난 뒤 남쪽에 있는 수단으로 향했다. 그는 수단의 과격한 무장단체인 알-이슬라미아의 지도자 하산 알-투라비와 몇달을 함께 지냈다.

알-투라비는 수단 정부를 전복시키는데 성공했고, 수단군에 소속된 한 장성의 도움으로 정부를 장악할 수 있었다.

알-투라비의 테러리스트들은 전국에서 수단 남부에 있는 소수의 기독교인들을 장악하지 못했지만 이들을 계속해서 제거하고 있었다.

알–투라비는 팔 다리를 잘라 내거나 HIV 바이러스(에이즈 바이러스)를 주입하며–이슬람이 가르쳐 준 방법대로 기독교인들을 학살하고 있었다. 그는 상황이 따라 줄 때 이슬람이 기독교인들에게 저지를 수 있는 짓이 무엇인지를 전 세계에 보여주고 있다.

수단 기독교인들은 이슬람으로 개종하기를 거부한다. 그들은 또 가난했기 때문에 기독교인으로 남으려고 비싼 세금을 낼 여력도 없다. 그래서 수천 명이 알–투라비의 지휘 아래서 죽어가고 있는 것이다.

알–투라비의 이슬람조직은 기독교인 남자들을 죽이고 기독교인 여자들과 아이들은 모아서 노예로 팔고 있다. 이에 많은 인도주의 단체들이 서둘러 기독교인 노예들을 사서 풀어주고 있다.

요점 정리

요약하면, 고도로 조직화된 이집트의 원리주의자 단체들은 자국의 정부를 전복시키지는 못했으나, 그 조직에 가담했던 사람들은 국외로 나가서 다른 국가의 과격한 무장단체들에게 영향을 끼쳤으며 그 중 특히 리비아, 튀니지, 알제리, 수단의 무장단체들에게 영향을 주었다.

이 조직들은 점차 세계의 일부가 되어가고 있으며, 그들의 임무는 정부를 전복시키는 것이다. 그들은 늘 알맞은 환경이나 분쟁이 발생하기를 기다리고 있다.

새로운 전략: 서방세계를 공략하라
- 오마르 압델 라흐만과 오사마 빈 라덴

제 23 장

테러리즘은 70년대 초반 이후 크게 두 가지-첫째는 목표물, 둘째는 방법적인 면에서 발달했다.

우리는 70년대 초에 테러리즘의 목표물에 있어 두드러진 변화가 있었음을 먼저 살펴보았다. 이전의 테러리스트들은 외교적인 인물이나 고위 군관계자, 정치가 등 특정 개인을 목표로 삼았다. 오늘 날 테러리즘은 더 이상 개인이 아닌 일반 대중에게 초점을 맞추고 있다는 사실이다.

대중에 대한 무차별 공격은 대다수에게 위협을 가하고 공포를 더 널리 퍼뜨리기 때문에 훨씬 더 효과적이다. 무차별 공격은 테러리스트들에게 빠른 수확을 주고 원하는 것을 얻는 데 있어 더 강한 교섭력을 준다. 테러리즘이 정치적 논쟁과 대화의 한 방법이 된 것이다.

오마르 압델 라흐만이 미국에 오다

쉐이크 오마르 압델 라흐만은 이집트 최고위 법원에서 승소한 뒤 자유를 얻어 수단으로 갔고, 거기에서 동료인 지하드 지도자 하산 알–투라비의 대대적인 환영을 받았다. 쉐이크 압델 라흐만은 몇 달동안 그곳에서 지내면서 알–투라비를 적극적으로 지원해 주었다.

그 후 쉐이크 압델 라흐만은 이슬람의 영광을 회복하기 위해 새로운 수를 두기로 했다. 이번에는 어느 한 국가와 싸우는 것이 목적이 아니었다 – 그는 전 세계적인 지하드를 촉구하고 나섰다. 사이드 꾸틉과 다른 작가들 역시 지하드를 세계로 가지고 나가 전 세계적인 이슬람 국가를 세우는 것이 중요하다고 강조했던 것을 기억할 것이다.

쉐이크 압델 라흐만은 무슬림들이 불신과 악의 근원 –미국과 유럽–이라고 부르는 것을 쫓기 시작했다. 이 목표에 다다르기 위해 쉐이크 압델 라흐만은 서방세계에만 존재하는 자유와 민주주의를 이용하기로 마음먹고 그래서 바로 미국으로 온 것이다.

쉐이크 압델 라흐만이 뉴저지에 도착했을 때, 그는 미국의 무슬림지도자들로부터 큰 환영을 받았다. 그는 뉴저지에 정착하여 곧바로 뉴저지 시에 있는 알–사알람(al-Salaam) 모스크에서 집회를 열었다.

미국 전역의 무슬림들도 가르침대로 가르쳐 달라고 그를 초청했다. 그는 여러 주요 도시에서 세미나와 연수회를 열었다.

라흐만이 그들에게 무엇을 가르쳤을 거라고 생각하는가? 이슬람의 사랑과 평화와 용서? 전혀 아니다.

그는 미국 무슬림들에게 지하드의 진정한 의미를 가르쳐 주었다. 모든 미국 무슬림들이 연대하여 이슬람의 부름을 위하여 함께 일해야 한다고, 다시금 세계를 지배하라는 이슬람의 부름에 응답해야 한다고 말했다.

1993년 세계무역센터 공격

쉐이크 압델 라흐만이 미국에 머무른 목적은 오직 하나, 내부에서 지하드를 이끌기 위해서였다. 아래의 내용은 그의 목표들이다.

■ 이교도들의 국가들에 기반을 둔 이슬람 지하드운동을 세워 −이것은 그의 말을 그대로 가져온 것이다− 세계적인 혁명을 준비한다.

■ 안에서부터 미국안보를 위협함으로써 미국정부를 압박한다.

■ 이 압박을 이용해서 이슬람 세계에 대한 미국의 정책을 바꾼다. − 특히 이스라엘에 대한 지원을 제거하고 팔레스타인 딜레마를 해결한다.

미국은 이스라엘과 무슬림 원리주의자들이 세속적이라고 여기는 중동의 여러정부들을 지원한다. 쉐이크 압델 라흐만은 그 정부들이 모두 이슬람의 칼로 전복되어야 한다고 믿는다. 따라서 그들에 대한 미국의 지원이 이슬람 지하드 운동에 있어서 세계 최대의 장애물인 셈이다. 쉐이크 압델 라흐만이 처음으로 실행에 옮긴 사건은 부와 성공, 자유기업의 가장 주요한 상징 중 하나 −뉴욕 세계무역센터 빌딩− 를 공격함으로써 미국을 뒤흔드는 것이었다. 1993년, 세계가 깜짝 놀랐듯이 한쪽 빌딩에서 일어난 거대한 폭발로 인해 이 사건에 연루된 6명의 범인은 체포되어 종신형을 선고 받았다. 이 사건의 주범인 쉐이크 압델 라흐만은 구속되어 지금까지 미연방 교도소에 구속되어 있지만 아마도 평생을 교도소에서 보내게 될 것이다. 그는 아직도 철창 안에서 계속 지하드를 지휘하고 있고, 그가 살아있는 동안은 납세자들의 돈으로 먹여 살려야 한다는 게 웃기는 역사의 아이러니가 아닐수 없다.

세계적인 혁명을 막는 장애물

이슬람 운동은 세계적인 이슬람혁명을 가로막는 세 가지 주요 이데올로기가 있다고 믿는다.
1. 이스라엘이 드러내는 유대주의
2. 미국과 서방이 표방하는 기독교
3. 전(前) 소련과 중국이 표방하는 공산주의

그들은 또한 혁명이 일어나기 전에 이 장애물들이 파괴되어야 한다고 믿는다.

특별한 목표물인 미국

이슬람 원리주의자들에게 있어 미국이 특별한 목표가 될 수 있는 다섯 가지의 분명한 이유가 있다.

1. 미국은 꾸란에서 말하는 '성서의 사람들' −유대인들과 기독교인들─을 상징한다.

2. 미국은 이스라엘을 지원한다.

3. 미국은 무슬림이 악하다고 여기는 −포르노, 알코올, 부도덕한 동성애, 부도덕한 음악, 부도덕한 패션, 부도덕한 문화 등 − 모든 것들의 원천이다.

4. 미국은 전 세계의 기독교를 지원한다. 다른 어느 국가들 보다 미국에서 기독교 선교사들을 가장 많이 파송한다.

5. 미국정부는 "국민의, 국민에 의한, 국민을 위한" 정부이므로 무슬림들이 보기에는 이교도 정부이다. 왜냐하면 알라는 존재하는 모든 것들의 통치자이기 때문이다.

그들은 미국과 서방세계가 알라와 이슬람의 진정한 적들이라고 본다. 그들의 입장에서 살펴볼 때, 서방세계는 무슬림원리주의자들을 죽이고 조직을 부수고 테러리스트들을 죽이도록 아랍 정부들을 부추기고 있으며, 또한 이스라엘이 무슬림들의 땅을 차지하고 있으면서도 아랍인들을 죽이고 싸울 수 있도록 돕고 있기 때문이다.

오사마 빈 라덴

이슬람혁명에 새로운 지도자가 나타났다. 그는 쉐이크 압델 라흐만과 비숫한 이력을 지닌 사우디 백만장자이다. 압델 라흐만이 그랬듯이, 그는 정부의 탄압 때문에 자신의 조국을 떠나서 잠시동안 수단에 머물렀다.

1996년에 그는 아이만 알-자와하리를 비롯한 이집트 알-지하드의 원조 테러리스트들과 힘을 합쳐 알-카에다를 만들기 위해 수단을 떠나 아프가니스탄으로 갔다.

알-카에다는 체첸, 카슈미르, 우즈베키스탄, 파키스탄, 케냐 등 비아랍 회원들도 참여한 국제적인 조직이다. 사람들은 다르지만 목표는 여전히 동일하다. 서방세계 국가들과 미국, 이스라엘에 전쟁 등 지하드를 선포하는 일이다. 이스라엘은 유대주의를 상징한다는 이유로 미국은 기독교를 상징한다는 이유로 항상 응징의 대상이 되었다.

알-카에다 조직

오사마 빈 라덴은 빈손으로 시작하지 않았다. 알-카에다는 이집트 알-지하드의 경험을 다시 포장하고, 다시 모집하고, 다시 조직한 것이다. 하지만 다음의 세가지 영역에서 다른 점을 가지고 있다.

사고방식: 서방 목표물을 공격하다

이전의 이슬람 혁명들은 지역적으로 시작해야—그들의 조국을 먼저 전복시키고 이슬람 지배에만 기초를 두고 국가를 세운 다음에 세계를 정복해야—한다고 믿었다. 그러나 80년대에 이집트를 장악하는데 실패하자 자와히리와 쉐이크 압델 라흐만은 세계적인 지하드를 지향하는 것이 더 좋겠다는 결론을 내렸다. 그들은 '손'보다는 '머리'를 노리기로 결정했다. 머리는 누가 정치적인 정책들을 갖고 있는가를 통해 식별했다.

미국과 유럽은 이슬람 분파들을 파괴하는 일에 이집트를 지원했다. 미국은 이란혁명의 원리주의자들과 싸울 수 있도록 이라크를 지원했다. 그리고 미국은 이스라엘이 팔레스타인과 싸울 수 있도록 여전히 지원하고 있다.

알-카에다는 미국이 머리이며, 세속적인 아랍 국가들은 손이라고 결론지었다. 호전적인 원리주의자들은 거의 모든 무슬림 정부들이 지나치게 세속적이라고 여긴다는 사실을 기억해야 한다.

그들의 사고방식은 우리가 머리를 제거하면, 손은 움직이지 못할 것이다. 다시 말해 우리가 큰 형을 제거하면 동생들에게는 우리가 하고 싶은대로 할 수 있는 경우와 마찬가지 원리이다.

그래서 지도층은 알-카에다의 최우선 목표는 서방세계가 되어야 한다고 결정했다. 빈 라덴은 이슬람의 적들과의 전투와 지하드는 적들의 땅에서 치러져야 한다는 쉐이크 압델 라흐만의 새로운 철학을 굳게 믿었다.

준비: 다양한 국제적인 테러리스트들

목표물은 더 이상 경찰력이나 군대, 정부가 아니다. 문화와 경제 그리고 세계 권력의 원천, 즉 미국과 유럽국가들의 안보가 목표물이 되었다. 이슬람혁명의 새로운 철학은 민간인들을 죽이고 경제를 파괴하는 것인데 이는 여전히 꾸란을 따른 것이다. 목표물이 바뀐 만큼 그에 대한 준비도 달라졌다. 알-카에다는 국제적인 테러리스트들을 찾고 있으며, 이를 통해 넓고 다양한 체험들을 얻으려는 것이다.

오사마 빈 라덴은 억만장자이며, 그는 자신의 부를 모두 쏟아 부어 조직을 돕고 있다. 그는 또 탈레반 정권으로부터 많은 도움을 받고 있다. 탈레반은 전쟁 이후 러시아로부터 엄청난 양의 무기들을 압수했으며 공산주의자들에 대한 아프가니스탄의 노력을 지원했던 미국으로부터도 많은 무기를 얻었다.

아마 가장 중요한 준비라면 알-카에다의 테러리스트들 대부분이 전쟁을 경험한 병사들이다. 빈 라덴이 거느리고 있는 테러리스트들 역시 이집트 지하드 운동, 아프가니스탄 전쟁, 카슈미르 전쟁, 이스라엘에 대한 전쟁 등 기타 여러 전투의 생존자들이다. 이 사람들은 자국 정부로부터 거부당한 훈련된 테러리스트들이다.

실행: 작은 목표물부터 시작하다

계획과 실행은 쉐이크 압델 라흐만의 경우를 배우는 것부터 시작되었다. 그는 1993년 세계무역센터에 대한 첫 폭탄 테러에서 실패했다. 알-카에다는 과거의 실수로부터 배움을 얻어 더 나은 계획을 세웠다. 더 작은 미국 목표들부터 시작하기로 한 것이다. 1998년 8월 7일 그들은 케냐와 탄자니아에 있는 두 미국 대사관을 폭파시켜 2백 명이 넘는 사상자를 냈다.

이에 대한 미국의 반응은 약했다. 1998년 8월 20일 빌 클린턴 대통령은 수단 내에서 테러리스트의 은신처라고 의심되는 지역에 크루즈미사일 두 개를 쏘았을 뿐이다. 알-카에다는 억만 달러 짜리 미사일로 10달러 짜리 텐트들을 부순 클린턴 정부를 비웃었다.

몇 년 후인 2000년 8월 12일 알-카에다는 예멘의 아덴 항에 정박해 있던 미국에서 가장 큰 해군 전함 중 하나인 콜(Cole)호를 자살테러를 통해 침몰시키려 했다. 폭발로 인해 17명의 해군 병사가 죽고 많은 이들이 다쳤으며 해군전함의 중심부는 폭발로 인해 선체는 심하게 부서졌다. 이번에 미국 정부는 보복도 하지 않았다. 마치 아무 일도 없었다는 듯이 행동했다. 이제 알-카에다는 미국으로부터 관용의 메시지를 파악했고, 빈 라덴은 더 크고 더 엄청난 짓을 1993년 세계무역센터 등을 통해 자살폭탄 테러 이후 처음으로 미국을 공격해서 초토화 시킬 때가 되었다고 판단했다. 2001년 9월 11일 그의 계획은 실행에 옮겨졌고 비행기 네 대가 납치되었고, 자살 테러로 이어졌다. 이 테러 사건으로 세계무역센터의 붕괴, 미국 국방부로 잘 알려져 잇는 펜타손의 일부 파괴라는 결과를 초래했고, 비행기에 탄 사람들이 모두 사망한 것은 말할 것도 없다.

전 세계의 언론들은 알-카에다가 목적을 이루는데 도구가 되어 공포를 확산시키고, 서방세계의 국가안보 특히 미국의 국가안보를 뒤흔들려는 목적이 있다고 보도했다. 사이드 꾸틉은 그의 글에서 다음과 같이 논평했다:

무슬림들이 이교도들의 고향 땅으로 전장을 옮기고, 이슬람의 공포로 세상을 지배하는 계획은 쉐이크 압델 라흐만이 시작했으며, 이제 오사마 빈 라덴이 진행시키고 있다(2011년 5월 사망).

오사마 빈 라덴은 알-카에다에 소속된 경험 많은 이집트인들로부터 많은 것을 배웠으며, 특히 그의 오른팔인 아이만 알-자와히리를 비롯한 여러 사람들이 많은 것을 가르쳐 주었다. 이집트 알-지하드가 자기 정부를 전복하려고 했을 때의 수법과 알-카에다가 미국에 사용한 방법이 비슷한 점이 많다는 것을 볼 수 있을 것이다. 이집트 알–지하드는 모금을 위해 기독교인들을 상대로 약탈을 일삼았고, 이집트 정부에서 잘 훈련받은 이집트 병사들이 군대 무기들을 사용하여 사다트 대통령을 그들이 암살하도록 교묘하게 이용했다. 알–카에다는 미국으로부터 4대의 비행기를 훔쳤고, 목표물을 공격하는데 그것들을 이용했다.

이집트 전역의 도시들(나그흐 하마디, 아보 카라카스, 알–민야, 다이루트, 말라위, 아스유트) 등에 살고 있는 죄없는 기독교인들은 이슬람 테러리스트들의 게임에 싸구려 희생양이 되었다. 마찬가지로 뉴욕, 워싱턴 D.C.의 미국인들과 비행기 승객들, 승무원들도 그와 같은 신세가 되었다.

알라의 이름으로 죄없는 사람들을 죽이는 것은 이슬람이 계속해서 세계적으로 실행하고 있는 만행이다. 수단 남부, 이집트, 나이지리아 외에 여러 국가에 사는 수백만 명의 기독교인들이 이런 일을 당하고 있다.

그에 대한 좋은 예가 2000년 1월 이집트 남부의 알–코쉐(Al-Kosheh)에서 일어난 일이다. 마을이 공격당하던 중에 21명의 남자들, 여자들, 어린이들이 횃불로 불이 붙어서 타 죽었다. 어떤 이들은 장기들이 고동치는 것을 볼 수 있도록 목구멍부터 세로로 몸을 갈랐고, 다른 이들은 산 채로 불태워졌다. 가해자들은 반대편 팔 다리를 잘라 마을로 돌려보냄으로써 공포를 퍼뜨렸다.[1]

이 호전적인 무슬림들은 어디서 이런 잔인한 아이디어들을 얻는 걸까? 바로 꾸란으로부터다.

알라와 그의 선지자를 향해 전쟁을 일으키는 자들과 이 땅에 해악을 끼치는 자들에게 갚는 방법은 오직 죽이는 것 혹은 십자가에 못 박히

이슬람과 테러리즘
– 그 뿌리를 찾아서

거나 마주보는 손과 발을 자르거나 땅에서 추방시키는 것이다.

- 꾸란 5:33, 성 꾸란

여기서는 손과 발을 자르라고 되어 있지만, 내가 이해하는 아랍어 의미는 그들이 이집트 마을사람들에게 했듯이 팔과 다리 전체를 자르는 것이다.

그렇다. 21세기에도 이런 일이 일어나고 있다. 물론 이집트 정부는 이 엄청난 사건이 서방으로 노출되지 않도록 교묘하게 은폐했다.

---

1). 나는 미국콥트교회 여납이 만든 영상으로부터 이 정보를 얻었다. 콥트 교회는 이집트에서 가장 큰 기독교 교단이다. 더 자세한 것을 알고 싶다면, 미콥트연합의 본부장에게 연락해보기 바란다. Mike@copts.com

SECTION 5

무슬림과 복음

무슬림에게 소개된 거짓 기독교
– 조용한 기독교인들, 뒤섞인 삼위일체

제 24 장

　나는 이슬람과 아랍 세계의 중심인 이집트에서 태어나고 자랐다. 이집트에서 사는 동안 나는 믿을만한 소식통인 두 곳으로부터 기독교에 대해서 들었다. –첫째는 내가 이슬람과 다른 종교들에 대해서 공부했던 알–아즈하르 대학이었고 둘째는 나의 가족, 이웃, 사회 그리고 이집트 언론들을 통해서였다.

　두 소식통 모두 내가 주 예수 그리스도를 만난 후에 알게 되었던 참 기독교가 아닌 거짓된 기독교를 소개했다. 그들은 기독교인들이 알고 믿는 기독교를 소개하는 데는 관심이 없었다. 꾸란 구절들과 이슬람 가르침에서 묘사하는 기독교만을 소개했을 뿐이다.

　그와 동시에 이집트는 그 신자들이 수백만 명에 이르는 아주 큰 기독교 교파인 콥틱교회의 고향이었고 지금도 그렇다. 이 교회는 이집트 여러 도시와 마을에 수천 개의 지부 교회를 가지고 있다. 이 커다란 교파 하나가 이집트 기독교인들의 95퍼센트를 차지한다. 남은 5퍼센트는 다양한 개신교 교파들로 이루어져 있다.

나는 내 나라 어디에서든 기독교인들을 만날 수 있었다. 그들은 내 이웃에 살았고, 사업체와 슈퍼마켓을 운영했고, 정부기관에서도 일했다. 하지만 내게 성경을 건네 준 그 훌륭한 약사 외에는 단 한 사람도 내게 예수 그리스도와 자신들의 기독교 신앙에 대해서 얘기해 주는 사람이 없었다. 그녀는 그 일 때문에 몇 차례 핍박을 받았다. 원리주의자들이 약국을 불태워 버리려고 해서 그녀는 끝내 이집트를 떠나 캐나다로 갔다.

이집트에서 살고 있는 기독교인들은 소수 집단이다. 그들은 과거에도 늘 그랬듯이, 지금까지도 무슬림 원리주의자 조직들에 의해 핍박을 받고 있다. 그래서 그들은 예수 그리스도에 대해서 들어야만하는 이 나라의 5천만 명이 넘는 무슬림들로부터 가능한 한 멀리 떨어져서 조용히 살아가기로 결정했다. 기독교 사회는 엄청난 두려움 속에서 살고 있으며 실제로 무슬림들에게 전도하기를 거부한다.

기독교인이었던 나의 룸메이트

나는 학사학위를 받은 후에 1년을 이집트 군대에서 보내야 했다. 마침 기독교인이었던 다른 병사와 같은 방을 쓰게 되었다. 이집트 정부발행 신분증에는 기독교인인지 무슬림인지가 나와 있기 때문에 나는 그가 기독교인임을 알게 되었다. 그는 경영학 학위도 있었다.

함께 지내는 동안 나는 그의 신앙에 대해 계속해서 그에게 질문했다. "어떻게 세 명의 신을 믿을 수 있지?" 나는 삼위일체에 관해 질문했다. "넌 교육 받은 사람이야. 어떻게 그런 바보같은 것을 신이라고 믿을 수 있는 거야?" 나는 그에게 어떻게 하나님에게 아들이 있다고 믿을 수 있는지도 물었다. "하나님은 아내가 있나?" 급기야 나는 놀려댔다. 이 모든 개념들은 이슬람에서는 신성모독이었다.

내가 물을 때마다 그는 대답하기를 거부했다.

"우리 그냥 친구로 지내자. 제발, 종교는 하나님에게 맡겨 둬. 나한테 종교나 내 신앙이나 네 신앙에 대해 묻지 말아줘."라고 말하곤 했다. 그는 나와 우리 부대에 있는 무슬림들을 무척 두려워했다.

육체적인 상처를 입은 적은 절대 없었지만 그 때가 그의 일생에서 가장 힘든 시기들 중 하나였을 거라고 생각한다.

나는 주 예수 그리스도를 영접한 후 그를 기억해냈다. 그가 공포의 영이 자신을 지배하도록 놔두었다는 것과 다른 이들과 참 예수 그리스도를 나누기를 거부했다는 것이 나로서는 무척 안타까웠다.

만일 이 사람이 나의 인생이나 우리 부대의 다른 사람의 삶을 위해 주께서 자신을 쓰시도록 헌신했다면 그는 놀라운 일을 이루고 많은 무슬림들에게 구원을 가져다 줄 수 있었을 것이다.

닫힌 교회 문

이집트 교회가 무슬림들에게 손을 내미는 데 얼마나 관심이 없었는지를 떠올릴 때면 나는 큰 슬픔에 잠긴다. 내게 성경을 주었던 약사에게 돌아가 그녀 앞에서 예수 그리스도에 대한 나의 믿음을 선포했을 때 그녀는 한 이집트 교회의 목사님을 만날 수 있도록 자리를 마련해 주었다. 그녀는 이 사람이 나를 영적으로 양자로 삼아 세례를 주기를 바랬다. 또한 내가 성경 공부를 할 수 있도록 그가 도와주고 예수 그리스도의 몸에 새로운 지체로 받아들여 줄 것이라고 생각했다.

우리는 그의 사무실에 함께 앉아 있었고 결과적으로 그가 한 말은 이것이었다. "자네, 집으로 돌아가도 좋네. 우리는 교인 수를 더 늘릴 필요가 없네. 그리고 자네가 집으로 돌아간다면 우린 교인들을 잃을 일이 없을 걸세. 한마디로 우리는 자네에게 관심이 없네."

사무실을 나서면서 나는 그에게 말했다. "제 말 좀 들어 보세요. 당신의 도움이 필요해요. 당신이 지금 나한테 한 행동에 대해 걱정하지는 않아요. 나를 구하신 그분이 나를 도우시고 나를 돌보아 주실겁니다. 당신은 나를 거부할 지라도 그분은 내가 어디를 가든지 내게 신실하실 겁니다."

교회에서 집으로 돌아가면서 나는 이 기독교인 목사가 한 행동을 이해하려 애썼다. 내 이야기는 하나님께서 무슬림들의 삶 속에서 역사하신다는 증거이기에 그가 들으면 흥분하면서 기뻐할 것이라고 나는 그가 서로에 대한 사랑으로 세상에 알려졌던 성경에 나오는 제자들과 같을 것이라고 생각했다.

동시에 나는 어린 시절에 보았던 기독교 목사가 생각났다. 내가 그가 타고 있던 나귀를 공격하는 바람에 그는 머리에 심한 부상을 당했지만 사건 후에 그는 내게 큰 자비를 베풀었다. 그럼에도 나는 그냥 이 목사는 이상한 사람일 것이라고 생각했었다.

나와 이야기했던 목사는 나중에 약사에게 그의 입장을 설명했다. 나를 교회에 들어 올 수 있게 했다는 것을 다른 무슬림들이 알게 되면 건물을 태워 버릴까봐 두려웠다는 것이다. 이 교회 목사는 문을 닫고 자기 교인들만 상대함으로써 평화롭고 조용하게 살기로 결심한 것이다. 이집트의 어떤 기독교인들은 "우리는 기독교인으로 태어났으니 기독교인이고, 당신들은 무슬림으로 태어났으니 무슬림이다."라는 사고방식을 갖고 있다. 그들은 무슬림들도 구원받아 기독교인이 될 수 있다는 사실을 전혀 알지 못한다.

이집트에는 전도하는 교회들이 있지만, 그 수가 극히 드물어서 전체의 5퍼센트 정도 밖에 되지 않는다. 이 5퍼센트는 이단들이 포함된 다양한 개신교 교파들이 포함되어 있다. 그들은 비밀리에 무슬림들에게 전도하려고 노력한다.

여러 해 동안 그리스도에 대한 믿음이 성장한 후에도 가끔 그때 그 목사와 가졌던 만남을 떠올린다. "목사님의 도움이 필요합니다."라고 말했을 때 나는 진심으로 애원했었다. 예수 그리스도 안에서 자신의 운명을 이해하려면 정말로 도움이 필요했기 때문이다.

주를 섬기는 기독교 목사나 일반인은 공포의 영이 자기 삶을 지배하도록 놔두어서는 안 되며, 그로인해 새로운 기독교인들을 향해 무감각한 자세를 가져서도 안 된다고 생각한다. 중동에서는 아주 흔히 볼 수 있는 이 목사의 태도는 무슬림들에게 소개되는 거짓 기독교의 모습들 중 하나이다.

꾸란이 거짓된 기독교를 소개하다

이슬람은 꾸란 구절들을 통해 기독교가 예수님이 아닌 인간이 만든 종교라고 무슬림들에게 소개한다. 예컨대 그들은 예수님이 아닌 바울이 기독교의 창시자라고 말한다. 또한 예수님은 자신이 하나님이며 경배 받을만한 존재라고 말한 적이 없다는 것이다.

> 그리고 (기억하라) 알라께서 (부활의 날에) 말할 것이다. 오, 이싸(예수), 마리얌(Maryam, 마리아)의 아들이여! 네가 사람들에게 알라를 제외하고 나와 나의 어머니를 섬겨라라고 말했는가? 그(예수)는 말할 것이다. 당신[알라께 영광이 있기를!] 내게 (말할) 권리가 없는 것을 나는 말하지 않았습니다. 당신(알라)이 내게 말하라고 명령했던 나의 주이고 너의 주인 알라를 경배하라는 말 외에는 결코 말하지 않았습니다.
>
> - 꾸란 5:116~117, 성 꾸란

꾸틉도 그의 꾸란 주석서 『꾸란의 그림자 속에』*In the shadows of the Quran*에서 기독교에 대한 이러한 관점을 지지했다. 게다가 무슬림들은 삼위일체에 대한 엄청난 오해를 가지고 있다.

그들은 기독교인들이 세 명의 하나님을 섬기고 있다고 믿고 있으나 그것을 성부, 성자, 성령이라고 생각하지 않는다. 그들은 삼위일체를 아버지인 하나님, 아들인 예수님 그리고 하나님의 어머니인 마리아로 이해하고 있다. 그들은 하나님에게 어머니가 있다는 개념을 정말로 터무니없는 것이라고 여긴다. 그들이 이렇게 생각하는 데는 다음의 두 가지 이유가 있다.

1. 중동에 있는 콥틱 교회들은 마리아에게 많은 관심을 쏟는다.

교회에는 마리아 상이나 그림들이 있고, 교인들은 그 앞에 무릎을 꿇거나 절을 한다. 무슬림들은 이를 우상숭배로 본다. 콥틱 교회 교인들은 "하나님의 어머니 마리아여, 당신의 아들에게 우리의 죄를 사하실 것을 구하소서."라고 기도 할 것이다.

이 사람에게 가서 "당신은 마리아를 경배하고 그녀가 하나님이라고 믿나요?"라고 묻는다면 그는 "아니오. 우리는 그녀를 하나님의 어머니로서 사랑하고 존경할 뿐입니다."라고 대답할 것이다(무슬림들은 "하나님의 어머니"라는 말을 들으면 아주 질색을 한다는 것을 기억하라). 이집트에서 콥틱 교회 사제들은 교회의 핍박에 눈물짓는 마리아의 환영을 보았다고 주장한다. 심지어 이집트 콥틱교파의 전 사제들까지도 이집트에 있는 수도원 꼭대기에 있는 마리아의 환영을 보았다고 주장했다.

2. 꾸란은 마리아 경배를 주목하게 한다

위에서 인용한 꾸란 구절을 보면 알라 곁의 신으로 마리아를 예배한다는 말이 나온다. 무함마드 시절에도 아라비아의 가톨릭에서는 마리아상을 가지고 있었다.

무함마드가 그들이 마리아를 예배한다고 여길 정도로 그들은 마리아를 흠모했고 그래서 무함마드는 이 쟁점에 대한 꾸란 구절을 계시받게 된 것이다.

이 모든 혼란 속에서 성령은 가브리엘 천사와 동일시되었다. 그래서 무함마드가 자신을 가브리엘이라고 칭하는 천사로부터 계시를 받았을 때 그는 이 가브리엘이 성령이라고 생각했다.

또 다른 쟁점은 기독교인들이 하나님께 나아가려면 다른 인간을 통해야만 한다고 생각하는 무슬림들의 인식이다. 무슬림들은 자신들이 알라에게 직접 기도한다고 믿는다. 무함마드조차도 그들과 알라 사이에 끼어들 수 없다. 하루에 다섯 번, 그들의 기도는 알라에게 곧바로 올라간다. 따라서 그들은 콥틱 교회의 사제가 갖는 위치에 대해 매우 부정적인 반응을 보인다. 무슬림들은 그 누구도 인간과 하나님 사이의 중재자로 받아들이지 않는다. 사제에게 죄를 고백해야 용서를 받는다는 개념을 받아 들이지 않을 것이다.

무슬림들의 관점에서 생각하면 중동에 있는 콥틱 교회는 성자라는 형태로 많은 신을 가지고 있는 듯 보인다. 콥틱 교회는 성자들이 교인들에게 자기 모습을 보일 수 있는 능력과 몇 백 년전에 죽었을지라도 그들의 삶 속에 기적을 행하는 능력이 있다고 믿는다.

가령 내 군대시절 기독교인 룸메이트는 콥틱 교회 사제의 사진을 가지고 다녔다. 어느 날 나는 그에게 물었다. "그 사진은 왜 들고 다녀? 이 사람은 누구야?"

그가 말했다. "이 사람은 우리 교회의 옛날 사제님이야. 이 분은 나의 대부이기도 하기 때문에 나는 항상 이 사진을 들고 다녀. 내가 곤경에 빠져 있을때 내가 우는 소리를 듣는 분이 바로 이 분이지."

나는 구원을 받고 스스로 하나님의 말씀을 공부한 뒤에야 삼위일체 개념에 대해 올바르게 이해하게 되었고, 나의 구원자이신 주님외에는 그 어떤 사람도—살아있든지 죽어있든지—나의 대부가 되어줄 수 없다는 사실도 알게 되었다.

무슬림들이 삼위일체와 기독교신앙을 이해하려면 하나님의 은혜가 필요하다. 중동의 교회들이 예수 그리스도와 그의 구원의 메시지를 좀 더 명확히 제시한다면 엄청난 도움이 될 것이다.

예수님만이 사람과 하나님 사이에 중재자가 되실 수 있다. 사람이 그 사이에 끼어들어 혼란을 가중시킬 필요는 없는 것이다.

무슬림들에게 복음 전하기
– 따라야 할 10가지 계명

제 25 장

아버지가 나를 향해 총을 발사한 후에 나는 고향 땅에서 달아났다. 주 예수님은 내게 남아프리카로 가라고 말씀하셨다. 그는 참 형제자매들을 내게 보내셔서 내 속에 있는 과거의 무슬림으로부터 승리할 수 있도록 돕게 하셨다. 그들은 예수전도단이라는 단체의 6개월 과정인 제자학교에 나를 보내기로 결정했다. 거기서 나는 승리를 얻었고 내 안에서 예수 그리스도의 사람으로서 새로운 삶을 경험하기 시작했다.

내가 기독교 신앙 안에 바로 서게 되자 나는 무슬림형제들과 이 좋은 소식을 나누기 시작했다. 남아프리카 더반(Durban)에서 주님은 나를 이집트인 무슬림에게 인도하셨다. 그는 주께로 왔고 일주일 안에 인도에서 온 그의 무슬림 아내도 예수 그리스도를 영접했다.

그 후 한 달 동안 내가 남아프리카의 영어를 사용하고 있는 무슬림들에게 전도할 때 그는 통역을 해 주었다. 우리는 7명의 무슬림들이 개종하는 엄청난 승리를 거두었다. 나에 대한 소식은 곧 레바논인 선교사에게 전해 졌는데 그가 이끌고 있는 단체가 남아프리카의 무슬림들에게 손을 내밀 수 있도록 도와줄 무슬림 개종자를 달라고 4년 동안 기도해 왔다고 말했다. 이 선교사를 통해 나는 처음으로 교회에서 간증하게 되었다. 나는 아랍어로 말했고 선교사가 통역을 해주었다.

이를 계기로 나는 교회에서 간증할 기회들을 많이 얻게 되었다. 그러나 우리는 그 일과 함께 무슬림공동체에도 계속해서 손을 내밀기를 원했다. 이 일을 하기 위해서 요하네스버그에서 잘 알려진 무슬림 지도자 압둘 카 다르(Abdul Kadir)와 내가 토론회를 가지기로 했다.

우리는 스테이츠맨 호텔(Statesman Hotel)에서 만났고 250여 명의 무슬림들 이 참석했다. 토론회는 종교적인 열정이 가장 높아지는 라마단 기간 동안 에 열렸다.

토론회가 끝나갈 즈음 어떤 남자가 소리치는 소리가 들렸다. 한 무슬림 남자가 커다란 칼을 휘두르면서 회의실로 뛰어 들어와 소리를 질렀다. "이 집트 개는 어디 있느냐? 이집트 이교도가 어디에 있난 말이야? 내가 오늘 저녁 그를 죽여서 그 피를 꼭 마시고 말겠다."

남자는 술에 취한 것이 분명했다. 이는 완전히 이슬람법에 위배되는 행 위이다. 그는 무리 속을 뚫고 달려와 내게 칼을 들이대며 다가왔다. 선교사 는 우리 사이에 끼어 들어 그의 손에서 칼을 빼앗으려 했다. 그때 무리 중에 서 아프리카 남자 여덟 명이 우리에게 다가왔다.

나는 그들이 칼을 든 남자의 편을 들까봐 내심 두려웠다. 그러나 그들은 그 남자를 붙잡더니 칼을 빼앗았다. 그리고는 그 남자를 주먹으로 때리고 발로 찼다. 마침내 그를 집어 올려서 호텔 밖으로 쫓아 냈다.

회의실로 돌아온 그들은 나와 논쟁을 벌였던 무슬림 지도자에게 인사하고 이렇게 말했다. "우리는 이슬람으로부터 개종하여 예수 그리스도를 받아들일 겁니다. 하나님께서 이 사람을 구하셨고, 그는 진정한 하나님을 섬기고 있습니다."

이렇게 되자 무리들이 격분했다. 이 여덟 사람은 우리를 둘러싸서 사람들이 물러나도록 하면서 그 중 몇 명은 우리가 호텔에서 뛰어나갈 때 나를 들어 올려 어깨에 메었다. 선교사는 우리 곁에서 뛰었다. 우리가 선교사의 차에 도착하자 선교사는 차문을 재빠르게 열어주었고, 우리가 다 탄 다음 운전해서 떠날 때까지 차 주변을 에워쌌다.

그날 그리스도께로 돌아온 여덟 명은 다치지 않고 무리에서 벗어났다. 그들은 알제리에서 온 무슬림들로 일을 찾아 남아프리카로 온 것이다. 선교사와 나는 그들과 매주 만나면서 가르쳤다. 우리는 그들 중 몇 명이라도 성경 학교에 갈 수 있도록 도와 주었고 졸업자 중 한 사람은 이제 프레토리아(Pretoria, 남아프리카의 행정 수도)에서 무슬림 어린이들을 상대로 사역하고 있었다.

토론회가 있은 후 며칠이 지나서 슈퍼마켓에 가던 나를 두 사람이 불러 세우더니 칼로 공격했다. 나는 머리 정수리 쪽을 찔려 알버튼 병원으로 실려 갔고 3일 동안 입원해 있었다. 나를 공격한 사람들 역시 알제리에서 온 자들이었다. 개종에 대한 보복이 분명했다.

언론의 보도로 나는 전국의 교회에서 간증할 수 있는 기회를 훨씬 더 많이 얻을 수 있었다. 지난 8년 동안 나는 2천 번이 넘게 간증을 했으며, 세계 방방곡곡을 비롯하여 특히 1999년까지 내가 살았던 남아프리카에서 많은 간증을 했다.

포로들을 자유롭게 해 주다

내가 예수 그리스도께 돌아온 후로 내 마음은 이슬람에 포로가 된 무슬림들을 향해 끊임없이 소리치고 있었다. 우리는 그들을 복음으로 자유롭게 해주어야 하고 그사명과 역할을 이제는 독자 여러분이 감당해주기를 간절히 바라는 바이다.

우리는 하나님의 사랑으로 무슬림들을 사랑한다. 우리는 그들을 속박하는 이슬람에 대항하지만 무슬림들은 사랑한다. 우리는 손을 내밀어 그들이 필요로 하는 것들을 사랑의 복음으로 채울 용기를 가져야한다.

이슬람은 추종자들이 13억으로 세계에서 두 번째로 큰 종교이다. 인류의 5분의 1 이상이 이슬람을 따른다. 높은 출산율과 개종으로 인해 세계에서 가장 빠르게 성장하고 있는 종교이기도 하다.[1] 그와 동시에 기독교가 세계 최대의 종교임을 기억하라(20억 명). 그러면 복음으로 무슬림 세계에 닿을수 있다는 확신이 생길 것이다.

---

1). 돈 벨트(Don Belt), "집중취재: 이슬람의 세계, In Focus: World of Islam", 『내셔널 지오그래픽 지(誌)』 (2002년 1월호), 79쪽.

하나님께서는 이슬람이 계속해서 무슬림 국가들을 호도하여 영원히 당신을 떠나게 만들도록 놔두지 않을 것이다. 하나님께서는 "아무도 멸망하지 않고 회개하기를 원하시는 것이다"(베드로후서 3:9)

무슬림들은 이슬람에서 기만의 영이 주는 환상에서 깨어났기 때문에 진리에 목말라 있다. 무슬림들은 사랑과 용서·하나님의 은총에 목말라 있다. 무슬림들은 유혈과 증오로 이어지는 종교적인 지하드에 환멸을 느끼고 있고 이 세상에서 평화를 찾고 있다. 탄압 받고 권리를 부정당하는 여성들은 좌절하고 있으며 무슬림들은 구원자 되신 하나님과 인격적으로 만나기를 지금 이 순간에도 간절히 바라고 있다. 나는 수년 동안 하나님의 사랑에 대한 전도를 무슬림들에게 해왔지만 만약 언제 어디에서든지 만나게 될지도 모르는 무슬림들 때문에 당황하지 않도록 그들에 대해서 반드시 알아야 할 부분들에 대해 다음과 같이 꼭 당부해 두고 싶다.

무슬림들과 복음을 나눌 때를 위한 10가지 계명

1. 하나님의 말씀을 사용하라

사복음서가 시작하기에는 가장 좋고 특히 마태복음과 누가복음이 좋다. 그것은 모세의 율법, 시편, 사복음서와 꾸란을 말하는데 무슬림들은 거룩한 경전들을 존중한다.

2. 끊임없이 기도하라

사람을 그리스도께 이끄는 것은 성령이신 하나님이시다. 말씀을 제시할 때 성령님의 인도하심과 능력을 구하라.

3. 진실한 친구가 되라

"안녕하세요. 잘 지내십니까?"라고 묻는 것만으로는 부족하다. 정말 그를 아끼고 걱정한다면 집으로 초대하고 시간도 함께 보내며, 그의 당면한 문제를 도와줌으로써 마음을 보여주라.

4. 생각하게 하는 질문들을 던져 주라

그들이 복음에 대해서 스스로 결론을 내릴 수 있도록 도와주어야 한다. 좋은 질문들로는 다음과 같은 것들이 있다.

- 하나님께서 당신을 받아들일 것이라는 확신이 있습니까?
- 꾸란은 용서에 대해서 뭐라고 가르치나요?
- 성경은 뭐라고 가르치는지 보여 드려도 될까요?

이러한 질문들은 통해 상대방은 당신이 인생의 중요한 문제들에 관심이 있음을 알 수 있다.

5. 경청하라

여러분들은 상대방으로부터 질문을 받게되면 얼마나 오래 걸리든 상관없이 듣고 대답을 해주는 예의가 필요하다. 그렇게 했을 때 얼마나 많은 것을 배울 수 있는지를 깨닫고 놀라게 될 것이다.

6. 공개적으로 당신의 믿음을 나타내라

여러분이 믿는 바를 변명없이 분명하게 말하고 그 말씀들을 뒷받침하는 성경 구절을 보여 주어라. 이렇게 하여 여러분은 말씀의 책임을 그 가르침이 본래 속한 곳 —하나님의 말씀 위에 있게 하는 것이다—죄에 대하여 이야기하고 죄가 우리 삶에 어떤 영향을 미치고 있는지에 대해 이야기 하라. "죄는 오늘날 세상에서 가장 큰 문제입니다. 죄를 어떻게 다루면 좋을까요?"라고 이야기하라. 죄 속에 살고 있는 사람은 자기 자신을 혐오한다. 그는 스스로에게 적이다. 대부분의 무슬림들은 자기가 죄 속에 살고 있는 것을 알고 있지만, 어떻게 용서받을 수 있는지는 모른다. 그들에게 예수님께서 어떻게 죄를 사하여 주시는지 이야기해 주라.

7. 다투지 말고 논하라

언쟁으로 승부는 이길 수 있을지 몰라도 듣고자 하는 마음은 잃을 수 있다. 어느 시점이 되면 끝없이 언쟁을 해도 상대의 마음만 닫힐 뿐, 얻는 것은 하나도 없는 때가 오는 것이다.

8. 절대 무함마드나 꾸란을 모욕하지 마라

기독교인에게 그리스도나 성경에 대해 무례하게 말을 하면 불쾌하게 여기듯이 이들도 불쾌하게 여긴다.

9. 그들의 관습과 감수성을 존중하라

다음과 같은 행동으로 그들을 자극하지 마라.

■ 성경 혹은 꾸란을 바닥에 놓는것.

■ 성관계에 대해 지나치게 거리낌없이 말하는 것(무슬림들은 성관계를 더럽다고 여기므로 성에 대해 이야기하는 것을 원치 않는다).

■ 이성과 편안하게 관계를 갖는 것에 너무 익숙한 모습.

■ 호의를 거절하는 것.

■ 금식, 기도 또는 하나님과 같은 거룩한 주제들을 가지고 농담 하는 것.

■ 돼지고기나 술을 권하는 것.

여성들이 바지나 반바지가 아니라 긴 치마를 입었다면, 이슬람의 가르침을 실천하고 있는 무슬림일 확률이 높다.

10. 인내하라

무슬림들은 복음과 맞닥뜨렸을 때 다시 생각해봐야 할 것들이 많이 있지만, 하나님의 말씀이 그의 때에 임하실 것이라는 믿음을 가지고 기다려 주어라. 무엇보다도 겸손하라. 사랑을 가지고 말하라.

이를 통해 여러분에게 선교의 길이 열릴 것이다. 주 예수 그리스도를 향한 나의 외침과 나의 기도가 수 백만 명의 무슬림들을 하나님의 나라로 이끄는 것이다.

신앙 고백

무슬림이 예수님을 자신들의 주인이자 구주로 영접하는 기도를 하는데 관심을 보이면 나는 언제나 그가 내딛을 한 걸음에 대해 그가 얼마나 이해하고 있는지를 확인한다.

"당신은 예수 그리스도와 성경을 믿으며 예수님께서 당신의 죄를 사하시기 위해 십자가에 매달려 돌아가신 것을 믿습니까?" 이어서 "이슬람의 선지자로서 무함마드는 어떤 자리에 있습니까? 당신의 이슬람 신앙에 대해 어떤 태도를 가지고 있습니까?"라고 연달아 물었다.

많은 경우 상대방은 이렇게 대답한다. "과거에 나는 예수님이 기독교를 세상에 가져 온 하나님의 선지자들 중 하나라고 생각했습니다. 이제 나는 그가 진실로 하나님의 아들이며 그가 십자가에 못 박혀 돌아가셨고 나의 죄는 그의 보혈로 인해서 사해진다는 것을 믿습니다. 하지만 나는 무함마드 역시 하나님의 선지자 중 하나라고 믿으며 꾸란이 하나님으로부터 왔다고 믿습니다."

그러면 나는 이렇게 말해야만 한다. "아니오. 친구여, 무함마드와 예수 그리스도는 함께 할 수 없듯이 꾸란과 성경은 함께 있을 수 없습니다."

그리고 무함마드가 무슬림들을 위해 하지 않은 것과 예수 그리스도가 그를 위해 할 수 있는 것을 설명해 준다. 무함마드와 함께 한 그의 삶과 예수님과 함께 하게 될 그의 삶을 간단하게 비교해 준다.

이 시점에서 나는 이 무슬림이 어떤 입장인지를 확인한다. 나는 무함마드가 하나님의 선지자라는 것과 꾸란이 하나님의 말씀임을 그가 분명히 부인하는지 확인한다. 또한 그는 이슬람 신앙과의 어떤 연관성도 모두 끊을 것을 약속해야 한다. 그런 후에야 나는 그의 영접기도를 돕는다.

영접기도 후에 그 사람과의 관계를 끝내서는 안 된다. 이때 기독교인이 되는 매우 중요한 시기가 시작되기 때문이다.

특별한 관심을 쏟지 않으면 이 새로운 무슬림 개종자는 이슬람으로 되돌아갈 가능성이 높다. 다음 장에서는 새롭게 개종한 사람들을 어떻게 도울 수 있을 지에 그 방법에 대해 이야기하겠다.

무슬림 개종자들이 받는 도전
– 무슬림 개종자들을 도울 방법들

제 26 장

지금부터 한 명의 무슬림이 나처럼 복음을 갈망하게 되는 상황을 어떻게 만나게 되는지를 사례를 들어가면서 이야기해보자.

한 번은 선교사와 그 부인을 위해 간증하기 위해 남아프리카 케이프타운으로 여행한 적이 있었다. 선교사가 그의 차에 나를 태우고 한 무슬림 여인의 집에 있던 자기 부인을 데리러 갔다. 우리가 도착하자 선교사의 부인은 무슬림 여인에게 알–아즈하르 대학에서 온 교수가 차에 타고 있다고 이야기 했다. 무슬림 여인은 무척 신이 나서 집안으로 들어와 차 한잔하기를 청했고 우리는 그 청을 받아들였다.

집에 들어갔을 때 이 여인이 너무 가난하여 살림살이라곤 거의 없다는 것을 알 수 있었다. 함께 이야기를 나누던 중 여인은 내가 더 이상 무슬림이 아니라는 사실을 깨닫고 무척 기분이 상했다. "어떻게 이슬람을 배신할 수 있나요?"라고 그녀가 불평했다.

나는 그녀에게 말했다. "저는 지금 많이 피곤하지만 두 가지 이야기를 들려드리지요." 다음은 그녀에게 들려 주었던 이야기다.

한 번은 간통을 저지른 여인이 무함마드 앞으로 끌려왔습니다. 사람들은 "이 여인을 어떻게 할까요?"라고 물었고, 무함마드는 말했습니다.

"돌아가라. 그 아기가 태어나면 다시 데려오너라."

그래서 그들은 아기가 태어난 후에 그녀를 다시 데려왔고 무함마드는 말했습니다. "여인이 돌아가 아이에게 젖을 먹이게 하라. 아이가 두 돌이 되었을 때 다시 여인을 데려오라."

그래서 다시 그녀를 데려왔을 때 무함마드는 말했다. "아이를 빼앗고 여인을 죽여라." 그래서 그들은 그렇게 했습니다.

이제 무함마드와 예수님을 비교해 봅시다. 사람들이 간통한 여인을 예수님께 데려간 적이 있습니다. "여인을 돌로 칠까요?"라고 사람들이 묻자 예수님은 대답하셨습니다. "죄 없는 자가 먼저 돌로 치라." 그러자 모든 사람들이 그 자리를 떠났습니다. 그들 모두 자신이 죄지은 것을 알고 있었기에 그녀를 돌로 칠 사람이 아무도 없었던 것입니다. 그 다음에 예수님이 말씀하셨습니다. "나도 너를 정죄하지 않는다. 가서 더 이상 죄를 짓지 마라."

당신에게 묻겠습니다. 당신이 따르고 싶은 분은 누구입니까 ―무함마드 아니면 예수님?

여인은 울음을 터뜨리면서 "내가 그 여인입니다."라고 소리쳤다. 그녀는 불륜 관계를 맺고 당시 임신한 상태였다. 그녀의 무슬림 가족은 그녀가 임신한 것을 알고 그녀를 죽이려고 했다. 그녀는 도망쳤고, 친구들 몇명이 이 작은 집에 세들어 살도록 도와줬던 것이다.

그녀는 그 날 예수님을 영접했고, 내 친구들은 그녀를 자기들의 집으로 데려가 사흘 동안 기독교 신앙을 설명해 주었다. 물론 그 후에도 그녀를 계속해서 훈련시켰다.

특별한 도전들

예수님이 무슬림이 복음을 듣도록 그 마음을 어떻게 준비시키는지를 알 수 있다. 하지만 이슬람을 떠나서 그리스도께 오는 사람은 믿음이 없다가 예수님을 영접한 사람과는 다르다는 것을 기억해야 한다.

무슬림 개종자는 아기 그리스도일지는 모르지만, 그리스도께 오기 전에 그나 그녀는 다 자란 무슬림이다. 이미 마음속에 강한 종교적인 믿음 체계가 자리 잡은 것이다. 따라서 개종자는 그리스도와 동행하면서 특별한 도전들을 만나게 될 것이다. 이는 내 삶에서도 역시 일어났던 일이다.

처리되어야 할 문제들은 이슬람에서 이미 규정하고 있는 성적 도덕성이나 음주 문제는 아닐 것이다. 문제는 마음속에 있는 것들—남을 판단하는 자세, 하나님의 진정한 본성에 대한 오해 등— 이다.

많은 무슬림 개종자들을 훈련시키는 것 뿐만 아니라 나 자신이 그리스도 안에서 거듭나는 법을 배운 후에도 거의 항상 고심해야만 하는 문제들이 몇가지 있다는 것을 알았다.

그리스도를 통한 구원

예수 그리스도가 하나님의 아들이며 완전한 하나님임을 믿지 않고는 구원을 받을 수 없다는 사실을 분명히 가르쳐라.

죄 용서함

이슬람 아래서 무슬림들은 알라에게 용서를 구하는 기도를 할 수는 있지만 그 죄를 용서 받았는지 아닌지는 알 수 없다. 새 신자에게는 주 예수 그리스도를 받아들인 후 모든 죄가 사함을 받는다는 것을 반드시 가르쳐야 한다. 새 신자에게는 하나님의 용서하심을 의심하는 마음이 들기 때문에 하나님의 말씀에 근거하여 죄사함의 사실을 제대로 이해시킬 필요가 있다.

제자 됨

과거의 무슬림에서 벗어나 승리하려면 새 신자는 그리스도의 몸과 교제하는 삶을 살아야 한다. 그리스도의 몸은 그가 교회에 정착할 수 있도록 도와야 한다. 교회가 집과 가깝다면 도움이 될 것이다. 교회의 누군가는 이 사람을 책임지고 그리스도 안에서 거듭나도록 도와야 한다.

새로운 개종자는 매주 혹은 매일 이 사람과 연락해야 한다. 이들은 개종자가 질문하고 문제를 의논할 수 있는 사이가 되어야 한다.

성경읽기 - 특히 사도행전과 로마서

매일 성경을 읽는 것은 매우 중요하다. 처음에는 특히 사도행전과 로마서를 읽을것을 권한다.

사도행전은 무슬림에게 진정한 믿음은 이슬람처럼 칼로 퍼뜨리는 것이 아니라는것을 보여준다. 이슬람은 알라의 이름으로 사람을 죽임으로써 퍼져 나가지만 기독교는 힘으로 지배하려 들지 않는다.

사도행전에서 예수님의 제자들은 군대나 칼이나 폭력이 아니라 – 단지 하나님의 영과 하나님의 말씀으로 복음을 전한다. 새 신자는 자신이 그리스도의 이름으로 죽이는 일에 대해 고민할 필요가 없다는 사실을 배우게 될 것이다. 대신 그는 하나님의 영과 하나님의 말씀으로 살면서 자기 주변의 삶속에 하나님의 사랑과 평화를 나타내는 것이 자신의 사명임을 알게 된다.

로마서는 죄에 대해서 깊이 있게 다루기 때문에 중요하다. 과거의 무슬림이었던 습관 때문에 새 신자가 된 이후에도 큰 영향을 미치고 있음을 알게 것이다. 이것을 극복하려면 새 신자는 로마서를 읽고 이해해야 한다 – 영과육 사이의 싸움을 보아야한다.

무슬림들은 평생을 육에 따라 살아왔기에 성령과 동행한다는 개념을 전혀 이해하지 못한다. 그나 그녀는 이슬람법의 영향을 이겨내야 한다. 그들에게 하나님의 의로 사는 것이 무엇인지 보여주라.

성경공부

새 개종자는 진지하게 성경 공부에 동참해야 한다. 혼자서 또는 소그룹으로 모여 공부하는 것도 좋지만 성경공부 모임이나 일대일로 심화학습을 하는 것도 필요하다. 간단하게 다같이 성경 한 장을 읽고 그 의미에 대해 토론하는 것도 좋다. 읽은 내용에 대한 새 신자의 의견도 꼭 묻도록 하라. 일

방적인 대화가 되어서는 안 된다. 이런 방식의 성경공부는 새신자가 그리스도안에서 어떻게 거듭나고 있는지를 멘토가 확인하는데도 도움이 된다.

심화 성경공부를 하면 아마 새 개종자는 성경과 꾸란을 비교하는 질문들을 하게 될 것이다. 꾸란에는 성경의 말씀에 대한 언급은 있지만 그 내용에는 현저한 차이가 있기 때문이다. 새 신자가 질문을 가지고 와서 함께 답을 찾는 편이 좋다. 계획적으로 꾸란을 살펴가며 어디가 잘못되었는지를 짚어내는 것은 전혀 좋은 생각이 아니다. 대신 성경 말씀에 집중하라.

덧붙여 멘토는 새 신자에게 좋은 책들과 테이프, 기독교 잡지 등을 주어도 좋을것이다.

새로운 기도 생활

새 신자가 이슬람에서의 기도와 그리스도 안에서의 기도 간의 차이를 알려면 그리스도의 몸으로부터 도움을 받아야 한다.

이슬람에서의 기도는 이슬람법에 따라 하는 기도다. 무슬림들은 하루에 네 번도 세 번도 아닌 다섯 번을 기도해야 한다. 그리고 기도할 때는 매번 똑같은 말과 행동을 반복한다. 이슬람기도는 그저 자동적으로 시행하는 의식이다.

기독교인의 기도는 법으로 지시한 것이 아니다. 기도는 신자와 그리스도 사이의 사귐이다. 새 신자는 기독교인들이 일요일에 교회에서만 기도한다고 생각할 수 있으므로 기독교인들이 매일 시간을 내어 기도한다는 것을 이해시켜 주어야 한다. 기독교인들에게 기도하는 시간은 아버지와 함께 앉아 마음속에서 일어나는 일들을 나누며 그에게 인도를 구하는 시간이다.

이슬람에서는 기도하러 가기 전에 의식을 따라 씻어야 한다. 이는 팔, 손, 귀, 코, 얼굴, 머리카락, 발을 물로 씻는 일이다. 물을 사용할 수 없다면 땅에 있는 깨끗한 흙을 이용한다.

하지만 예수님을 받아들이면 무슬림은 그의 보혈로 씻음 받는다. 그는 이미 예수님의 피로 씻겼으니 있는 그대로 하나님께 기도하러 가도 좋다고 그에게 가르쳐 주라.

다른 기독교인들이 아니라 예수님을 따르라

기독교인들 사이의 의견차이는 무슬림이었던 새 신자를 혼란스럽게 만들 수 있다. 기독교인으로서 사는 방법을 가르쳐 주는 이는 다른 기독교인들이 아닌 예수님이 되어야 한다.

그는 말씀을 통해 자신이 바르게 행동하고 있는지 아닌지를 결정해야 한다. 하나님의 말씀을 통해 자기가 해야 할 행동을 정하는데 능숙해져야 한다. 무슬림으로서 꾸란을 따라 살았듯이 기독교인으로서 하나님의 말씀을 따라 살아야 하는 것이다.

어떤 사람들은 자신이 기독교인이라고 말하면서도 기독교인답게 행동하지 않을수도 있다. 하나님은 결코 개종자를 실망시키는 법이 없지만 기독교인은 그럴 수 있다. 문제는 사람의 마음에 있다.

인종적 편견

무슬림은 종교적 관점에서의 편견에 대해 많은 것을 알고 있다. 이슬람에서는 다른 모든 종교를 믿는 사람들에 대해 편견을 가지고 있다. 그러나 무슬림들은 피부색으로 인한 편견은 겪어보지 못했다.

이는 절대 교회에서 일어나지 말아야 할 일이지만 만일 일어난다면 그 결과는 참담할 것이다. 새 신자는 조그마한 차별에도 곧바로 교회를 거부할 것이다. 메시아닉무슬림이었다면 어느 누구든 피부색 때문에 자신을 얕잡아 보는 것을 참지 못할 것이다.

내가 젊은 기독교인으로 남아프리카에서 지내던 시절, 내가 강단에 섰다는 이유로 백인 기독교인들 몇 명이 예배 도중에 나가 버린 적이 있었다. 나중에 그들이 나가버린 이유를 알게 된 나는 머릿속에서 폭탄이라도 터진 기분이었다. 피부색 때문에 경멸당한 것은 처음이었다. 나는 집으로 돌아가면서 하나님께 물었다. "어떻게 이런 사람들이 기독교인입니까? 당신이 나를 받아들였습니다. 어떻게 그들이 나를 거부할 수 있습니까?" 나는 나를 깨닫게 한 하나님의 말씀을 봐야만했다.

너희는 유대인이나 헬라인이나 종이나 자유인이나 남자나 여자나 다 그리스도 예수 안에서 하나이니라   -갈라디아서 3:28

인간은 실망을 주지만 하나님은 그렇지 않으신다(온건한 무슬림들은 백인들을 깔보지 않는다는 것을 알면 아마 놀랄 것이다. 사실 무슬림들은 백인들이 기술, 교육 등의 분야에서 이룬 업적들을 존중한다. 광신적인 무슬림들만이 피부색으로 백인들을 비난한다).

의문들 상의하기

무슬림이 예수님을 받아들이면 곧바로 사탄이 찾아와 예수님, 하나님의 말씀, 교회 등등을 의심하게 만들려고 한다. 어떤 의문이든 자기멘토나 교회지도자에게 물어도 좋다는 것을 새 신자가 알게 하라. 그들은 하나님의 말씀에서 해답을 보여 줌으로써 조언을 해 주고 함께 기도함으로써 그가 장애물을 극복하도록 도와줄 수 있다.

서방세계 사람들은 메시아닉 무슬림들에게 큰 도전을 안겨주는 문제들을 보면 놀랄 수도 있을 것이다. 내가 미국교회에서 만났던 메시아닉 무슬림여인을 예로 들겠다.

그녀는 세례를 받고 교회의 신자가 되었지만 몇 가지 문제를 두고 힘겨워하고 있었다. 그 문제는 이슬람에서 매우 엄격하게 가르치는 성(性)적 순결에 대한 것이었다. 간단히 설명하자면 이슬람의 가르침에서는 성적인 관계가 아주 더러운 것으로 취급된다. 무슬림은 성관계를 가진 후 온 몸을 물에 담그는 등의 과정을 거쳐 완전히 몸을 씻어야 한다. 이는 기도를 하거나 모스크를 들어가거나 심지어 꾸란을 만지기 전에 시행되어야 한다. 무슬림들은 이 법을 깨면 엄청난 죄책감에 시달린다. 더우기 이성끼리는 서로 최대한 떨어져 지내야 한다. 모스크에서도 남자들은 앞쪽에 앉고 여자들과 아이들은 모습을 숨길 수 있는 뒤쪽이나 높은 발코니에 앉아 있어야 한다.

그래서 이 기독교인 여인은 예배 중에 본 어떤 장면 때문에 무척 신경이 쓰였다. 젊은 남녀가 서로의 몸에 팔을 두른 채 앉아 있었던 것이다. 설교 중에 남자는 여자의 머리칼을 만지작거렸다. 메시아닉 무슬림인 이 여인은 하나님의 집을 존중하지 않는 듯한 그들의 태도를 믿을 수가 없었다.

나는 그녀에게 나 역시 처음 기독교인이 되었을 때 그와 같은 고민들에 빠졌었다고 말해주었다. 그리고는 이렇게 말했다.

"기독교인들은 자유로운 사람들입니다. 그들은 예수님의 피로 자유를 얻었습니다. 그들의 삶은 문화나 규칙에 지배받지 않습니다. 그들은 하나님 안에서 의의와 믿음으로 살아야합니다. 이 젊은이가 한 행동 때문에 교회가 클럽으로 바뀌는 것은 아닙니다. 중요한 것은 기독교인과 하나님 사이의 관계입니다. 만일 이 젊은이가 진정한 신자이고 하나님과 동행하고 있다면 그는 이 소녀에게 부도덕한 짓은 하지 않을 것입니다."

그리스도 안에서의 자유

무슬림들은 기독교인들이 누리고 있는 자유에 익숙하지 않다. 기독교의 규칙들은 마음을 다루는데 비해 이슬람법은 겉으로 드러나는 행동을 다루기 때문이다. 그래서 이슬람으로부터 새로 개종한 사람들은 다른 사람의 겉으로 드러나는 모습이 자신의 과거 경험에 비춰 볼 때 올바르지 않다고 느껴지면 기분이 상하거나 그 사람을 판단하게 된다.

예를 들면, 내가 남아프리카에서(YWAM: Youth With A Mission) 학생이었을 때 우리 반의 강의를 듣기 위해 다른 반과 합반한 적이 있었다.

나는 다른 반의 한 젊은 남자가 머리를 길게 기른 것을 보았다. 정말 혼란스러웠다. "하나님, 이 사람은 남자입니까, 여자입니까?"라고 생각했다.

쉬는 시간에 나는 우리 반 회장에게 가서 물었다. "왜 저 남자는 머리를 기르고 있습니까? 꼭 여자 같군요." 이것은 사실 이집트 전통에서 온 문화적인 문제였던 것 같다.

회장은 내 성경책에서 누가복음 6장 41절 "어찌하여 형제의 눈 속에 있는 티는 보고 네 눈 속에 있는 들보는 깨닫지 못하느냐."는 부분을 펼쳐보였다.

그는 내게 "그 형제에게 가서 우리가 나눴던 이야기를 해 주세요. 그에게 당신을 용서해 달라고 하세요."라고 조언했다.

나는 그렇게 했고 그 젊은이는 하나님의 사랑으로 나를 받아들였다. 이렇게 나는 아기 그리스도인으로 차츰 거듭나고 있었다.

문제에 직면하다

새 신자는 자신이 기독교인이라 해도 문제를 만나게 될 것이라는 사실을 배워야 한다. 문제는 그리스도에 대한 믿음과 신뢰에 대한 시험이다. 새 신자가 문제에 마음이 팔려 그리스도를 떠나지 않게 하라. 다음의 말씀을 보여주라.

우리가 알거니와 하나님을 사랑하는 자, 곧 그의 뜻대로 부르심을 입은 자들에게는 모든 것이 합력하여 선을 이루느니라   - 로마서 8:28

다른 기독교인들 역시 문제에 대처하고 있다는 것을 알려줘라.

경제적인 어려움을 도와주라

교회가 새 신자에게 경제적으로 무엇이 필요한지 -만일 그나 그녀가 직장이나 대금 지불에 도움이 필요하다면-살펴보는 것도 아주 좋은 생각이다.

그가 모스크에서 보았던 것이 있기 때문이다.

가령 이집트에서는 만일 기독교인이 이슬람으로 개종하면 모스크에서 그에게 돈을 주고 직업도 구해주는 등 도움을 준다.

미국의 모스크에서도 똑같은 일이 일어난다. 미혼모가 이슬람으로 개종하면 모스크는 -육아를 돕거나, 돈을 주거나, 집세를 내주고 일을 도우며-그녀를 돌봐준다. 모스크는 그녀를 홀로 버려두지 않는다.

모스크에 있는 무슬림들도 경제적인 어려움에 처하면 도움을 받지만 새로운 개종자들은 특별 관리를 받는다. 그러니 만일 새 신자가 어려움에 처해 있는데 교회가 그를 돕지 않으면 그는 거절당한 기분이 들 것이다.

목사로부터의 관심

무슬림 개종자는 대개 가족과 고향, 무슬림 사회를 잃은 고통을 겪고 있다. 그러니 그에게 교회에서 새로운 가정을 만났다는 기분이 들게 해주어야 한다. 그는 여러 가까운 이들로부터 거절당했으므로 특히 더 많은 사랑과 관심을 쏟아 주어야한다.

관심이란 다름 아닌 이 사람에 대한 예수 그리스도의 사랑이다. 교회의 지도자가 관심을 가져 주면 새 신자는 진심으로 받아들여졌다는 인상을 받게 될 것이다.

함께 교제하다

그리스도 안에는 모든 사람들이 자신을 사랑한다는 것을 새 신자가 알게 하라. 그들은 어둠에서 구원받아 위대하신 하나님의 자녀가 되었기 때문이다.

그러나 교회의 모든 사람들이 새 신자를 무척 반가워한다 해도 그들에게 직접 표현하지 않는다면 아무 소용이 없다. 여러분의 감정을 더 확실히 보여주지 않는다면 그는 무시당하고 차별받는다는 기분이 들 것이다. 교회 활동에 참여시키는 것도 도움이 될 것이다.

무슬림으로부터 받는 영향을 피하라

새 신자는 2~3년동안 다시 무슬림으로 되돌아가는 것으로 유혹받기 쉬운 기간이다. 만일 그나 그녀가 무슬림 사회에 계속 머무른다면 주변 사람들은 새 신자가 마음을 고쳐먹고 이슬람으로 돌아오도록 만들려고 할 것이다. 새 신자가 교회와 기독교 사회에 적응하는 것을 힘들어한다면 그들에게는 이슬람으로 돌아가는 것이 그만큼 더 쉽게 느껴질 것이다.

교회가 이들에게 무슬림 사회를 대신해 주어야 한다. 신자가 믿음 위에 굳게 서게 되면 그때는 돌아가서 다른 무슬림들과 복음을 나누어도좋다.

요점 정리

친애하는독자여러분!

나는 여러분들이 무슬림들을 향한 용기와 예수 그리스도의 마음을 갖기를 제안한다.

만일 예수 그리스도께서 오늘날 우리와 함께 살고 계셨다면 그분은 무슬림의 나라로 떠나셨을 것이다. 2천 년 전에 성전에서 말씀하셨듯이 그분은 모스크에 들어가서 하나님의 말씀과 구원의 메시지를 전하셨을 것이다.

그분은 무슬림들의 집에 찾아가거나 일터에서 그들을 만나셨을 것이다. 아픈 무슬림들을 치료해 주셨을 것이다. 눈 먼 무슬림들의 눈을 뜨게 하셨을 것이다.

죄인인 무슬림들에게 하나님의 용서를 선포하셨을 것이다. 진실로 무슬림들과 직면하고 사랑과 열정과 관심을 가지고 하늘의 비밀에 대해 이야기 하셨을 것이다.

예수님은 그들을 잊지 않으셨을 것이다. 그들을 두려워하지도 않으셨을 것이다. 그들 중 어떤 이들은 테러리스트이며 그 분을 죽이거나 해칠 수 있다고 생각하지도 않으셨을 것이다.

예수 그리스도는 마리아나 다른 성자들을 통해서가 아니라 그분 자신을 통해 천국으로 가는 길을 무슬림들에게 보여 주셨을 것이다. 주 예수 그리스도는 결코 무슬림들을 외면하지 않으셨을 것이다.

나는 교회에 제안한다. 무슬림들을 향해 두 팔을 벌려라. 그들에게 그리스도의 사랑을 보여주어라. 예수께서 그들을 위해 죽으셨음을 말해 주어라. 그들의 죄가 용서 받을 수 있다는 희망을 주어라.

그들이 주께로 돌아오면 그들을 격려해 주어라. 그들이 그리스도의 몸과 한 몸이 될 수 있도록 도와 주어라.

나는 위험한 상황 속에서조차 무슬림들을 위해 자신을 산 제물로 드리는 여러분의 서방세계에 있는 교회의 교인들을 사용하시는 하나님을 찬양한다. 나는 아프가니스탄에서 체포된 두 미국 소녀들로 인해 하나님을 찬양한다. 그들이 감옥에서 겪은 일들은 사도행전을 다시 쓰는 것과 같았다.

마지막으로 중동의 교회들이 하나님의 영으로 감동되어 무슬림들에게 문을 열고 그리스도에 대한 지식을 그들과 나눌 수 있게 되기를 꿈꾸며 내 마음은 주 앞에서 눈물을 흘리고 있다.

평화의 왕

친애하는 독자 여러분!

이 책을 읽고 난 후 여러분들은 큰 충격을 받았을 지도 모르겠다. 이슬람의 이름으로 일어난 일들에 대해 읽어보면 인간이 같은 인간에게 그런 일을 저지를 수 있다는 것이 믿어지지 않을 것이다. 그러나 내 개인적인 경험을 바탕으로 말하건대 이것은 전부 사실이다.

무엇이 이 사람들을 이렇게 행동하게 만드는 것인가? 내 개인적인 경험으로 비추어볼 때 무슬림 비밀경찰은 나를 개인적으로 미워해서 나를 납치하고 고문한 것이 아니다. 아버지가 나를 죽이려고 하신 것은 나를 사랑하시지 않기 때문이 아니다. 길에서 만난 남자들은 내가 그들에게 어떤 해를 끼쳤기 때문에 나를 칼로 찔러 죽이려고 한 것이 아니다. 이들은 모두 내가 이슬람을 배반했다고 믿었고, 꾸란에 의해 나를 죽일 의무가 있었던 것뿐이다.

나의 아버지나 다른 누구의 탓도 아니다. 꾸란의 가르침과 이슬람의 선지자에게 그 책임이 있다.

그들은 나를 이교도라고 부르지만 이제 나는 예수님을 알기 때문에 이교도라 불려도 행복하다. 나는 그분을 경험했고 이제 그분을 예배하고 있으며 참 하나님을 믿고 있다. 나는 지금 내가 누리고 있는 기독교인의 삶과 하나님과의 사귐이 즐겁다. 이슬람에서는 한 번도 맛보지 못한 평화와 만족이다. 내 남은 삶의 목적은 계속해서 예수 그리스도와 동행하는 것, 그분을 섬기는 것 그리고 내가 남겨두고 온 내 조국과 동포들에게도 그분을 소개하기 위해 내가 할 수 있는 일들을 하는 것이다.

하나님의 자녀된 무슬림들에게 다가가기 위해서는 기독교인들이 무슬림의 관점을 이해할 필요가 있다고 믿는다. 이것이 이 책에서 여러분이 발견했어야 하는 이유이다.

- 이슬람의 핵심 신념들, 특히 뒤의 계시들이 앞의 계시들을 취소화시킨다는 것을 배웠다. 따라서 평화와 인내에 대해 말하는 114개의 꾸란 구절들은 지하드로의 부름으로 인해 취소되었다.

- 이슬람에서 지하드가 가지는 의미에 대한 분명한 서술과 지난 1400년 동안 무슬림들에 의한 지하드 실천방식의 발전. 지하드 활동은 증오, 살인, 유혈을 통해 전세계를 괴롭혀왔다.

- 어떻게 세계가 무슬림 선교활동과 가끔은 세계언론을 통해 속아왔는지에 대해서 알아야 한다.

- 이집트가 어떻게 이슬람테러리즘 철학과 전세계에 흩어진 과격한 테러

리스트 지도자들의 거점으로 사용되어 왔는 지에 대해 이해를 해야하며 영향력 있는 영적지도자들 중에는 쉐이크 오마르 압델 라흐만, 아이만 알-자와히리, 사이드 꾸틉 등이 있다. 이 책이 나오기 전에는 전 세계적인 이슬람 테러리스트들의 활동 가운데 이집트가 어떤 역할을 감당했는지를 전혀 알길이 없었을 것이다.

■ 쉐이크 압델 라흐만과 오사마 빈 라덴이 시행한 지하드의 가장 최근의 발전상– 바로 지하드를 서방세계로 가져가는 것이다.

오늘날 우리는 인류에게 가장 위협적인 적과 대면하고 있다. 돈이나 권력을 원하는 동네 폭력배들을 상대하고 있는 것이 아니다. 우리가 상대하고 있는 적은 믿음과 신념을 따라 움직이는자 들이다.

그들은 모두 똑같은 각본인 꾸란을 보고 있다. 그들이 원하는 것은 세상을 지배하여 이슬람에 복종시키는 것 그 이상도 그 이하도 아니다. 그들은 세상에서 이슬람의 권위만이 유일한 정부형태가 되기를 원한다.

나는 이런 유형의 테러리즘에 대항하는 목소리를 내는 것이 이 세계 모든 사람–그 중에서도 특히 그리스도의 몸된 사람들의 책임이라고 믿는다. 기독교인들은 금식과 기도를 통해서 영적 전쟁을 싸우면서 주님께 이슬람의 요새를 무너뜨려 달라고 간구할 책임이 있다. 정치행위와 군사행위도 제 역할을 해야겠지만 그것으로 이악을 제거할 수는 없다. 우리를 구할 수 있으신 분은 단 한 분, 평화의 근원이자 평화의 왕이신 주 예수 그리스도이시다. 세상은 지금 두 가지 거대한 도전에 직면하고 있다.

1. 아랍무슬림과 유대인의 상상 이상으로 끔찍한 관계

이 증오는 단순히 아랍문화에서만 나오는 것이 아니다. 꾸란으로부터 나온다. 유대인들을 원숭이와 돼지의 자식들이라고 표현하는 꾸란의 내용을 보면 아랍의 무슬림들 마음속에 있는 증오가 어디서부터 오는지 알게 될 것이다. 세속적인 아랍무슬림인 야세르 아라파트가 가진 이스라엘과 화평을 추구하는 임무는 완수하기가 불가능하다. 왜냐하면 팔레스타인에 있는 하마스와 알-지하드가 유대인들에 대해 지하드를 선포했기 때문이다.

2. 중동에서 시작하고 발전하여 이제는 전 세계에 전염된 광범위한 이슬람 테러리즘

내 경험으로 볼 때 이 두 도전이 생겨난 이유는 중동에 있는 교회들이 유대인들과 무슬림들 모두에게 참 예수 그리스도를 보여주는데 실패했기 때문이라고 믿는다. 무슬림들의 마음을 치유하고 그들을 자유롭게 해 주실 수 있는 분은 예수님뿐이다. 무슬림들이 예수님을 만나서 그로부터 용서와 영생이라는 선물을 받으면 그들은 지옥을 피해 천국으로 가기 위해 알라의 이름으로 자살하거나 다른 사람들을 죽일 필요가없다. 그 어떤 정치적 힘이나 군사력으로도 무슬림 아랍인들과 유대인들 사이에 화평을 가져올 수는 없다. 오직 예수 그리스도의 보혈만이 그 일을 하실 수 있다.

나는 남아프리카 케이프타운에서 기독교인이 된 유대인인 엘리자베스라는 여인을 만나게 되었다. 그녀는 자기집에서 열리는 기도모임에서 나에 대한 이야기를 나누기 위해 초대했다. 내 차례가 되었을때 그 자리에 모인 사람들에게 물었다. "예수 그리스도께서 가장 최근에 베푸신 기적이 무엇

275

인지 아세요?"

그들이 대답했다. "아니요."

내가 말했다. "과거에 무슬림이었던 남자와 유대인 여자가 예수님의 보혈을 통해 오늘 밤 예수 그리스도 안에 형제자매로서 이 자리에 모인 것입니다."

세상의 그 어떤 권세도 유대인들과 아랍인들 사이에 화해를 가져올 수는 없다. 나는 세계 곳곳에 있는 기독교인들에게 무슬림들과 유대인들을 위해 기도해 줄 것을 촉구한다. 예수 그리스도의 빛이 그들 위에 비추어 주기를 기도한다. 전쟁은 우리가 아닌 하나님께 속한 것이다.

하지만 우리는 하나님의 자녀들이다. 우리는 단절의 틈사이에 서야 한다. 성령 하나님이 당신에게 요청하시는 말씀에 민감하게 반응하라. 머지 않아 악의 테러리즘은 패배할 것이다. 예수님의 이름으로 이슬람의 요새는 무너질 것이다.

먼 훗날, 우리는 천국에서 개종한 무슬림 형제들을 만나 함께 기뻐할 것이다. 우리는 오늘 날에도 이 땅에서 무슬림들이 주께 돌아와 예수 그리스도 몸의 일부가 되는 것을 볼때 기뻐할 것이다.

2001년 9월 11일에 일어난 끔찍한 사건 후, 나는 잃어버린 생명들 앞에서 큰 충격을 받았다. 그러나 동시에 하나님의 말씀 때문에 내 마음은 평안했다.

하나님을 사랑하는 자, 곧 그 뜻대로 부르심을 입은 자들에게는 모든 것이 합력하여 선을 이루느니라(로마서 8:28).

성령 하나님께서는 이 악한 행위들을 통해 전 세계에 이슬람의 정체를 폭로하실 것이라고 내게 말씀하셨다. 그래서 수백만 명의 사람들이 진리를 발견하게 될 것이고 그 중 많은 이들은 우리 구주이신 예수 그리스도를 알 수 있도록 이끌어 주실거라고 말씀하셨다.

2002년 이후 해외에서 발생한 한국인 납치 및 피격사건 일지. (★은 이슬람 과격단체의 테러리스트에 의한 테러임)

★ 2002. 11. 13 발리섬 한국인 테러로 한국인 관광객 2명 사망(미국인 등 150명 사망).

• 2003. 11. 30 오무전기 직원들, 이라크 티크리트 고속도로서 차량 이동 중 피격. 김만수, 곽경해 씨 등 사망. 이상원, 임재석 씨 부상.

★ 2004. 4. 5 지구촌나눔 운동의 한재광 사업부장과 무역업체 직원인 박모 씨, 이라크 나시리야에서 시아파 지도자 무크타다 알-사드르 추정 민병 테러리스트들에 의해 억류됐다가 14시간 여 만에 석방.

★ 2004. 4. 8 변모 씨 등 한국인 목사 7명, 이라크 바그다드 서쪽 250km 지점에서 차량 이동 중 이라크 무장세력에 의해 억류된 뒤 7시간 만에 석방.

★ 2004. 5. 31 가나무역 직원 김선일 씨, 물건배달을 위해 바그다드에서 팔루자로 트럭으로 이동하다무장단체 '알-타우히드 왈-지하드'(유일신과 성전)에 피랍.

★ 2004. 6. 22 김선일 씨 참수된 채 팔루자 인근도로에서 시신 발견.

★ 2004. 8. 7 이라트 취재 중이던 외국언론사 소속 한국인 기자 조모 씨, 무장단체에 억류된 뒤 5시간 30분 만에 석방.

• 2005. 2. 18 나이지리아 교민, 몸값 노린 무장세력에 피랍뒤 석방.

• 2005. 7. 28 아이티 교민 서 모 씨, 수도 포르토프랭스에서 몸값 노린 무장괴한에 의해 피랍. 사흘만에 석방.

★ 2006. 3. 14 KBS 용 모 특파원, 팔레스타인 가자지구에서 무장단체, PFLF(팔레스타인 해방전선) 소속으로 추정되는 무장괴한들에 의해 피랍. 하루 뒤 석방.

• 2006. 4. 4 동원수산 소속 원양어선 제 628호 동원소 소말리아 인근해역에서 조업 중 무장단체에 피랍. 최성식 선장 등 한국인 8명, 인도네시아인 9명, 베트남인 5명, 중국인 3명 등 총 선원 25명 피랍. 117일만인 7월 30일 석방.

• 2006. 6. 7 대우건설 근로자 3명, 한국가스공사 직원 2명 등 한국인 5명 나이지리아 유전지대 포트 하코트 내 대우건설 현장에서 현지 무장단체에 의해 피랍. 다음 날 석방.

• 2007. 1. 10 나이지리아 남부 바엘사주 오구지역에서 대우건설 소속 한국인 근로자 9명과 현지인 1명 등 10명이 무장단체에 피랍. 사흘만인 13일 석방.

★ 2007. 2. 27 한국군 의료지원단 및 건설공병부대인 동의·다산부대가 주둔 중인 아프가니스탄 바그람 미공군기지에서 탈레반에 의한 테러로 윤장호병장, 미군과 현지인 23명 사망.

• 2007. 5. 3 나이지리아 유전지대 포트 하코트 내 화력발전소 건설 현장에서

대우건설 소속 직원 3명이 현지 무장단체에 의해 납치(6일만에 석방).

- 2007. 5. 15 소말리아 주변해역에서 한국인 4명 탑승한 원양어선 2척 무장단체에 피랍. 173일만인 11월 4일 석방.

★ 2007. 7. 19 아프가니스탄 탈레반 무장세력에 의해서 분당 샘물교회 자원봉
★ 사자 23명 피랍.

★ 2007. 7. 25 탈레반, 한국인 인질 배형규 목사 살해.

★ 2007. 7. 31 탈레반, 남은 인질 22명 중 심성민 씨 추가 살해.

★ 2007. 8. 13 탈레반, 김경자, 김지나 씨 석방.

★ 2007. 8. 29 탈레반, 한국인 인질 12명 3차례에 걸쳐 석방.

★ 2007. 8. 30 탈레반, 남은 인질 7명 석방. 인질사태 종료.

★ 2007. 10. 26 과테말라 거주 교민, 무장괴한에 납치 하루만인 29일 석방.

- 2007. 10. 28 아프리카 소말리아 근해에서 한국인 선원 2명 탑승한 일본선박 골든 노리호에서 해적단체에 피랍, 1명은 당일 탈출, 전우성 씨는 45일만인 12월 12일 석방.

- 2007. 12. 24 중국상하이(上海)에서 유학중인 한국대학생 1명이 한국인이 낀
- 납치범들에게 납치됐다가 이틀 만인 26일 중국 공안이 범인들을 검거하면서 무사히 구조.

- 2008. 3.29 필리핀 만다나오 섬에서 한국인 사업가 1명 피랍, 55일만인 5월 23일 석방.

- 2008. 4. 28 아프리카 소말리아 해역을 지나던 한국 선적 화물선 알렉산더 칼호가 해적 단체로부터 피습, 피랍은 모면.

- 2008. 5. 31 필리핀 마닐라 북부에서 한국 여성 교민 1명 납치됐다가 나흘만 인 6월 4일 석방.
- 2008. 11. 15 한국인 5명이 탄 일본 국적 화물선 해적에 피랍, 3개월여 만인 2009년 2월 23일 석방.
- ★ 2009. 3. 15 한국인 관광객 18명, 예멘 고대 유적지 시밤지역에서 폭발물 공 격으로 이 중 4명 사망, 3명 부상.
- ★ 2009. 6. 15 예멘에서 의료봉사단체 일원으로 활동하던 엄영선 씨가 예멘테 러리스트들에게 살해.
- ★ 2015. 1. 김 군 사건. 자발적인 IS참여로 보이지만, 그후 사망설도 제기 되고 있다.

1)

2014년 2월 16일(현지시간) 이집트 동북부 시나이반도 타바에서 충북 진 천 중앙장로교회 소속 성지순례 관광객 31명과 가이드 2명 등 한국인 33명과 이집트인 2명(운전기사 1명·가이드 1명) 등 모두35명이 타고 있었으 며, 한국인 교인 3명이 버스 폭탄 테러에 의해 사망, 20여 명이 부상하 는 사건이 발생했다.

이 테러는 안사르 바이트 알마크디스(예루살렘의 수호자들)라는 이슬람 과 격단체가 2014년 2월 17일 트위터로 "시나이반도의 폭탄테러는 우리가 저지른 일"이라고 주장했다.

알카에다와 연계된 것으로 알려진 이 단체는 2013년 7월 이슬람주의 세 력인 무함마드 무르시 대통령을 축출한 군 쿠데타 이후 이집트의 군경과 고위 공무원 등을 공격하고, 가스 송유관을 파괴하는 등 시나이 일대의 대표적인 테러조직으로 악명을 떨치고 있다.

2)

지난 2015년 10월에는 1월 필리핀 삼보앙가 지역의 아들 집을 방문한 70대 한국인이 이슬람 반군인 아부사야프에 납치됐다가 숨졌다.

세종연구소에서 발행하는 '정세와 정책(1월호)'에서도 이만종 교수(호원대)는 '2018년 테러 전망' 제하의 글에서 "최근 2년 동안 연도별 테러 건수는 2015년(1,255건), 2016년(1,533건)이고, 사망자 수는 2015년(1만 7,329명), 2016년(8,356명), 2017년 상반기에는 전체 596차례의 테러 공격으로 4,044명이 사망하는 등 테러의 빈도와 사상자수는 최근 2년동안 다소 감소 추세를 보이고 있지만 테러와의 전쟁에도 불구하고 그동안 십여 년 동안 지속적으로 테러가 증가해 왔으며, 테러의 목적과 양상도 다양해졌음을 알 수 있다"며, "2018년에도 전 세계는 테러리즘과 전선 없는 전쟁은 계속될 것이다.

테러의 형태도 이슬람 극단주의 테러세력인 IS연계조직과 알-카에다, 알-샤바브 등이 병원과 학교, 지하철, 나이트클럽, 극장 등 이른바 '소프트 타깃'을 겨냥한 무차별 테러를 벌이게 될 것으로 우려된다"고 예측하기도 했다.

오사마 빈 라덴의 전 세계 테러 조직망

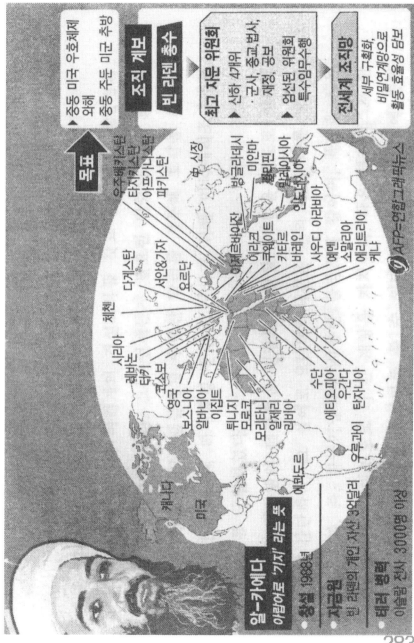

용어풀이는 발음하기 어려운 단어들에 대한 평이한 발음 가이드를 포함한다. 발음 가이드는 읽는 것을 쉽도록 하여 향상시키고자 함에 있고 음성학의 철자들에 대한 격식을 갖춘 언어학적 표준들을 반영하지 않는다(용어설명에서 *는 위키백과에서 인용한 부분임).

꾸라이시(Quraysh)

무함마드가 태어났을 당시 메카를 지배하고 있던 강한 부족. 360개의 카아바 신전을 가지고 있었으며 특히 달의 신인 알라(Alla)를 숭배했다. 압둘라(Abdullah)라는 이름의 상인이었던 무함마드의 아버지는 이 부족 출신이다.

꾸란(Quran)

7세기 아라비아에서 무함마드에게 내려진 알라의 계시. 꾸란은 114장으로 구성되어 있으며 길이는 기독교의 신약성경과 비슷하며 무슬림들의 경전이다.

가말 압델-나세르(Gamal Abel-Nasser)

이집트 대통령, 1953~1970.

나시크(nasikh/mansuke, 만수크)

알라가 무함마드에게 내리는 계시는 진행된다는 뜻의 나시크와, 나중에 나온 계시와 이전의 계시가 서로 상충될때 나중 계시에 의해 이전의 계시가 무효(취소)화 하는 꾸란해석 방식의 만수크가 있다.

나깁 마흐푸즈(Naguib Mahfouz)

1988년 노벨 문학상을 수상받은 이집트 문인. 1994년 카이로에 있는 자기 집 앞에서 칼에 찔렸으며 여러 번의 테러위협을 당해 엄청난 고통을 겪었다.

라마단(Ramadan)

이슬람력으로 아홉 번째 달로 그 동안 일출 때부터 일몰 때까지 날마다 금식한다.

두-마흐람(dhu-mahram)

여자의 남편 혹은 이슬람법에 따라 그녀가 결혼할 수 없는 남자 예: 그녀의 형제 혹은 시아버지 이슬람법은 여자가 여행할 때나 집 밖으로 멀리 나갈 때 두-마흐람과 동행하여야 한다고 말한다.

라카아(raka'ah)

이슬람의 가르침에 따른 기도의 단위. '움직이며 기도를 암송한다'라는 뜻을 가지고 있다.

무함마드(Muhammad)

이슬람의 창시자, A.D. 570년 출생. 꾸라이시 부족의 하심가에서 유복자로 태어났고, 그의 어머니는 6세가 되던 해 열병으로 사망했다. 그 후 숙부인 아비 탈립에 의해 자랐으며 25세의 나이로 40세이며 돈많은 과부인 카디자와 결혼하여 대상으로서 두각을 나타낼 즈음 세계에 대한 도전을 하고 싶어 히라동굴에서 명상을 하던 중 가브리엘 천사로부터 계시를 받았다고 주장함으로써 이슬람이 탄생하였다. 무함마드는 생전에 13명의 아내와 25명의 성노예를 거느렸고 A.D. 632년 62세에 오랫동안 앓던 열병으로 죽었다. 그는 문맹자였으며 그가 받았다는 계시는 3대 칼리프 우스만에 의해 꾸란으로 집대성하게 된다(무함마드는 문맹자로 알려져 있음).

무슬림(Muslim)

이슬람을 믿는 사람. 영어로는 모슬렘(Moslem)이라고도 한다.

메카(Mecca)

무함마드의 출생지이자 그가 가브리엘 천사로부터 처음으로 꾸란 구절을 계시 받은 곳. 주로 설교로 사람들을 끌어들이려 노력한 곳이다. 현재의 사우디아라비아에 위치해 있다.

메디나(Medina)

본래 도시의 원이름은 야스립(Yathrib)이라 불렸다. 무함마드가 메카에서 고단한 삶을 살다가 메디나로 이주한 후 그곳에서는 주로 칼과 창으로 군대를 키워 사람들을 제압해서 군사력을 키우는데 최선을 다했다. 그래서 메카에서 이주한 후 이름을 야스립에서 메디나 '선지자의 도시'로 바꾸었다. 현재의 사우디아라비아에 위치해 있다.

메시아닉 유대인(Messianic Jews)

전(前)—유대인이라고도 부르며 예수 그리스도를 구세주로 받아들인 유대인을 지칭한다.

메시아닉 무슬림(Messianic Muslims)

전(前)—무슬림이라고도 부르며 기독교로 개종한 무슬림을 지칭한다.

바드르 전투(Battle of Badr)

무함마드의 첫 전투로, 그는 바드르 계곡에 매복해 있다가 적들이 지나갈 즈음 기습공격으로 메카의 적들을 물리쳤다.

마흐무드 노크라시 파샤(Mahmoud Nokrashy Pasha)
이집트의 국무총리로, 1948년 12월 28일 테러리스트인 무슬림형제단에 의해 암살
당했다.

– 개방(진보)적인 무슬림(Liberal Muslims)
이슬람에 대한 신앙고백은 했지만 이슬람이 현대화되기를 원하고 테러를 하는 원
리주의자들에게는 반대의 목소리를 내며 기꺼이 서방세계를 옹호한다. 또한 이슬
라엘과의 평화가 정착되도록 기꺼이 돕기도 한다. 전 세계 무슬림들 중 약5퍼센트
가 이 범주에 속한다.

– 세속(일반또는중도)적인 무슬림(Ordinary, secular Muslims)
자신의 신념에 의해서보다는 그저 문화와 전통에 의해 자연적으로 무슬림이 된 사
람들이다. 이들은 혼자 꾸란을 읽고 이해하지 못하므로 꾸란과 하디스에 대한 깊
은 지식이 없어서 이맘들에게 일일이 물어보지만 지하드에 참여하는 것을 거부한
다. 전 세계적으로 약 75퍼센트 정도가 이 범주에 속한다.

– 헌신적인 무슬림(Committed Muslims)
이슬람의 가르침으로 살기 위해 부단한 노력을 한다. 이들은 하루에 5번씩 반드시
기도하며 자카트와 라마단의 가르침도 지킨다. 이들은 무슬림 가정에서 태어나 이
슬람사회나 이슬람 국가에서 성장하여 꾸란과 하디스를 스스로 읽거나 완벽하게
이해하고 있기 때문에 종교지도자의 가르침에 귀를 기울인다. 이집트 3퍼센트, 이
란 40퍼센트, 전 세계적으로 20퍼센트가 이 범주에 속할 것이다.

– 과격한(광신적인) 원리주의(근본주의) 무슬림(Radical, fundamentalist Muslims) 이슬
람의 가르침을 신봉하며 실천에 옮기는 사람들이다. 이들은 꾸란과 하디스를 완벽
하게 이해하며, 이들이 저지르는 테러 등은 무함마드가 보여준 지하드의 모범을
따른다. 헌신적인 무슬림들이 선을 넘으면 이 범주에 속한다. 이란의 경우 10퍼센

트, 이집트의 경우 5퍼센트가 이 범주에 속할 것이다.

무암마르 카다피(Muammar Qadafi)
리비아 대통령(2011년 10월 사망).

무함마드 레자 샤 팔라비(Muhammad Reza Shah Pahlavi)
1979년 아야톨라 호메이니가 혁명을 이끌 당시의 이란 샤흐. 일명 이란의 팔레비 왕으로 알려져 있다. 복권을 노리다 1980년 췌장암으로 사망.

복음서(Gospels/아랍어로 인질Injee)
기독교 신약성경의 마태복음, 마가복음, 누가복음, 요한복음을 의미한다. 그런데 무함마드의 시대에는 아랍어로 번역된 복음서가 마태복음 쪽복음서 뿐이다.

배교자(apostate)
이슬람을 부인하는 자.

배교의 법(laws of apostasy)
이슬람으로부터의 배교자를 다루는 것에 관한 이슬람법.

살만 루시디(Salman Rushdie)
『악마의 시』*The Satanic Verses*의 저자로, 이 책으로 인해 이란의 이슬람종교 지도자 아야톨라 호메이니가 파트와(fatwa, 법적 의견)를 선언하여 그를 죽이는 자에게 3백만 달러를 주겠다고 하였다. 현재 그는 영국정부의 보호를 받고 있고 호메이니가 죽고 난 지금도 효력은 그대로 유지되고 있다. 왜냐하면 파트와를 내린 사람만이 다시 거두어 들일 수 있기 때문이다.

샤리아(sharia/SHAH-ree-uh)

가장 먼저 꾸란을 기반으로 하고, 순나(sunnah; 무함마드의 본보기)와 마지막으로 이즈마(ijma'ah; 자격 있는 무슬림 학자들의 그룹의 견문이 넓은 결정)를 기반으로 한 알라에 대한 무슬림들의 의무를 기록한 이슬람법.

세정(Wash)

이슬람 가르침에 의해 아침에 일어나 첫 기도 전에 수행해야 할 의식.

– 간소한 세정(Minor Wash)

1. 손으로 물을 떠서 손을 세 번 씻는다.
2. 입을 씻는다.
3. 코를 씻는다.
4. 손목과 팔목을 각각 세 번씩 씻는다.
5. 얼굴과 귀 씻는다. 경우에 따라서 세 번을 씻는다.
6. 젖은 손으로 머리를 한 번 쓰다듬는다.
7. 발을 복사뼈까지 세 번 씻는다.

– 주요한세정(Major Wash)

작은 세정의식을 수행한 후 샤워나 목욕까지 하는 것을 말한다.

샤워할 경우 – 무함마드의 본을 따라 오른쪽을 먼저 씻고 왼쪽을 씻는다.

목욕할 경우 – 특별한 지침이다. 무함마드가 살았던 장소에는 강이나 호수 등 많은 물이 없었기에 목욕하기 어려웠기 때문으로 추정된다.

– 모래세정(Washing With Dust)

세정의식을 수행하기에 충분한 물이 없을 때나 사막에서 하는 의식이다. 물이 없을 경우 모래를 퍼서 그것으로 얼굴과 손을 문질러 닦는다.

쉐이크(sheikh)

이슬람에서 임명된 종교 지도자에 대한 경칭. 꾸란을 암송해 주러 집집마다 다니는 사람을 지칭할때도 사용되는 존칭이다.

시아파(Shiah)

선지자 무함마드의 혈통만이 이슬람의 지도자(칼리프)가 될 수 있다고 주장하는 이슬람의 한 종파이다. 무함마드의 사촌이자 사위인 알리 이븐 탈립을 추종하며 카와지즈에 의해 죽은 무함마드의 손자인 알–후세인을 순교자로 믿고 추종하며 알–후세인을 이맘으로 간주하고 언젠가 다시 돌아올 선지자로 믿고 있다. 전 이슬람 세계에서는 소수 종파이나 이란과 이라크에서는 주류종파이며 이라크의 약 60퍼센트에 해당하는 인구다수가 시아파이다. 한때 이라크의 사담 후세인은 이라크 내에서 소수 종파인 수니파였으나 정권을 장악하고 있었기 때문에 항상 분규가 끊이지 않았다. 대다수 이란과 이라크에 집중 분포되어 있다.

수니파(Sunni)

선지자 무함마드의 언행과 관행을 의미하는 순나(Sunnah)와 꾸란을 따르는 사람들을 말하며 이들은 무아위야를 추종한다. 간혹 수니파와 시아파를 정통 이슬람과 이단으로 구분하거나 민족적 · 종족적 의미를 담아 분리해서 이해하는 경우가 있으나 이는 잘못된 시각이다. 단지 꾸란의 해석방법에 의해 시아와 수니로 나누어지며 이슬람에서 이단은 있을 수 없는 일이다. 그들의 경전인 꾸란 9:5에는 이교도와 비무슬림들을 매복해서 죽이라고까지 하고 있기 때문이다. 전 이슬람 인구의 80퍼센트 정도가 수니파다.

수피즘(Sufism)

이슬람의 과격지도자인 이븐 타이미야(Ibn Taymiyyah)시절 가장 널리 보급된 이슬람의 종파로, 무슬림들의 내적이고 개인적인 삶에 초점을 두며, 육체의 전투로서의 지하드를 거절하고 지하드를 이슬람의 가르침들을 따르기 위한 영적전투로 여긴다. 신비주의라 불리며 세계 3대 원리주의자 중 한 명이다.

수라(Surah)

꾸란의 장.

순나(sunnah/아랍어 의미:관습)*

무슬림 공동체의 전통적인 사회적 · 법률적 관습. 이슬람 발생 이전의 아랍에서 부족의 선조들이 규범으로 채택하고 공동체 전체가 실천했던 선례를 일컫는 말. 초기의 무슬림들은 순나의 내용에 대해 의견이 일치하지 않았다. 일부에서 메디나인들을 표본으로, 다른 일부는 무함마드의 칼리프들의 행동을 따랐다. 한편 이슬람력에 이라크 · 시리아 · 헤자즈에서 활동한 지방 법학파들은 그들 각 지역의 전통과 그들 자신이 발전시켜온 선례에 근거한 이상적인 체계를 순나와 동일시하려 했다. 이슬람력 2세기에 법학자 앗 샤피이(A.D.767~820)는 하디스로 알려진 무함마드의 말과 행동, 그리고 그가 승인한 것을 증언에 의해 기록한 무함마드의 순나에 규범과 법적인 면에서 『꾸란』 다음 가는 지위를 부여했다.

아마(amah)

여자노예. 유모.하녀.

아미르(amir)

혹은 에미르(Emir)는 아라비아어로 '사령관', '총독'이란 의미를 갖고 있으며, 이슬람세계에서 왕족과 귀족의 칭호로 사용되는 말이다. 에미르는 영어식 표기로 원래는 무슬림 집단의 수장(首長)의 칭호로 사용했으나 칼리파는 '신도들의 수장'이란 의미가 있던 아미르 알 무미나라고 불렀고, 정통 칼리파 시대에서는 원정군의 사령관과 점령지의 총독이 아미르(지도자:c ommander)란 호칭을 사용하였다.

안와르 알-사다트(Anwar al-Sadat)

이집트 전 대통령. 중동정책에 이바지한 공로로 1978년 이스라엘의 베긴수상과 함께 노벨평화상을 받았다. 그 후 1981년 10월 6일, 과격한 무슬림 근본주의자(원리주의자)들에게 암살되었다.

알라(Allah)

이슬람의 신(神)이며 기독교의 하나님과 다르다. 무함마드의 부족인 꾸라이시 족이 믿던 달의 신 이름이다.

알-아즈하르 대학(Al-Azhar University)

천년의 역사를 자랑하는 세계 최고(最古)의 이슬람 대학. 이집트 카이로에 위치한 이슬람의 영적 권위. 전 세계의 모든 무슬림들이 이슬람에 의문이 생겼을때 파트와를 내려주며 법률해석을 해주는 곳이다.

알-슈라(al-shurra)

함께 전문적 조언을 줌으로써 결정들을 내리는 것.

우후드(Uhud)

무함마드와 그의 새 개종자들이 이슬람의 부름을 거부한 아랍인들을 상대로 유명한 전투를 치른 언덕이다.

우마이야 왕조(Umayyad Dynasty) *

A.H. 41~132 / A.D. 661~751년의 기간에 지속된 무슬림 칼리프제(caliph ate). 우마이야 왕조[Umayyad dynasty] 무아위야 1세가 다마스쿠스를 수도로 하여 세운 이슬람왕조(661~750). 옴미아드(Ommiad) 왕조라고도 한다.

유대교(Judaism)

유대교 경전을 비롯한 기타 경전에 포함되어 있거나 구전으로 전해지는 지혜와 율

법에 기초한 유대인들의 종교.

와하비(Wahhabi)

18세기 금욕주의 운동으로 이윽고 사우디 왕조의 공식적인 신념이 되었다. 그 지지자들은 문장이나 구절을 글자 뜻 그대로 해석해서 따르고 무슬림 의식을 엄격히 준수했다.

이슬람(Islam)

7세기 아라비아의 선지자라고 주장하는 무함마드에 의해 만들어졌으며 종교와 문화, 경제, 사회가 모두 하나로 되어있으며 꾸란과 하디스를 기초로 무함마드에 의해 만들어진 종교. 그것의 신앙은 꾸란과 무함마드의 삶을 기반으로 한다. 복종이란 뜻이다.

이즈마아(ijma'ah; EEJ-muh-yuh)

'합의에 있는 그룹'(a group in agreement)을 의미한다. 그것은 꾸란이나 순나(sunnah)에 특별히 포함되지 않은 상황에 대해 제정된 새로운 법에 의한 이슬람법의 실천을 언급한다.

이교도(infidel)

이슬람의 메시지를 받아들이지 않는 사람을 말한다.

이븐 히샴(Ibn Hisham)

초기 이슬람 역사가.

이맘(imam)

이슬람 지도자. 대개 이슬람사원인 모스크를 담당하고 있다.

자카트(Zakat)

5대 기둥 중의 하나이며 구빈세. 무슬림이라면 모두 내야하는 구호세.

지즈야(jizyah)

자기 신앙을 지키고 이슬람으로 개종하지 않으려고 선택한 자라면 모두 지불해야 하는 세금(인두세)이다.

지하드(jihad)

알라를 위해 투쟁하고 영적인 것만을 말하는게 아니라 육적인 투쟁까지 포함한다. 또 이슬람을 적대시하는 모든 자들과 싸우는 것을 말하며 이슬람에서는 성전(jihad)이라 말한다. 우리의 관점에서 보면 오사마 빈 라덴은 테러리스트의 괴수이지만 무슬림의 관점에서 보면 의로운 투쟁을 하고 있으므로 영웅으로 추앙받고 있다. 왜냐하면 그는 알라와 무함마드가 계시했다는 성전을 수행했기 때문이다.

토라(Torah)

꾸란에서 '토라'라 함은 모세가 집필한 유대교 경전 첫 5경을 말한다(창세기, 출애굽기, 레위기, 민수기, 신명기).

칼리프(Caliph)

선지자 무함마드의 뒤를 이어 예언을 제외한 그의 모든 권력을 가진 이슬람 세계의 실제적 혹은 명목상의 지도자가 된 자들에게 주는 호칭. 아랍 단어 khalifa에서 온 말로, 그 뜻은 "떠나거나 죽은 자의 자리를 대신하는 자"이다.

카피르(kafir)

이슬람의 메시지를 받아들이지 않는 어떤 사람을 의미하는 이교도(infidel).

하디스(Hadith; ha DEETH)

무함마드의 언행을 그의 추종자들(이중에는 그의 부인도 몇 명 포함 되었음)이 기록한 것을 후에 이슬람학자들이 여섯 세트로 묶은 책. 알−부카리(al-Bukhari, ah 194~256)의 하디스를 최고로 꼽는다.

하지(hajj)*

무슬림들의 5대 의무 중 하나인 성지순례는 꾸란에 의하면 무슬림들은 생전에 메카의 카아바신전을 한 번 이상 순례해야 하며, 이슬람력 12월이 시작된 뒤 10일 이내에 이루어진다. 관행상 12월 10일이 경과하기 직전엔 8~10일 사이에 절정을 이룬다. 전통에 의하면 남성은 바느질 하지 않은 두 조각의 흰 천으로 된 순례복을 입고, 여성은 머리 끝부터 발끝까지 모두 가리는 하얀 통옷을 입어야 한다. 이는 지위고하, 빈부에 상관없이 신 앞에 평등하다는 의미이다. 또 신발은 발이 보이는 슬리퍼만 신을 수 있다.

호스니 무바라크(Hosni Mubarak)

현 이집트 대통령. 안와르 알−사다트의 암살 이후 대통령직을 맡았다. 2011년 2월 이집트의 민주화운동으로 권좌에서 강제로 쫓겨났다.

히잡(hijab)

여성의 머리에 두르는 수건. 종류로는 히잡, 니캅,부르카, 차도르 등이 있다.

히즈라(AH; after hijra)

무함마드가 추종자들을 데리고 서기622년 메디나로 옮겨간 것을 의미하며 이 해가 무슬림력의 원년이다. 이슬람 달력은 무함마드가 메카에서 메디나로 이주한 해를 이주의 뜻인 히즈라(hijra)라고 하였으며 그 해를 이슬람력에서는 히즈라 원년(A.H.)으로 시작된다.

이슬람 테러리스트 칼리프

아부 바크르(Abu Bakr; AW-bu BAW-kir)

무함마드의 가까운 동반자이자 무함마드 사후의 첫번째 칼리프(caliph)이자 무함마드의 아내인 아이샤의 아버지.

우마르 이븐 알-카탑(Umar ibn al-Khattab)

두 번째 칼리프로 A.D. 644년에 동족을 정복한 것을 복수하려고 결심한 페르시안 노예에게 암살당했다.

우스만 이븐 아판(Uthman ibn Affan)

이슬람의 세 번째 칼리프. 무함마드가 계시받았다는 꾸란을 집대성하고 나머지 떠도는 꾸란을 불태워버렸다.

알리 이븐 아비탈립(Ali ibn Abi Talib)

무함마드의 사촌이자 사위이며 무함마드시절 초기 개종자 중 한 명이며 4대 칼리프였다. 우스만의 암살 이후 칼리프로 선출. 정의로운 칼리프(Righteous Caliphs) 중 한 명으로 꼽힌다.

알-후세인(al-Husayn)

알리 이븐 아비 탈립(Ali ibn Abi Talib)의 아들, 무함마드의 손자.

무아위야 이븐 아비 수피안(Muawiya ibn Abi Sufyan)

시리아의 통치자로서, 우스만이 살해된 후 알리(Ali)가 칼리프로 선출되는 것을 반대했다. 이로인해 이슬람 세계가 수니와 시아로 나누어지는 계기가 되었다.

야지드(Yazid)

무아위야 이븐 아비 수피안의 아들이다.

아메드 야신(Ahmed Yassin)

팔레스타인 테러리스트 단체인 하마스의 영적지도자이다.

엘-카리즈(el-Kharij)

순수한 신앙으로 돌아오라고 요청하는 7세기 이슬람운동.

이븐 타이미야(Ibn Taymiyah, 1268~1328) [ib-in tie-MEE-yuh]

13~14세기 보수적인 이슬람 학자이며 '경건한 조상들(al-salaf al-salih)'의 방식으로 돌아가자고 요청했다. 3대 원리주의자 중 한 명으로 급진주의자들에 의해 자주 인용된다. 이슬람의 3대 원리주의자는 이븐 타이미야, 이븐 알-카이엠, 이븐 까시르를 말한다.

조지 하바쉬(George Habash)

팔레스타인 해방을 위한 인민전선(Popular Front for the Liberation of Palestine) 지도자.

무함마드 이븐 아비드 알-와하브(Muhammad ibn Abd al-Wahhab)

18세기 금욕적인 와하비 운동의 창시자. 오늘날 사우디아라비아 왕조의 기틀이 되었다.

하산 알-투라비(Hasan al-Turabi)

수단의 근본주의자 이슬람조직인 알-이슬라미아(al-Isalmia)의 지도자.

무스타파 케말 아타투르크(Mustafa Kemal Ataturk)

1922년 오스만/터키칼리프 체제를 폐지한 터키 지도자.

하산 알-반나(Hassan al-Banna, 1906~1949)

이집트 출신으로 무슬림형제단의 창시자. 1949년 이집트 수상 누크라시 파샤를 암살한 죄로 인해 자신도 암살당했는데, 1949년 이집트 경찰에 의해 암살당했을 것으로 추정하고 있다.

마울라나 아불 알라 마우두디(Mawlana Abul A'la Mawdudi, 1903~1979)

인도 출신으로 파키스탄의 자마아티 이슬라미의 창시자. 세속적인 인도 지도자들에 반항하여 폭동을 지휘하여 이슬람정부인 파키스탄을 건국했다.

사이드 꾸틉(Sayyid Qutb, 1906~1965)

이집트 출신 교육자로 10세에 꾸란을 외웠고 이집트 정부의 전복을 기도하다 실패하여 처형당했다. 급진적 작품들 중에서 사이드 꾸틉의 책 *Milestones Along the Road*은 테러리스트들의 필독서로 이집트에서는 금서로 지정되었다. 그는 죽고 없지만 그의 책은 널리 읽혀지고 있다. 현대 지하드의 아버지.

살라 샤리아 박사(1933~1975)

팔레스타인 출신으로 교육과학 박사이며 이슬람해방운동(히즈브 알-타흐리르)의 이집트 지부 설립. 1974년 이집트 카이로의 군사훈련소 습격 등으로 이집트 정부에 의해 처형당했다.

쇼크리 아흐마드 무스타파(Shokri Ahmad Moustafa 1942~1978)

이집트 출신으로 농업공학을 전공했으며 알-타크피르 왈 히즈라 설립. 자신의 단체에 동조하지 않거나 온건파 무슬림 설교자를 납치및 살해로 인해 이집트정부에 의해 처형당했다.

압둘 살람 파라지(1954~1982)

이집트 출신으로 전기기사였으며 이집트의 알-지하드 본부 설립자이며 포기된 의무등 다수의 저서가 있고 1981년 안와르 사다트 암살 음모에 가담한 죄로 인해 이집트정부에 의해 처형당했다.

하산 나스랄라(Hassan Nasrallah)

헤즈볼라의 지도자

아부니달(Abu Nidal)

이 조직은 하마스, 알-지하드와 함께 팔레스타인 3대 과격단체로 지목되기도 했으며 한때 서방세계의 정보기관들이 세계에서 가장 위험한 테러리스트 지도자로 아부니달을 지목하기도 하였다. 지난 1986년 김포공항 테러는 북한으로부터 5백만 달러를 받은 아부니달의 조직에 의해 저질러진 것이라고 2009년 「월간조선」 3월호가 보도했다. 이 기사에 의하면 아부니달이 북한의 청부를 받고 김포공항 테러를 자행했다는 충격적인 사실이 담긴 보고서를 스위스 베른신문사의 무라타 기자가 '베를린의 구(舊) 동독 정보기관 슈타지 자료관리 연방정부 특명센타'에서 찾아냈다고한다. 이 테러는 당시 서울아시안게임 일주일 전에 폭발물이 터져 사망 5명, 부상 29명으로 충격적인 사건이었으나 당시 대한민국 정부는 범인을 밝혀내지 못했다. 그러나 서울아시안게임을 방해하고 종국적으로는 88서울올림픽을 저지하기 위해 북한 공작원이 저지른 것으로 추정된다고 발표했었다. 청부거래는 아부니달과 김일성의 친분 때문에 가능했으며 그는 오사마 빈 라덴이 등장하기 이전까지 이슬람권에서 가장 잔인한 테러리스트로 악명이 높았다.

야세르 아라파트(Yasser Arafat)

팔레스타인해방조직(Palestine Liberation Organization, PLO)의 의장.

아야톨라 루홀라 호메이니(Ayatollah Ruhollah Khomeini)

1979~1989년에 이란의 이슬람 최고 지도자. 추방당하여 프랑스에 있다가 샤흐(shah, 이란 국왕의 존칭)인 팔레비 왕이 이란에서 추방된 후 1979년 이슬람혁명을 성공시킨 후에 이란으로 돌아갔다.

칼레드 알-이슬람불리(Khaled al-Islambouli)

이집트 대통령 안와르 사다트의 암살자로 유죄선고를 받은 사람 중 한 명.

오마르 압델-라흐만(Omar Abdel Rahman)

한때 알-아즈하르 대학교의 교수였으며 맹인이며 이집트 알-지하드의 전 지도자, 아이러니하게도 세계무역센타가 무너짐으로써 엄청난 미국인들의 희생이 있었는데도 그는 미국인이 낸 세금으로 감옥에 수감중이며 지금도 테러리스트들을 뒤에서 조종하고 있다.

오사마 빈 라덴(Osama Bin Laden)

1957년 7월 30일 사우디아라비아 출생, 여러 아내에게서 태어난 52자녀 중 17번째이며 사우디아라비아의 젯다에 소재한 왕립 압둘 아지즈 대학교 공공행정에 관한 학위 취득함. 알-카에다 창시자. 1979년부터 현재까지 지하드 활동을 총 지휘하고있으며 3~4명의 아내가 있고 15명 이상의 자녀가 있다. 미국에 대한 2001년 9·11 테러의 주모자로 의심되는 자이며 제로니모 작전을 통해서 2011년 5월 1일 파키스탄 아보타바드에서 미국 해군의 데브그루에 의해 사살된 것으로 보도 됨.

아이만 알-자와히리(Ayman al-Zawahiri)

이슬람 무장단체 알 카에다의 수장으로, 1998년 자신이 이끌던 이집트 이슬람 지하드(EIJ)를 알-카에다에 통합시켰으며, 2011년 6월 오사마 빈 라덴의 사후 알-카에다의 수장으로 임명되었다. 외과의사 출신으로, 이슬람 역사와 신학에 조예가 있고, 아랍어, 영어, 프랑스어에 능통한 것으로 알려져 있다. 실전 경험이나 지도력이 오사마 빈 라덴에 비해 부족하다는 단점을 극복하고 현재까지 알-카에다를 이끌고 있다.

과격한 이슬람 테러단체들

무슬림형제단(Muslim Brotherhood)*

이집트의 테러집단. 여러 국가와 이슬람 집단을 아우르는 이슬람 테러단체. 이 조직은 꾸란과 하디스를 건전한 현대 이슬람 사회의 지침으로 삼아 그것에 복귀하기를 주장했다. 이들은 이집트·수단·시리아·팔레스타인·레바논 및 북아프리카에 급속도로 확산되었으며 도처에 학교, 작은 공장, 병원, 군사훈련반 및 정보부서를 세웠다. 1938년 이후 무슬림 형제단은 그 외양을 정치화했다. 이슬람 세계의 순수화를 요구하면서 서구화·세속화·근대화를 통한 모든 직접적인 외국의 간섭과 영향력을 거부했다. 이집트 정부가 1940년 중반에 약화되었을 때, 형제단은 군주체제와 집권 와프트당에 현실적인 위협으로 등장했다가 1952년 지하로 숨어들었다.
1970년대, 1980년대에는 비록 무슬림형제단의 지원을 받는 모임과 정기간행물이 있었지만 후원자의 활동은 비밀로 남았다. 현재 이집트의 야당으로 존속되고있다.

알-가마알-이슬라미야(al-Gama'a al-Islamiya)

이슬람 집단(Islamic Group, IGM). 1970년대에 주로 이집트 감옥에서 나타났고 후에 이집트 대학 몇 군데에서 나타났다.

무자헤딘(Mujahedinm, mujahedeen, mujahedin, mujahidin, mujaheddin)

무자히드의 복수이며 성전(지하드)에서 싸우는 "전사"를 뜻한다. 20세기후반에 이슬람 이념에 따라 투쟁 단체에서 싸우는 의용군을 가리키는 말로 확립되었다. 계기는 소비에트 연방의 아프가니스탄 침공이었다.아프간의 반소 지하드를 행했을 당시 적군을 상대로 무슬림전사(테러리스트)들을 가리키는 말이다.

알-카에다(Al-Qaeda)*

오사마 빈 라덴과 그의 수석고문인 아부 우바디야 알-반사리가 1988년에 조직했다. 알-카에다는 아프간 전쟁을 위해 수니파 이슬람 원리주의주들을 선발하고 훈련하는 일과 재정지원도 맡았다. 다민족으로 구성된 수니파 무장 단체이며, 범 이슬람 칼리프 연합국을 세우는 것이 목표. 조직원은 수백 명에서 수천 명에 이르는 것으로 알려졌다. 유대인과 십자군에 저항하는 오로지 지하드를 위한 세계이슬람선언이란 또 다른 이름으로 불려지기도 한다.

알-지하드(Al-ihad)

이집트에서 세워진 과격파 근본주의자 집단으로, 팔레스타인 등 여러 무슬림 국가로 퍼져나갔다.

헤즈볼라(Hezbollah)

신의 당(Party of God). 레바논 이슬람 당. 레바논에서 주로 활동하는 이슬람테러리스트 조직이다.

탈레반(Taliban)

2001년 9월 11일 발생한 미국 대폭발 테러 사건의 배후자인 사우디아라비아 출신의 국제 테러리스트 오사마 빈 라덴(Osama bin Laden)과 그의 추종 조직인 알-카에다를 숨겨둔채 미국에 인도하지 않음으로써 미국과 동맹국들의 반발을 산 끝에 결국 아프간 전쟁이 일어났다. 같은 해 10월 7일부터 시작된 미군과 영국군의 합동 작전으로 인해 대부분의 공군기지와 지휘본부, 방공망과 방송시설이 파괴되었음에도 여전히 빈 라덴을 인도하지 않고 계속 항쟁의지를 밝히면서 지하드를 촉구하였다. 2001년 11월 탈레반 정권이 무너졌는데 탈레반은 파키스탄과 접경지역으로 숨어들어 세력을 다시 키우고있다.

하마스(Hamas)

설립목적은 이스라엘을 몰아내고 그 자리에 이슬람 팔레스타인 국가를 세우는 것. 이스라엘 점령지구에서 PLO의 강력한 라이벌로 등장했다.

야세르 아라파트가 걸프전 이후 국제 외교에서 실패한 것을 틈타 반사이익을 얻었으며 점령지역을 해방시키는 유일한 방법은 전쟁밖에 없다고 생각하고 그 외의 다른 협상은 일절 배제한다. 이스라엘과의 협상을 전면적으로 거부하며 자살 폭탄 테러 등 이스라엘 내에서 많은 테러를 자행하고 있다. 팔레스타인에 위치한 이슬람 저항운동.

이슬람구원전선(Islamic Salvation Front, FIS)

북아프리카 최초의 합법적인 이슬람 정치 당으로, 1988년 알제리 정부에 의해 처음 인정되었다. 후에 온건파 집단과 좀 더 호전적인 당파인 이슬람 구세군(Islamic Salvation Army)으로 나뉘었다.

자마아 티 이슬라미(Jamaat-i-Islami) 이슬람회(Islamic Society)

파키스탄의 근본주의자 이슬람조직이며 알-카에다와 연계되어 있다.

알-샤바브(Al-Shabaab)*

2007년 결성된 알-샤바브는 아프리카연합(AU) 평화유지군을 공격하고 소말리아 임시정부의 전복을 목표로 군사활동을 벌이는 등 소말리아 내에서 가장 큰 위협으로 꼽혀왔다.

검은미망인(Black Widows)*

체첸인들이 러시아에 대해 악감정을 갖기 시작한 것은 18세기 제정 러시아가 카스피해와 흑해 사이의 카프카즈 지방을 식민지화 추진하면서부터이다. 1,2차 체첸사태에서 남편을 잃었거나 부모·형제를 잃고 그 보복에 나선 체첸출신 여성들이 바로 자살폭탄 테러리스트들인데 대체로 테러 현장에 검은 옷을 입고 나타나는 경우가 많아 검은미망인으로 불리고 있고 검은미망인들은 지난 20년간 러시아군이 체첸에서 자신들의 남편이나 가족들을 상대로 벌인 전투의 참상-그들의 남편과 형제들이 납치당하고 고문당하고 폐인이 되고 살해되는 것을 늘 보면서 복수심을 키워온 여성들이다.

이슬람 국가(Islamic State, IS)

1999년에 만들어진 극단적인 수니파 이슬람 원리주의 무장단체이다. 이라크 내전(2014~2017년), 시리아 내전, 리비아 내전(2014~현재)에 참전. 2014년 6월에 지금의 이름으로 조직명을 변경하며 제정일치의 칼리파 국가 선포를 주장하였다. 이라크 레반트 이슬람 국가, 이라크 시리아 이슬람 국가, 다에시 등으로도 불리는데 다에시는 테러리즘 단체가 국가를 참칭하는 것을 용납하지 않겠다는 뜻에서 미국, 러시아, 이란, 이라크, 시리아 등이 부르는 멸칭이다.

2017년 10월 17일에 미군의 지원을 받은 시리아 민주군(SDF)이 락까를 점령해 근거지를 상실하였고 같은해 12월에 이라크 전역에서 지배력을 상실한 이후 사실상 소멸에 접어들었다. 우리나라에서도 김 군 사건은 전국을 강타했다.